Development Strategy of New Energy Storage Industry
in Yangtze River Delta

长三角新型储能产业发展战略

凌祥　吴小松　李泓　陈立泉　等 编著

化学工业出版社

·北京·

内 容 简 介

《长三角新型储能产业发展战略》依托于中国工程科技发展战略江苏研究院重大项目，在陈立泉院士和凌祥教授的联合主持下，天目湖先进储能技术研究院、南京工业大学、江苏省经济和信息化研究院三家单位全面梳理了新型储能产业背景及国内外产业发展现状，剖析了长三角新型储能产业发展基础、发展优势与发展问题，并明确发展思路和目标，进而提出高质量发展的战略任务及建议，最后对江苏新型储能产业发展进行案例分析并提出针对性建议，形成了一份极具价值的战略咨询参考书。本书共分6章，内容翔实，数据准确全面，参编人员均为从事新型储能技术、产业、政策研究的一线科技工作者，使得本书具有科学性、实用性和前瞻性，可为广大从事新型储能研究的高等院校、科研机构、企事业单位及从业者提供学术内容支撑，也可为政府相关部门制定新型储能产业规划提供参考借鉴。

图书在版编目（CIP）数据

长三角新型储能产业发展战略 / 凌祥等编著．—北京：化学工业出版社，2024.1

ISBN 978-7-122-44483-7

Ⅰ.①长… Ⅱ.①凌… Ⅲ.①长江三角洲－储能－产业发展－发展战略－研究 Ⅳ.① F426.2

中国国家版本馆 CIP 数据核字（2023）第 225731 号

责任编辑：郗向丽　翟亚丽　　　　　　　装帧设计：盟诺文化
责任校对：李雨函　　　　　　　　　　　封面设计：韩　飞

出版发行：化学工业出版社（北京市东城区青年湖南街13号　邮政编码100011）
印　　装：中煤（北京）印务有限公司
787mm×1092mm　1/16　印张13¹/₂　字数303千字　2024年1月北京第1版第1次印刷

购书咨询：010-64518888　　　　　　　　售后服务：010-64518899
网　　址：http://www.cip.com.cn
凡购买本书，如有缺损质量问题，本社销售中心负责调换。

定　　价：128.00元　　　　　　　　　　　　　　　　　　　版权所有　违者必究

《长三角新型储能产业发展战略》咨询委员会

院士顾问：

邹志刚　宣益民　吴　锋　陈立泉

咨询专家（按姓氏拼音排序）：

何　平　呼和涛力　金　翼　李　锋　李健民　李永明

刘　嘉　申高青　　王　伟　徐　军　晏成林　张校刚

张兆华　赵立华　　周豪慎

《长三角新型储能产业发展战略》编委会

主　　任：凌　祥　吴小松　李　泓　陈立泉

副 主 任：陈英武　姜　峰　郭永海　解相生

编写人员（按姓氏拼音排序）：

包恒兴　陈立泉　陈小蔷　陈英武　丁　扬　郭衍亮　郭永海
胡一歌　姜　峰　解相生　李　泓　李庆生　李　威　凌　祥
刘长江　刘啸嵩　陆晓峰　陆　莹　缪婷婷　容书超　史梦欢
苏小平　孙小芹　孙云昊　陶婷婷　王　清　王旭东　王　源
吴　凡　吴小松　许　婧　尹　良　虞　斌　张志浩　祖晨曦

前　言

"十四五"既是我国"双碳"战略的关键期,也是新型储能发展的机遇期。构建"可再生能源+绿色储能"的能源互联网是实施"双碳"战略的必由之路,安全、稳定、低成本的储能技术是关键一环。相比传统储能技术,新型储能技术(除抽水蓄能外,包括电化学储能、机械储能、热储能、氢储能、压缩空气储能等)具有地理环境约束小、建设周期短、安装灵活等优点。其中,以电化学储能为主的新型储能产业规模领先,但仍面临成本、资源等诸多挑战,暴露出过度依赖单一技术路线的潜在风险。《"十四五"新型储能发展实施方案》提出要推动多元化储能技术开发。因此,构建相互补充、相互支撑的复合储能体系具有重大战略意义。未来在持续释放的政策红利和不断开放的区域调频辅助服务市场助推下,新型储能产业将迎来重大契机。随着储能行业关键技术的攻破,新型储能迈入快速发展阶段,这将有力支撑构建新型电力系统,有效缓解可再生能源并网规模增大压力,提高电力安全稳定高效运行能力,满足用户灵活多样的用电需求。

长三角地区是我国经济发展最活跃、开放程度最高、创新能力最强的区域之一。该区域每年社会用电量占全国用电量的比重高达20%,调峰调频任务艰巨。"双碳"战略下,长三角地区储能需求巨大,能源改革能够有力支撑实现国家"双碳"目标。长三角地区的新型储能产业发展一直全国领先,进一步推进储能技术与产业的发展,对于新型储能技术在全国的推广起到引领示范作用。目前,长三角地区新型"产-储-用能"综合能源模式发展不充分不平衡,"双碳"战略对该区域新型储能提出了新标准和高标准。加快长三角地区新型储能技术与产业发展对于推进能源行业供给侧改革、推动能源生产和利用方式变革具有重要战略意义,同时还将带动从材料制备到系统集成全产业链发展,建立"清洁低碳、安全高效"的现代能源产业体系,成为提升产业发展水平、推动经济和社会发展的新动能。

依托于中国工程技术发展战略江苏研究院重大项目(2022-DFZD-22,JS2022ZD03),在陈立泉院士、凌祥教授联合主持下,天目湖先进储能技术研究院、南京工业大学、江苏省经济和信息化研究院团队全面梳理了新型储能产业背景及国内外产业发展现状,剖析了长三角新型储能产业发展基础、优势与问题,明确了发展思路和目标,进而提出了高质量发展的战略任务及建议,最后对江苏新型储能产业发展进行案例分析,并提出了针对性发展路径,形成了一本极具价值的战略咨询参考书。本书旨在为广大从事新型储能研究的高等院校、科研机构、企事业单位及从业者提供学术内容支撑,也可为政府相关部门制定新型储能产业规划提供参考借鉴。

本书内容翔实,共分6章,第1章简述了新型储能产业背景及发展意义;第2章从新型储能技术、市场、政策三方面介绍了国内外新型储能产业发展现状;第3章从发展现状、发展环境、创新链、产业结构链、龙头企业系统剖析了长三角新型储能产业发展基础和发展优势；第4章对标其他区域新型储能产业发展状况，指出了长三角新型储能产业发展存在的问题；第5章明确了长三角新型储能产业的发展思路、目标以及重点发展方向，并提出了推动长三角区域新型储能产业高质量发展的战略任务和建议；第6章以江苏新型储能产业发展为案例，系统梳理了产业发展现状、发展问题以及发展路径。

  本书参编人员均为从事新型储能技术、产业、政策研究的一线科技工作者，详见编写人员名单，感谢所有参编人员的辛苦付出。同时，本书撰写过程还得到新型储能领域众多专家学者的支持，在此向所有提供宝贵咨询建议的老师和专家学者致以最诚挚的谢意。由于新型储能产业仍在快速发展中，技术突破、产业升级不断，书中难免存在不妥之处，希望各位专家和读者提出宝贵意见，以便及时完善。

编　者

2023年8月

目　录

第1章　新型储能产业背景及意义

1.1 新型储能产业内涵及特征 ··· 001
　　1.1.1 新型储能技术范畴 ··· 001
　　1.1.2 新型储能产业内涵 ··· 001
　　1.1.3 新型储能产业特征 ··· 001
1.2 发展新型储能产业的重大意义 ······································· 004
　　1.2.1 满足国家能源安全的战略需求 ································· 004
　　1.2.2 建立新型电力系统的必要环节 ································· 004
　　1.2.3 构建高效能源互联的重要组成 ································· 005
　　1.2.4 实现"双碳"战略的关键支撑 ································· 005
1.3 新型储能应用领域价值分析 ··· 006
　　1.3.1 发电侧储能应用价值 ··· 006
　　1.3.2 电网侧储能应用价值 ··· 007
　　1.3.3 用户侧储能应用价值 ··· 008
　　1.3.4 辅助服务储能应用价值 ······································· 009

第2章　国内外新型储能产业发展现状

2.1 国内外新型储能技术现状 ··· 013
　　2.1.1 新型储能技术发展现状 ······································· 013
　　2.1.2 新型储能技术发展趋势 ······································· 019
2.2 国内外新型储能市场现状 ··· 032
　　2.2.1 全球新型储能市场发展现状 ··································· 032
　　2.2.2 中国新型储能市场发展现状 ··································· 035
2.3 国内外新型储能政策现状 ··· 038
　　2.3.1 国外主要国家及地区新型储能政策 ····························· 038
　　2.3.2 我国新型储能政策 ··· 057

第3章　长三角区域新型储能产业发展基础和优势分析

3.1 长三角区域新型储能产业发展现状 ··073
3.1.1 长三角区域新型储能产业发展综述···073
3.1.2 长三角区域新型储能产业空间布局···074

3.2 长三角区域新型储能产业发展环境分析··081
3.2.1 长三角区域新型储能产业发展的市场需求····································081
3.2.2 长三角区域新型储能产业发展的可再生能源基础····························082
3.2.3 长三角区域发展新型储能产业的企业/产业链优势···························084
3.2.4 长三角区域发展新型储能产业的人才优势····································085

3.3 长三角区域新型储能创新链分析··085
3.3.1 长三角区域新型储能创新链构成··085
3.3.2 长三角区域新型储能创新链的结构现状··087
3.3.3 长三角区域新型储能创新链剖析··092

3.4 长三角区域新型储能产业链结构分析··093
3.4.1 产业链的内涵以及结构···093
3.4.2 长三角区域新型储能产业链结构现状··094
3.4.3 长三角区域新型储能产业链结构剖析··101

3.5 长三角区域内龙头企业分析···102
3.5.1 电化学储能龙头企业··102
3.5.2 储热储冷龙头企业···110
3.5.3 新型机械储能龙头企业···115

3.6 长三角区域新型储能示范项目··117

第4章　长三角区域新型储能产业发展问题分析与区域对标

4.1 长三角区域新型储能产业发展问题分析···118
4.1.1 资源优势不明显··118
4.1.2 电力市场不够成熟···118
4.1.3 一流能源科技支撑性不足···119
4.1.4 高端装备制造业待升级···119
4.1.5 部分关键性政策缺失··120

4.2 长三角区域新型储能产业发展区域对标···121
4.2.1 广东··121
4.2.2 山东··122
4.2.3 青海··122

  4.2.4 河北 ··· 122
 4.3 分析结论 ·· 123

第5章 推动长三角区域新型储能产业高质量发展的战略任务和建议

 5.1 总体思路 ·· 124
 5.2 基本原则 ·· 124
 5.3 发展目标 ·· 125
 5.4 重点方向 ·· 125
 5.5 战略任务 ·· 126
  5.5.1 深化技术攻关，创建国家级储能创新平台 ····································· 126
  5.5.2 推动成果转化，促进新型储能应用示范 ·· 126
  5.5.3 坚持育强培优，组建新型储能优质企业雁阵 ·································· 127
  5.5.4 实施强链延链，打造新型储能全生命周期产业链 ···························· 127
  5.5.5 推进集中集聚，畅通新型储能产业资源要素 ·································· 128
  5.5.6 深化协同协作，共创新型储能产业长三角一体化 ···························· 129
  5.5.7 强化资源互补，构建新型储能跨区域合作新格局 ···························· 129
 5.6 推动长三角区域新型储能产业高质量发展的建议 ···································· 130
  5.6.1 加大政策支持，加强统筹协调监管 ··· 130
  5.6.2 打造新型科技研发机构，加快技术攻关 ·· 130
  5.6.3 加强人才队伍建设，保障人才待遇 ··· 131
  5.6.4 扩大新型储能产业集群，强化示范作用 ·· 131
  5.6.5 完善标准体系，提高行业话语权 ·· 132
  5.6.6 加快电力体制改革，完善新型储能电力市场体系 ···························· 132

第6章 江苏新型储能产业发展案例分析及建议

 6.1 江苏新型储能技术发展现状分析 ·· 133
  6.1.1 江苏新型储能技术发展基础条件分析 ·· 133
  6.1.2 江苏新型储能产业结构与空间分析 ··· 135
  6.1.3 江苏新型储能产业发展方向选择分析 ·· 154
 6.2 江苏新型储能产业问题分析 ·· 156
  6.2.1 龙头企业偏少，研发能力薄弱 ··· 156
  6.2.2 技术尚未成熟，处于起步阶段 ··· 156
  6.2.3 成本较高，应用不足 ··· 156

  6.2.4 安全性有待探索 156
  6.2.5 相关扶持政策尚需完善 157
6.3 江苏新型储能技术发展路径分析 157
  6.3.1 推动江苏新型储能产业高质量发展的战略路径 157
  6.3.2 保障措施 162

参考文献 164

附录

附录1 长时储能技术之一：钙循环卡诺电池技术 169
附录2 中国部分储能相关政策汇总 169
附录3 长三角区域部分新型储能相关政策汇总 173
附录4 2022年以来国内部分储能备案项目（除抽蓄） 177
附录5 2022年以来国内部分储能在建、拟建项目（除抽蓄） 190
附录6 2022年以来国内部分储能投运项目（除抽蓄） 200

第 1 章 新型储能产业背景及意义

1.1 新型储能产业内涵及特征

1.1.1 新型储能技术范畴

从广义上讲,储能即能量储存,是指通过一种介质或者设备,把一种能量形式用同一种或者转换成另一种能量形式储存起来,基于未来应用需要以特定能量形式释放出来的循环过程。从狭义上讲,储能是指电能储存,它是利用化学或者物理方法将产生的能量储存起来并在需要时释放的一系列技术和措施。储能可用于在电网低负荷时储存能量,在电网高负荷时输出能量,即削峰填谷,以减轻电网波动。

新型储能技术是指除抽水蓄能以外,通过介质或设备将不同形式的能量转换成较稳定的存在形态(主要是电能)后进行储存并按需释放,实现电力在供应端、输送端以及用户端稳定运行的技术。

1.1.2 新型储能产业内涵

随着新型储能产业的不断发展,目前已有多种形式的储能技术投入应用。按储能方式,可主要分为物理储能、化学储能。其中物理储能主要包括压缩空气储能、飞轮储能、超导储能与电介质储能、熔盐储热、相变储热(冷);化学储能主要包括铅酸、氢镍、镉镍、锂离子、钠硫、液流、钠离子、电化学超级电容器、热化学储能、储氢、其他化学含能物质的存储技术。不同储能技术拥有不同的技术特征,根据各种应用场合对储能功率和储能容量的不同要求,不同储能技术都有其适宜的应用领域。表1.1为主要新型储能产业类型的比较。

1.1.3 新型储能产业特征

新型储能是构建新型电力系统、推动能源绿色低碳转型的重要技术和基础装备,也是实现"双碳"目标的重要支撑[1],具有选址灵活、环境适应性强、建设周期短、响应速度快、运行效率高、技术路线多元、产品附加值高、与新能源消纳匹配性好等特征。新型储能正日益广泛地嵌入电力系统源、网、荷各个环节,成为电力系统安全稳定、经济运行不可或缺的配套设施,是推动能源革命的重要保障,是富民强国的战略性新兴产业[2]。

表1.1 主要新型储能产业类型比较

类别		原理	优点	缺点	应用
物理储能	压缩空气储能	利用过剩电力将空气压缩并储存在一个地下结构中，需要时再将压缩空气与天然气混合，燃烧膨胀以推动燃气轮机发电（传统补燃式压缩空气储能）	高效率，有调峰功能	选址非常有限	适用于大规模风场的调峰
	飞轮储能	利用大转轮所储存的惯性能量，将电能以动能形式储存起来	可靠，经济，寿命周期长，容量大，技术成熟度高，运行灵活，反应快捷	能量密度低，具有一定的自放电损耗	适用于配电系统调频
	超导储能	利用超导线圈将电磁能直接储存起来，将电磁能返回电网或其他负载	使用寿命长，污染小，响应速度快，容量大，效率高	需要长期保持低温环境，成本高	支撑电网稳定、提高电网品质以及大功率设备的脉冲供电等方面
	重力储能	通过重力势能-动能-电能三种能量形式相互转化进行工作	技术门槛较低，选址灵活，长寿命快捷，寿命长	能量密度低，建设难度大，发电稳定性差	新能源消纳、电网稳定性、应急电源等
	熔盐储热	利用升/降温过程实现热能存储与释放	技术成熟，适用于大规模，安全稳定	初期投资成本高，能量密度低，关键设备待提升	适用于太阳能热发电，还可应用于火电灵活性改造，余热回收利用，清洁供暖等
	相变储热	通过储热介质发生相变过程实现热能存储与释放	相变过程中温度和体积近似恒定，易于控制	相变材料导热系数低，材料易腐蚀，寿命短	峰合电利用和热管理领域，如数据机房、电动/燃油汽车、建筑温控
化学储能	铅酸电池	铅酸电池内的正极（PbO₂）及负极（Pb）浸润到电解液（稀硫酸）中，两极间会产生2V的电势	技术成熟，结构简单，价格低廉，维护方便，循环寿命1000次，效率可达80%，性价比高	能量密度低，寿命较短	常用于电力系统的事故备用电源或备用电源。目前逐渐被锂离子电池等其他电池替代
	锂离子电池	实际是一个锂离子浓差电池，正负电极由两种不同的锂离子嵌入化合物构成	比能量最高，寿命可以达到5000次以上，循环快，放电时间可达数小时，效率达95%以上	价格高，发热问题存在隐患	在电动汽车、计算机、便携式移动设备和电力系统上广泛应用

续表

类别		原理	优点	缺点	应用
化学储能	钠离子电池	依靠钠离子在正极和负极之间移动来工作,与锂离子电池工作原理相似	成本低、安全性高、高低温性能好、环保、寿命长	能量密度理论极限低	在动力和储能领域具有广阔的应用前景
	全钒液流电池	一种活性物质呈循环流动液态的氧化还原电池	输出功率和储能容量可分开设计、规模易扩展、循环寿命长、无毒副产物产生、环境友好、安全性高、能量效率高	成本高、钒资源约束	可再生资源消纳、智能微网、备用电源
	铁铬液流电池	通过正、负极电解质溶液活性物质发生可逆氧化还原反应,实现电能和化学能的相互转化	资源丰富、安全性高、寿命长、易扩容、无自放电、可靠性高	能量密度低、能量转换效率低(高于铅酸)	可再生资源消纳、智能微网、备用电源
	钠硫电池	正极由液态硫,负极由液态的钠组成,中间隔有陶瓷材料的贝塔管。电池的运行温度需保持在300℃以上,以使电极处于熔融状态(高温钠硫电池)	能量密度高、响应时间短(毫秒级)、循环周期达4500次、放电时间6~7小时	金属钠易燃、高温运行下存在风险、电池价格较高	应用于负荷调平、移峰、改善电能质量等
	超级电容器	介于传统电容器和电池之间的新型储能装置,在结构上包括正极、负极和电解液,按原理(有无化学拉筹过程)可以分为双电层电容器和赝电容器。	充电时间短、寿命长、大电流放电能力强、能量转换效率高、功率密度高、超低温特性好、绿色环保	能量密度低、放电时间短	面向电动汽车,以及电力系统中短时间、大功率负载的平衡,在电压跌落和瞬态干扰期间提高供电水平等
	氢储能	利用了电-氢-电互变性质,将水电输出不足时利用氢气通过燃料电池或其他方式转换为电能输送上网	储存能量大、储存时间长、有多种利用场景	储存电力效率低	电能转换为燃料
	热化学储能	利用可逆化学反应的吸热和放热过程,实现热量的储存与释放	储释能容量大、储存时间长、投资建设成本低、全寿命周期长、环境友好、安全可靠	系统设备设计及工艺流程控制要求高	可再生能源消纳、平滑输出功率、削峰填谷

1.2 发展新型储能产业的重大意义

1.2.1 满足国家能源安全的战略需求

能源安全是关系国家经济社会发展的全局性、战略性问题，对国家繁荣发展、人民生活改善、社会长治久安至关重要。目前，国际形势风云变幻，逆全球化思潮甚嚣尘上，叠加乌克兰危机等多重地缘政治博弈，我国能源安全面临的风险与日俱增。在我国适时推进加快构建新发展格局的政策背景和"双碳"战略目标指引下，建设清洁低碳、安全高效的新型能源体系，提高能源供给保障能力成为保障国家能源安全的重要一环[3]。加快规划建设新型能源体系有助于推进能源有序均衡发展与绿色低碳发展的协同共进，系统地解决发展过程中的能源安全和经济安全问题[4]。

在"双碳"目标指引下，新型能源体系要求实现主体能源由化石能源到可再生能源的转移，构建以新能源为主体的新型电力系统。在此过程中，新型储能产业至关重要。发展新型储能产业能够保障能源有效供给、电力有效供应以及电力系统顺畅运转，既能提升传统电力系统灵活性、经济性以及安全性，又能解决新能源并网和系统稳定供应等相关问题。新型储能产业发展将有利支撑我国新型能源体系的构建，是我国新型能源体系的重要组成部分，将满足我国能源安全的战略需求，助力我国实现能源结构转型和能源革命。

1.2.2 建立新型电力系统的必要环节

电力在经济社会发展中起决定性作用，城市建设对电力可靠供应和电网安全稳定的依赖也越来越高，任何意外事故都会给电网带来威胁，进而对社会民生造成严重影响。2017年8月15日，由于操作失误，台电公司大潭电厂6部机组跳脱，导致供电容量减少约400万千瓦，中国台湾省17个县市陆续发生停电事故，影响668万用户用电。2021年2月15日，受极端天气影响，美国得克萨斯州出现大规模停电，影响450万用户用电，约69%的得州居民无法用电，经济损失高达2000亿美元。电力安全关乎"城市生命"，在我国，每年冬夏两季用电高峰期，政府、电力企业、电力用户要为可能出现的大负荷情况做好调控准备，有序用电、拉闸限电等非市场化手段依然用于临时调控，部分区域和重点线路设备基础还相对薄弱，对大负荷冲击的应对能力较差。新型储能系统由于响应速度快，其所释放的能量可以瞬间取代各种原因造成的电源掉网，规模化储能项目的应用还可以协助电网从紧急状态快速恢复到正常运行状态，尽可能地减少扰动对系统可靠性的影响，从而提高电网抵御扰动和维持稳定的能力，保证电力系统安全稳定地运行。

同时，随着化石能源的日渐枯竭和新能源技术的不断进步，风能和太阳能等新能源发电技术将会在并、离网两个方向上实现大规模发展，最终在各能源中占据越来越大的比重，成为主流发电技术。目前我国已成为世界可再生能源发展第一大国，截止到2021年底，我国可再生能源发电装机容量历史性突破11亿千瓦，占总装机的比重达到44.8%。2021年，可再生能源发电量达2.49万亿千瓦时，可再生能源发电量占全部发电量比重为29.9%。在青海等地区，可再生能源装机和发电量占比已经超过90%。我国水电、风电、光伏发电装机容量稳居全球首位。从能源发展战略来看，其发展地位不可动摇，国家也出台了一系列政策支持可再生能源的建设和接入，电力市场化环境下和能源互联网战略布局下，可再生能源发电将占据主导地位。由于风能、太阳能等可再生能源本身具有随机性和不确定性的特点，电压和频率的波动使其实现大规模入网存在困难。可再生能源电力质量与火电、水电相比还存在差距，电网只能部分接纳可再生能源电力，造成了一定的弃风、弃光现象。同时，具有不确定性的可再生能源接入也对电力系统的安全产生了极大影响。储能技术应用可辅助太阳能、风能等可再生能源发电系统实现功率平滑输出，能够有效调控可再生能源发电所引起的电网电压、频率及相位变化，提高可再生能源发电的电力质量，降低电力系统安全隐患，进而实现可再生能源大规模入网和负荷低谷时段可再生能源的消纳和利用。

面对我国能源发展的新形势，储能与可再生能源配套的发展趋势不可逆转，有必要前瞻性地尽快解决储能面临的技术难题和商业化应用难题，其对促进我国可再生能源规模化发展的重要价值绝不可忽视。

1.2.3　构建高效能源互联的重要组成

在电力系统中，发、输、配、用要求瞬间完成并且实时平衡，能源互联网概念下，智能电网得到快速发展应用，电力系统要实现快速响应，安全、稳定、清洁和经济地输送电能。储能在电力系统中的应用，通过能源形式上的转换，在各能源系统间建立互联关系，有效实现供应侧和需求侧的双侧互动，实现发电曲线与用电曲线动态匹配，从时间和空间上有效地隔离电能的生产和使用，改变传统电力系统对电能的生产-输送-使用同步进行的模式，储能系统的作用决定了它是能源互联网系统中的重要组成部分。

1.2.4　实现"双碳"战略的关键支撑

2020年9月22日，习近平主席在联合国大会中提到，中国将提高国家自主贡献的力度，采取积极有力的政策与措施，控制二氧化碳的排放，争取在2030年之前实现碳达峰，争取在2060年前实现碳中和。"双碳"战略正式成为我国重大国家发展战略，关乎实现中华民族伟大复兴和构建人类命运共同体。

从实现碳达峰到实现碳中和，我国仅有30年时间，是发达国家时间的一半左右。然而，我国二氧化碳年排放量稳居世界第一，同时我国正处于全力高速发展阶段，二氧化碳排放量也在不断增加，实现该目标具有极高的挑战性。为实现"双碳"目标，必须调整能源结构，改变现有以化石能源为主体的能源状态，降低化石能源占比，充分利用可再生能源，使可再生能源成为主体能源。

大规模使用可再生能源需要大力建设以可再生能源为主体的能源体系，特别是构建以新能源为主体的新型电力系统。根据国际能源署数据，在过去的三十年间，全球55%的累计碳排放来自电力行业，而电力行业80%的碳排放来自燃煤发电。随着全球电动化的推进，未来电力在二次能源中的比重将不断增加。因此，减小燃煤发电比重的同时大力发展可再生能源成为实现碳中和的重要途径。清华大学能源环境经济研究所预计，若我国2060年实现碳中和，届时风、光占一次能源比例将接近50%，占发电量比重则将接近60%。而可再生能源具有不稳定、周期性问题，风、光电高比例接入电网将会影响电力系统安全。由此可见，大力发展可再生能源必须解决可再生能源不稳定、周期性问题。储能可平抑可再生能源的不稳定性，消除其周期性带来的影响，建设以可再生能源为主体的能源体系必须大力发展储能。

1.3 新型储能应用领域价值分析

1.3.1 发电侧储能应用价值

（1）辅助动态运行

动态运行是指为了保证负荷和发电之间实时保持平衡，火电机组输出需要根据调度要求进行调整，而不是恒定地工作在额定输出状态。具体包括启动、爬坡、非满发状态和关停四种运行状态。辅助动态运行应用是指储能装置和火电机组共同按照调度要求调整输出大小，尽可能地减小火电机组输出的波动范围，进而让火电机组在接近经济运行状态下工作[5-8]。

由于储能技术的响应速度快，通过应用储能技术进行辅助动态运行可以提高火电机组效率，减少碳排放。动态运行会使机组部分组件产生蠕变，造成这些设备受损，提高了机组的故障率，即降低了机组的可靠性。同时，增加了更换设备的可能和检修费用，导致整个机组的使用寿命降低。储能技术的应用可以避免动态运行对机组寿命的损害，减少设备维护和更换设备的费用，进而延缓或减少发电侧对新建发电机组的需求[5-8]。

（2）取代或者延缓新建机组

随着负荷的增长和老旧机组的淘汰，为满足电力客户需要，要建设新的机组，主要是为了满足电力系统的可靠性和应对尖峰负荷。储能取代或者延缓新建机组是在负荷低的时候，通过原有高效机组给储能系统充电，在尖峰负荷时储能系统向负荷放电。这种方法取代了新建机组[9]。

在美国，峰荷机组主要是联合循环燃气机组，在负荷增长或者机组淘汰引起的发电不能满足负荷的情况下，电力企业一般会选择建设新的单循环燃气机组应对尖峰负荷。当然应对这种情况还有一些其他选择，如大型煤电机组、分布式机组、需求响应以及节能技术。在中国，往往是煤电机组承担调峰作用。而这些作为调峰的煤电机组经常不能处于满发状态，都要为负荷尖峰留有一定余量，也就影响了机组运行的经济性[10]。利用储能技术则可以起到取代或者延缓新建机组的作用，且相比其他技术，更加经济、高效、灵活和清洁。

（3）储能助力可再生能源开发和利用

可再生能源发电具有不确定性和波动性，其对电网的影响主要包括：增加调频压力（几秒到十几分钟）；短时波动（十几分钟到几小时），增加电网的实时调峰压力；长时波动（24小时范围内），主要指风电的反调峰特性，易造成弃电问题。储能配套可再生能源应用主要发挥削峰填谷、跟踪计划出力、调频和平滑可再生能源输出的作用。

1）削峰填谷

削峰填谷的实质是解决弃电问题，将电网不能消纳的电能通过储能系统储存起来，充放电时间节点完全取决于调度要求。在该模式下，储能系统的工作方式相对固定，一般将发电输出功率的高峰与低谷区域作为储能系统工作方式的切换点。

在可再生能源发电达到高峰期时，储能系统进入充电状态，吸收发电输出富余的电能；在可再生能源发电跌入低谷期时，储能系统进入放电状态，将储存的能量释放，从而实现可再生能源发电的峰谷转换。在储能系统为放电状态时，还须对其输出功率进行控制，以保证发电输出功率的波动程度在可接受范围内[11]。

2）跟踪计划出力

跟踪计划出力是根据计划出力曲线，控制储能系统的充放电过程，使得实际输出功率尽量接近计划出力，从而提高可再生能源发电输出功率的准确性，提高电力系统的利用率及并网能力[12]。

3）平滑输出

通过对储能系统进行频繁充放电操作，平滑可再生能源电站短时输出，使其输出的爬坡率和爬坡幅度满足电网调度要求，减小由于风力发电和光伏发电随机性和不稳定性带来的发电波动性[13]。

4）调频

调频是在储能系统的额定功率和一定容量范围内，根据自动发电控制（AGC）信号，改变储能系统与电网之间交换的实时功率数量，使系统频率保持在合格范围内。相较于传统发电机组，储能技术具有快速、精确的功率跟踪能力，能够在1秒内完成AGC调度指令，提升了调频能力、系统频率的稳定性以及与联络线功率的合格率，从而使电网运行更加可靠和安全[14]。调频是电力系统中必需的一项辅助服务，目前由火电、水电（部分地区也由可再生能源场站提供）提供。储能与可再生能源配套应用可提高场站性能，减少风险，并可获得辅助服务市场给予的补偿回报。

1.3.2 电网侧储能应用价值

（1）缓解线路阻塞

储能系统安装在阻塞线路上游，当线路负荷超过线路容量，即发生线路阻塞时，储能系统充电，将线路不能运输的电能储存在储能设备内；当负荷低于线路容量时，储能再向线路放电。输电线路容量是固定的，而负荷是随时间有规律变化的，存在尖峰负荷。当负荷增大到一定程度时，输电线路容量会低于尖峰负荷，这样就需要投入资金对线路进行扩容，提高电力运行的边际成本。储能能够避免线路阻塞产生的相关成本和费用，尤其是在扩容幅度不高的情况下。

（2）延缓输配电扩容升级

延缓输配电扩容升级是利用一定较小容量的储能设备延缓甚至是免去对原有输配电设备的扩容。主要应用于负荷接近设备容量的输配电系统内，将储能安装在原本需要升级的输配电设备下游位置来延缓或者避免扩容。这种做法最显著的特点是，利用较小容量的储能设备来延缓需要很大投入的电力系统扩容。该手段可以提高电力资产利用率，更高效地利用电网企业的投入资金，还可以减少大规模资金投入所产生的风险。

值得注意的是，需要扩容的那部分输配电设备，在一年大部分时间里都是可以满足负荷供应，只是部分负荷高峰的特定时间段才出现自身容量低于负荷的情况。因此，在高峰负荷超过输配电设备容量不是很多的情况下，可以考虑储能配套应用这个解决方案。实际上，这种应用等同于延长了原有设备的使用寿命。

1.3.3 用户侧储能应用价值

（1）用户分时电价管理

电力系统中的负荷总量并不是一成不变的，随着时间变化用电量会出现高峰、平段、低谷等现象。根据以上特点，将每天24小时划分为高峰、平段、低谷等多个时段，对各时段分别制定不同的电价水平，即为分时电价。基于分时电价体系，用户可以根据自己的实际情况安排用电计划，将电价较高时段的电力需求转移到电价较低的时段实现，从而达到降低总体电价水平的目的，即为分时电价管理。

在实施了分时电价的电力市场中，储能是帮助电力用户实现分时电价管理的最理想手段。在电价较低时给储能系统充电，在高电价时放电，不仅可以通过低存高放来降低整体用电成本，而且还不用改变用户的用电习惯，即使是在电价最高时还可以按自己需求使用电能。

（2）需量电费管理

需量费用管理指的是电力用户采取一定手段，在不影响正常生产工作的情况下，降低最高用电负荷，有效地降低需量费用支出，从而达到降低总体电费的目的。储能设备是降低需量电费支出的解决方案之一，用户根据自己的用电习惯，在自身用电负荷低的时段对储能设备充电，在高负荷时段利用储能设备放电，从而可以降低最高负荷，达到减少需量电费的目的。另外，使用储能设备为用户最高负荷供电，还可以降低输变电设备容量，节约整个电力系统的建设投入，实则也减少了容量电费的支出。

（3）电能质量

电能质量可以简单理解为用户侧从公用电网获得交流电能的品质。在理想状态下，用户获得的电能频率、电压以及正弦波形等应该是恒定的。但由于电力系统在运行过程中会遇到各种变化，导致用户所获得的电能不能保持理想状态，影响了用户电力设备的正常工作，产生了电能质量问题，其中包括电压变化、电流变化、频率偏差等多个方面。另外,供电可靠性也是电能质量所必须考虑的问题。供电可靠性是供电系统持续供电的能力,可以用供电可靠率、用户平均停电时间、用户平均停电次数、系统停电等效小时数等一系列指标来衡量。随着电子设备使用量的不断增长,电压、电流、频率偏差等电能质量问题也可能引起设备故障或工作不正常,比如电压降低引起服务器重启、谐波导致热断路保护跳闸等。因此,也可将电压变化、电流变化、频率偏差等问题视为供电可靠性的一部分。

在用户侧储能电能质量管理中,储能技术广泛参与到为提高供电可靠性而开展的项目中[15]。低压侧用来提高供电可靠性的设备大致可以分为两种类型,低压电力调节器以及应急和备用电源系统。其中,低压电力调节器主要是通过改善电能质量来提高可靠性,主要有滤波器、隔离变压器、稳压器和过压保护装置等设备。这些设备可以处理部分电能质量问题,但由于没有储能元件,无法维持用电设备的连续运行。应急和备用电源系统是储备电源,主要作用就是用来保证设备运行的连续性。一些关键负荷必须要妥善设计和启用应急备用电源,这些电源通常会独立于公共电力系统或电网,用来确保供电可靠性和供电质量。其中,应急电源主要是确保故障发生时,负荷在几毫秒到几分钟的时间段内不会中断运行,直到有稳定的电源启动恢复供电;备用电源可提供几秒到几天的连续供电,保持设备在长时间停电时仍能正常运行。

另外,储能在用户侧的其他应用也可提高电能质量。如用户侧屋顶光伏等分布式发电系统,储能用来解决分布式发电系统内的电压升高、骤降、波动、闪变等问题,其实本质上也是提高用户从分布式发电系统中获取电能的质量。

1.3.4 辅助服务储能应用价值

从各辅助服务市场建设情况来看,国内辅助服务主要分为基本辅助服务和有偿辅助服务两类。其中,基本辅助服务包括一次调频、基本调峰和基本无功调节等。有偿辅助服务包括一次调频、自动发电控制(AGC)、调峰、无功调节、自动电压控制(AVC)、备用和黑启动等。由于我国辅助服务市场机制尚不完备,储能可参与的辅助服务市场服务类别还相对单一。

(1)调频

电力系统频率是电能质量的主要指标之一,其定义是在规定时间间隔内测量的基波电压波形的重复次数,反映的是发电有功功率和负荷之间的平衡关系。各国根据本国电网的实际情况,都会设定一个频率的基准值,比如,中国、欧洲、澳大利亚和日本东部电力系统的基准频率为50Hz,北美和日本中西部电力系统的基准频率为60Hz。

在实际运行中,频率并不能时刻保持在基准频率状态,当电力系统中原动机的功率和负荷功率发生变化时,必然会引起电力系统频率的变化。频率的偏差不利于用电和发电设备的安全、高效运行。有些情况下,甚至会损害设备。因此,在系统频率偏差超出允许范围后,必须进行频率调节。

调频辅助服务主要可分为一次调频和二次调频。

一次调频主要通过原动机的调速系统，利用系统固有的负荷频率特性，快速响应系统的频率变化（火电机组通常的响应时间在10~30秒之间）。但发电机组参与系统的一次调频时，采用的是有差调节方式，并不能将系统频率完全恢复到初始状态[16]。

二次调频主要通过自动发电控制（AGC）来实现。各区域电网依靠集中的计算机控制系统，改变发电机组的负荷频率特性，从而达到将系统频率恢复到初始状态，实现无差调节的目的。由于受能量转换过程的限制，火电机组提供二次调频时的响应速度比一次调频要慢，响应时间一般需要1~2分钟[16]。

一次调频和二次调频对于系统发生较大扰动时快速恢复系统频率都十分重要，不能互相取代。一次调频能快速调整那些变化速度快、变化幅度小的负荷随机波动，而二次调频能有效地调整分钟级乃至更长周期的负荷波动。

通过对电网中的储能设备进行充放电以及控制充放电的速率，可以达到调节系统频率的目的。在我国，大量的燃煤电厂参与了电力系统的频率调节。但大部分火电厂运行在非额定负荷以及做变功率输出时，效率并不高，并且由于调频需求而频繁地调整输出功率，会加大对机组的磨损，影响机组寿命。因此，火电机组并不十分适合提供调频服务，如果储能设备与火电机组相结合共同提供调频服务，可以提高火电机组运行效率，大大降低碳排放。另外，储能设备还能经济运行在非满负荷状态，可以提供本身容量2倍的调节能力（例如，1MW的储能设备在放电和充电时可分别上调和下调系统频率1MW，即具有2MW的调节能力）。因此，储能设备非常适合提供调频服务。与传统发电机组相比，储能设备提供调频服务的最大优点是响应速度快、调节速度快，可以在几分钟甚至几秒钟的时间内，在无输出状态以及满放电状态（或充电状态）间进行转换，准确度高，能避免火电机组响应AGC信号时出现向相反方向调节等错误动作[16]。

（2）电压支持

电压是衡量电能质量的一个重要指标，电力系统的电压水平与无功功率密切相关，反映了系统中的无功功率的平衡关系。在电压发生偏移时，有多种方式可进行调压操作，比如：发电机调压、改变变压器变比调压、利用无功功率补偿调压、线路串联电容补偿调压等。

电压支持是在发电端进行的电压调节操作。在我国，主要指的是发电机组提供的基本无功调节、有偿无功调节和自动电压控制（AVC）服务[17]。基本无功调节是发电厂必须提供的服务，指的是在一定的功率因数范围内向电力系统吸收或发出无功功率。有偿无功调节，与基本无功调节的主要区别在于功率因数的范围不同，发电厂提供有偿无功调节可按规定获得相应补偿。自动电压控制（AVC）同样也可以获得补偿，指的是在发电机规定的无功功率调整范围内，依靠自动装置，跟踪电力调度指令，实时调整无功出力，满足电力系统电压和无功控制的要求。

传统情况下，发电机组是电压支持辅助服务主要的提供者，通过发电机吸收或释放无功功率，可以达到调节系统电压的目的。但由于无功功率在传输过程中容易发生损耗，并且损耗数值相当可观，对于线路较长、供电范围较大、有多级变压的供电系统，利用发电机调压并不是最佳方案。

储能装置特别是分布式储能装置具有快速响应的能力，能在几秒钟内快速响应负荷需求，并为负荷提供持续几分钟甚至一个小时的服务，将其布置在负荷端，根据负荷需求释放或吸收无功功率，能很好地避免无功功率远距离输送时的损耗问题。

（3）调峰

电力系统在实际运行过程中，总的用电负荷曲线并不是一条水平的直线，而是有高峰低谷之分。传统电网的运行时刻处于发电与负荷之间的动态平衡状态，电网的规划、运行和控制都基于"供需平衡"的原则进行配置，即所发出的电力必须即时传输，发电机组需实时上调或下调出力以便与用电负荷保持平衡。在我国，调峰辅助服务分为基本调峰和有偿调峰[17]。基本调峰是并网发电机组所必须提供的辅助服务，发电机组在规定的出力范围内，都必须无偿提供此服务。有偿调峰是指机组按电力调度指令进行的超过基本调峰范围的深度调峰，以及发电机组启停机调峰（机组在停机24小时内再度开启发电的调峰方式）。

当前和未来，随着我国可再生能源接入占比不断提高，风力发电的反调峰特性和光伏发电与用电负荷的不匹配情况，使电力系统面临更大的调峰压力。而储能系统可以把发电与用电从时间和空间上分隔开来，实现负荷和电量的转移。储能的充放电特性使其具备向上和向下的调节能力，是支撑电力系统有效调峰的优质资源。

（4）备用

备用是电力系统除满足预计负荷需求外，在发生事故时，为保障电能质量和系统安全稳定运行而预留的有功功率储备。备用容量可以随时被调用，并且输出负荷可调。目前，备用辅助服务在各地电力市场中的定义和分类都有一定的区别，比如新英格兰电力联营体将备用辅助服务分为10分钟旋转备用、10分钟非旋转备用、30分钟备用运行等；PJM电力市场的相关分类为旋转备用、快速启动备用、紧急备用、运行备用等；我国的备用容量主要指的是旋转备用[18]。无论哪种备用，运行调度人员最关注的是系统如何提供充分的旋转备用，以确保系统事故风险低于预定水平，增强系统承受突发变故的能力。

储能设备可以以充放电的形式，为电网提供备用辅助服务。和发电机组提供备用辅助服务一样，储能设备提供备用辅助服务，也必须可被随时调用，但储能设备不需要一直保持运行，即放电或充电状态，只需在有需求时能够被立即调用并提供服务即可，因此经济性较好。另外，储能系统提供备用服务时，由于其可充电的特性，实际是可以提供两倍于其额定容量的调节容量。

（5）黑启动

黑启动是当电力系统由于发生故障停止运行后，通过系统中具有自启动能力的机组带动无自启动能力的机组，在不依赖于其他网络帮助的情况下，实现逐步扩大系统恢复范围，达到恢复整个系统的目的。黑启动是电力系统故障后迅速恢复的重要措施之一，可减少系统事故损失，满足系统紧急事故备用要求。储能可作为黑启动电源，在停电事故中恢复系统供电，提高电力系统的韧性。储能参与黑启动可形成对传统柴油发电机组的替代，减少试验和启动运行环节的污染物排放。且发输配用各应用领域储能系统都可在各电压等级和电网环节，实现对电力系统的应急支撑作用，传统发电侧"黑启动"资源的保障作用也通过储能向电力系统下游环节延伸，各分布式储能的应用可实现其所在区域的应急保障功能，储能的灵活调节能力实则降低了电力系统"黑启动"的风险[19]。

第 2 章 国内外新型储能产业发展现状

2.1 国内外新型储能技术现状

2.1.1 新型储能技术发展现状

2.1.1.1 物理储能

（1）飞轮储能

在飞轮储能系统中，电能驱动一个放置在真空外壳内的转子，即加速一个由固体材料制成的大质量圆柱体（达几万转/分钟），将电能以动能形式储存起来。飞轮储能具有寿命长（15~30年）、效率及功率密度高、响应速度快等优点，但能量密度较低，放电时间只可持续几秒至几分钟。基于上述特点，飞轮储能多用于工业不间断电源、脉冲武器、卫星供电和卫星姿势调整等[20]。

（2）压缩空气储能

压缩空气储能是采用空气作为能量载体，利用过剩电力将空气压缩并储存在一个地下空间结构（如地下洞穴）中，当需要用电时再将压缩空气输入膨胀机，采用补燃或不补燃的方式，利用产生的热量推动汽轮机发电，进而实现电能的储存和释放。压缩空气储能以绿色、丰富、取用方便的空气作为介质，将可再生能源发出的间歇性电力拼接起来，改善电能质量，具有储能容量大、储能周期长、投资少等优点[21]。图2.1为压缩空气储能示意图。

（3）超导储能

超导储能的概念最早来源于充放电时间很短的脉冲能量储存，利用超导体电阻为零的特性，通过超导线圈将电磁能直接储存起来，需要时再将电磁能返回电网或其他负载。储能装置结构简单，无旋转机械部件和动密封问题，设备寿命较长；储能密度高，可达$100MJ/m^3$，适合做成较大功率的系统；响应速度快，一般为1~100ms，调节电压和频率快速且方便。功率输送时不需要进行能源形式的转换，具有综合效率高和功率密度高等优点[22]。超导磁储能系统由超导线圈、低温系统、功率调节系统和监控系统四大部分组成。超导磁储能技术的成熟度主要取决于超导材料技术的成熟度，根据不同的工作温度，可分为低温超导材料、高温超导材料和室温超导材料。当前，超导磁储能受限于价格昂贵的超导材料和低温制冷系统，短期内难以商业化。

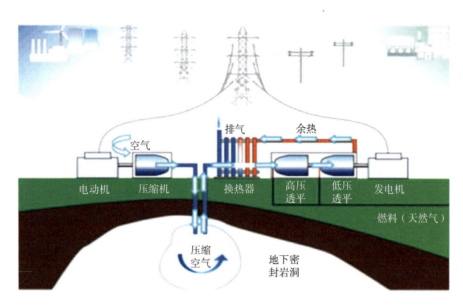

图2.1 压缩空气储能示意图

2.1.1.2 化学储能

（1）铅酸/铅炭电池

铅酸电池是最古老也是最成熟的储能技术，具有技术成熟、性价比高、可靠性强、大电流性能好等优点，成为早期大规模电化学储能的主导技术。传统铅酸电池循环寿命可达1000次左右，能量效率能达80%~90%，电池性价比高，常用于电力系统的事故电源或备用电源。但发生深度或快速大功率放电时，其可用容量将出现下降情况。此外，铅酸电池存在能量密度低、寿命短、环境污染严重等缺点[23]。

铅炭电池是在传统铅酸电池的铅负极中以"内并"或"内混"的形式引入具有电容特性的碳材料而形成的新型储能装置，其技术优点是：充电倍率高；循环寿命长，是普通铅酸电池的4~5倍；安全性好；再生利用率高，可达97%；原料资源丰富，成本较低，为传统铅酸电池的1.5倍[23, 24]。

当前铅蓄电池行业已形成"原料-生产-应用-回收"的循环产业链，铅炭电池储能技术以此为依托，已在多领域初步实现商业化应用，市场发展前景较好。从铅酸电池向铅炭电池推进是未来铅酸电池发展的总体趋势。

（2）锂离子电池

锂离子电池正负电极由两种不同的锂离子嵌入化合物构成，通过锂离子脱嵌存储释放能量。锂离子电池是目前相对成熟技术路线中能量密度最高的实用型电池，系统能量转换效率可达到90%及以上，循环次数可达15000次及以上，响应在几十毫秒到秒级。图2.2为锂电池示意图。

根据不同的正极材料，锂离子电池可细分为四类：层状结构钴酸锂型电池、三元镍钴锰过渡金属或二元镍钴过渡金属复合型电池、锰酸锂型电池、磷酸铁锂型电池。

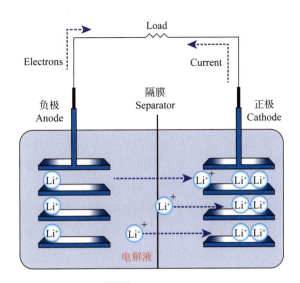

图2.2 锂电池示意图

锂离子电池凭借自身高能量密度和高功率密度的优势，正成为目前主流的技术路线，在我国新型储能中的装机容量占比最大，增长幅度也最快。在目前世界各国的锂离子电池储能示范工程中，除了安全隐患问题，锂离子电池还存在电池寿命短和成本高等问题[25]。

（3）高温钠硫电池

高温钠硫电池正极由液体硫组成，负极由液态钠组成，中间由陶瓷材料的beta-氧化铝陶瓷管隔离，电池运行温度需保持在300℃以上，以保障电极处于熔融状态，循环周期可达到4500次，放电时间6～7小时，充放电效率75%，能量密度高，响应快[26]。目前在日本、德国、法国、美国等地已建有200多处此类储能电站，主要用于负荷调平、移峰和改善电能质量。钠硫电池经过多年的商业化应用，具有先发优势，但高温运行以及液态金属钠、单质硫的化学活性决定了其安全隐患难以根除。该技术能否成功大规模应用受到安全性、可靠性及成本等综合因素的影响。图2.3为钠硫电池示意图。

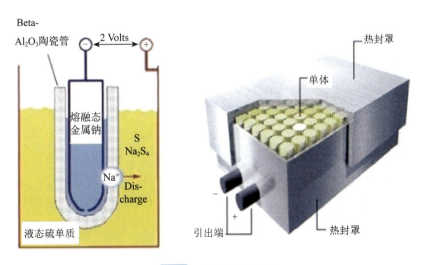

图2.3 钠硫电池示意图

（4）液流电池

液流电池，是一种大型电化学储能装置。传统液流电池的活性物质以液态形式存在，既是电极活性材料又是电解质溶液，分装在两个储液罐中，由一个泵驱使溶液流经液流电池电堆，在离子交换膜两侧的电极上分别发生还原和氧化反应。该电池输出功率取决于电池堆大小，储能容量取决于电解液储量和浓度，功率和容量独立设计，容量可达MW级。目前，液流电池存在多个体系，如全钒体系、铁-铬体系、锌-溴体系和多硫化钠体系等，其中全钒液流电池发展成熟，是主要的技术发展方向，其特点是寿命长，循环次数可达10000次以上，但能量密度和功率密度比锂电池低，响应较慢[27]。目前，全钒体系液流电池在国内研究较多，但隔膜主要依赖进口，成本偏高。近年来，国产化隔膜实现了技术突破，多种国产隔膜产品进入市场，其成本未来将会大幅度下降。图2.4为液流电池示意图。

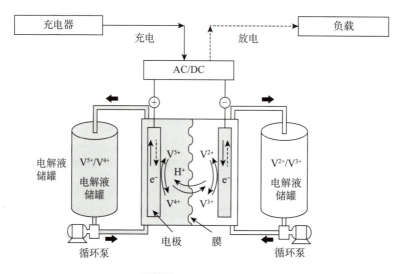

图2.4 液流电池示意图

相对全钒液流电池，铁-铬液流电池的成本优势体现在原材料成本低廉。铁-铬液流电池储能技术凭借其电解质溶液、电池堆内部化学环境稳定性好，电解液原材料易于回收和处理等特点，比全钒液流电池技术更适合作为大规模储能技术的首选[28]。20世纪70～80年代，美国国家航空航天局（NASA）的路易斯研究中心（Lewis Research Center）开始对铁-铬电池系统进行研究，克服了正负极的电解质溶液透过电解质膜的混合难题和催化电极关键部件的制备难题，研制出1kW的电池储能系统，充放电循环100次以后，该电池效率仍在80%以上。20世纪80年代后期，日本三井制造与造船株式会社和住友株式会社下关西电力公司先后研发出1kW、10kW、60kW电池堆，并报道了10kW、60kW系统分别具有经300次、1500次循环后的80%能量转换效率。由于铁-铬体系技术特征优势，该系统在美国和西班牙随着新能源发展的储能需求增长得到重视。美国旧金山湾区已经有风险资金介入投资了两家公司EnerVault Corporation和Deeya Energy, Inc（目前被Imergy Power Systems合并），开始了铁-铬液流电池系统的产品研发。前者注重于在大型电网方面的应用，并在2014年建成了全球第一座250kW/1MWh铁-铬液流电池与350kW光伏电站组成的微电网系统；后者侧重于在小型通信基站电源方面的应用，并在印度设立有制造工厂，推出5kW与30kW储能模块产品。

国内有多家单位曾经跟踪研究铁-铬液流电池，中国科学院大连化物所1992年曾推出过270W的小型电池堆，由于铁-铬液流电池技术中关键问题阴极析氢与电解液互混未得到解决，研究一度止步。目前，国家电投集团科学技术研究院采用混合的铁、铬离子溶液，已经成功解决了电解液的互混问题，并通过开发新型催化剂解决了阴极析氢问题，并且在储能系统中设计安装了再平衡系统，有效解决了系统容量长期稳定运行问题，极大地提高了铁-铬液流电池的使用寿命，进一步提升了铁-铬液流电池技术水平[29]。国家电投集团科学技术研究院实验室搭建了液流电池材料测试平台和电池测试平台，可以进行单电池测试、300W电池测试、2kW电堆测试和30kW电堆测试。同时，已成功研发了300W、2kW、10kW、30kW、250kW等系列储能产品，具备研发、设计、测试和组装生产等一整套完整的技术能力，所有零部件均实现国产化。同时，基于250kW储能产品的MW级储能系统模块化成组技术也已成熟。2020年底，国家电投成功试制"容和一号"大容量电池堆，并在河北张家口战石沟250kW/1.5MWh示范项目上成功应用[28]。2023年2月28日，由国电投内蒙古分公司投建我国首个兆瓦级铁-铬液流电池储能示范项目，目前在内蒙古通辽市成功试运行，即将投入商业使用。

锌-溴体系成本相对低，但技术仍受国外垄断。多硫化钠-溴体系中离子交换膜的选择性较低，引起电池正负极电解质溶液互混，显著缩短了电池寿命。因此，国际上暂时终止了多硫化钠-溴液流储能电池体系的研究开发和应用示范。此外，近来开发的单液流电池（正极是固态，负极是可循环液态）不需隔膜，是未来液流电池技术发展的方向之一[28-30]。液流电池适用于调峰电源系统、大规模光伏电源系统、风能发电系统的储能以及不间断电源或应急电源系统。

（5）超级电容器

超级电容器是介于传统电容器和电池之间的新型储能装置，在结构上包括正极、负极和电解液，按原理有无法拉第过程，可以分为双电层电容器和赝电容器。双电层电容器在充放电过程中发生的是电极/电解液界面的电荷吸附脱附过程；赝电容器在电极表面及体相发生氧化还原反应而产生电容。目前，双电层电容器的技术更为成熟，在市场上已经逐步推广。电极材料的制备是超级电容器的核心技术，正极材料一般包括碳材料、金属氧化物材料和导电聚合物材料，负极材料以已经实现商业化的石墨为主，电解液有水系电解液和有机电解液[31]。

超级电容器具有充电时间短、循环使用寿命长、大电流放电能力强、能量转换效率高、功率密度高、超低温特性好、节约能源和绿色环保等特点。超级电容器充放电的速度快，几乎没有充放电次数以及最大放电量的限制，平均寿命可达25年以上。其缺点是能量密度低于一般的电池，且放电时间很短。其应用场景主要是面向电动汽车，以及电力系统中短时间、大功率负载的平滑，在电压跌落和瞬态干扰期间提高供电水平等。安全性更高的凝胶态和固态超级电容器是未来发展方向[32]。

(6) 储热（冷）技术

储热（冷）技术是利用储热（冷）材料为媒介，通过各种能量与热（冷）能的相互转化，实现能量的储存和管理。储热介质吸收辐射能、电能或其他载体的热量蓄存于介质内部，环境温度或取热载体温度低于储热介质温度时，储热介质即可释放热量到环境或取热载体。储冷技术多用于空调系统、冷藏输运等。按照工作原理，储热技术可分为以下三种：

1）显热储热技术

显热储热技术原理简单，即利用储热介质的温度变化实现热量的存储与释放，目前技术较为成熟。然而，储热材料与设备及周围环境之间存在一定温差，储/释热过程热量损失较为严重。因此，显热储热技术不适合用于长时、大容量热量存储。固体显热储热材料包括岩石、砂、金属、混凝土和耐火砖等；液体显热储热材料包括水、导热油、液态金属和熔融盐等。水、土壤、砂石及岩石是最常见的低温（<100℃）显热储热介质，目前已在太阳能低温热利用、跨季节储能、压缩空气储热储冷、低谷电供暖供热、热电厂储热等领域得到广泛应用[33]。导热油、液态金属、熔融盐、混凝土、蜂窝陶瓷、耐火砖是常用的中高温（120~800℃）显热储能材料。混凝土、蜂窝陶瓷、耐火砖是价格较低的中高温显热储能材料。尽管导热油具有较大的储热温差（120~300℃），但其蒸气压较高，价格较贵；此外，随着太阳能光热技术的发展，导热油难以满足更高的运行温度，从而限制了朗肯循环发电效率，因此逐渐被熔盐取代。熔盐具有很宽的液体温度范围、蓄热温差大、蓄热密度高、传热性能好、蓄放热工况稳定且可实现精准控制，是一种大容量、低成本的中高温蓄热材料。开发低熔点、腐蚀性低、稳定性好、使用温度区间大、价格低廉的熔盐体系仍是未来太阳能光热发电技术的重要方向之一。

2）相变储热技术

相变储热技术是利用储热介质的相态变化实现热量的存储与释放，具有储热密度高、储热过程温度近似恒定等优点。固-液相变材料在相变过程中的热焓大、体积变化小，过程可控，是目前主要的研究和应用对象，已广泛应用于能源、电子电气设备、服装纺织和防火阻燃、航天航空的动力支持与热防护等领域。按工作温度范围，相变材料可分为低温和中高温相变材料。低温相变材料主要包含聚乙二醇、石蜡和脂肪酸等有机物、水和无机水合盐等。水合盐比较适用于中低温储能，但需解决其过冷和相分离问题。中高温相变材料主要包括无机盐、金属和合金等。金属合金比较适合中高温储能，但价格昂贵；相比而言，无机盐凭借其相变温度适宜、焓值大、成本低等优点，被视为一种极具潜力的中高温储热材料。虽然相变储热材料的应用领域广泛，种类繁多，但许多相变储热材料存在导热系数低、易腐蚀等问题，严重影响材料的应用价值和使用寿命。大容量相变蓄热还需解决导热系数低引发的充放热速率慢、蓄放热流体管路投资大等技术瓶颈[34]。

3）热化学储热技术

热化学储热技术是利用储能材料发生可逆化学反应实现热能的存储和释放，如化学反应的正反应吸热，热能即被储存起来；逆反应放热，热能被释放。热化学储热体系包括金属氢化物体系（MgH_2、LiH、CaH_2）、氧化还原体系（BaO_2、Co_3O_4）、有机体系（CH_4/

H_2O、CH_4/CO_2)、氨分解体系(NH_3)、碳酸盐体系($CaCO_3$、$PbCO_3$)和无机氢氧化物体系[$Mg(OH)_2$、$Ca(OH)_2$],其中$CaO/CaCO_3$和$CaO/Ca(OH)_2$体系具有原料廉价易得、储能密度高、安全无毒等特点,被认为是极具发展潜力的中高温热化学储能体系。与显热储热和相变储热相比,热化学储热具有显著更高的能量储存密度,且不需要保温,可以在常温下近乎无损失地储存热能,还可实现跨季、跨距离储热,已成为近年来的研究热点。但相比于前两种储热技术,热化学储热技术的成熟度稍弱[35]。表2.1为新型储能技术关键指标对比。

2.1.2 新型储能技术发展趋势

2.1.2.1 多元化储能技术

(1)储能型锂离子电池

未来锂离子电池的发展趋势是低成本、高安全、长寿命、高功率,同时注重控制体积能量密度,技术路线是从液态电池到混合固液电池、最终实现全固态电池。目前储能锂离子电池单体能量密度在168Wh/kg水平,储能电池单体电芯循环寿命平均>6000次,服役寿命超过10年,系统能量效率89%,系统初装成本<1.3元/Wh(2h),系统度电储能成本<0.7元。根据目前的研发速度,储能锂电池的成本以每年大于10%的速度下降,2025年储能锂电池度电储能成本有望降到0.3元以下,能量密度可以达到200Wh/kg以上。锂离子电池的研究已不再局限于材料本身、热力学、动力学、界面反应等基础科学,正朝着新材料开发、新电池结构设计、新电池制造工艺、全电池安全性、热行为、服役和失效分析等综合关键技术迈进。由于三元锂电池的安全性问题,磷酸铁锂电池成为当前储能锂电池市场主流选择,但磷酸铁锂电池在能量密度、低温性能等方面还需要优化。

具体而言,锂离子电池储能技术的未来规划是发展高能量密度、本质安全的固态锂离子电池,大力发展复合金属锂、复合固体电解质膜等新材料,研究相关的基础科学问题,解决工程技术问题,研究新电池的材料体系和创新设计。

1)固态电池

包括混合固液电解质电池及全固态电池。

当前液态锂电池能量密度上限约为350Wh/kg,基于氧化物正极与石墨负极的传统锂离子电池的能量密度越来越接近其理论上限。因此,学术界和产业界转向研究固态电池,尝试用不可燃的固态电解质替代可燃的电解液,以从根本上提高电池的安全性。固态电池是一种使用固体电极和固体电解质的电池,可搭配高比能材料,大幅减重,能量密度有望突破500Wh/kg[36]。在安全性方面,固态电池具有高强度、高电化学稳定性以及高燃点等性质。

由于固态电池研发的难度较高,因此提出了混合固液电解质电池。在混合固液电解质电池中,负极、正极中添加了固体电解质,在隔膜上涂覆离子导体,电芯内部含有少量液体(一般少于电芯质量的15%),负极不含锂时是锂离子电池,负极含有金属锂时是金属锂电池,正极一般为锂离子电池的正极材料。对此类电池需要研究复杂固液材料中离子的传输通道和传输电阻,循环过程中正负极膨胀收缩时离子电阻的变化,液体电解质减少时

表2.1 新型储能技术关键指标对比

类型	储能技术	使用时长	能量密度/(Wh/kg)	功率密度/(W/kg)	典型额定功率/MW	响应时间	放电时长	综合效率/%	循环寿命/万次	寿命/年	技术成熟度	能量成本/(元/kWh)	功率成本/(元/kW)
物理储能	压缩空气	长时	30~60	—	10~300	min级	1~20h	70~89	>5	20~40	商业化初期	1000~2000	4000~8000
	飞轮储能	短时	5~130	400~1600	0.005~1.5	ms~min级	15s~15min	93~95	1~10	15+	商业化初期	100000	1700
	超导储能	短时	0.5~5	500~2000	0.01~1	ms级	2s~5min	95~98	>10	20+	开发阶段	—	900
	熔盐储能	长时	100~200	—	10~100	min级	4~12h	85~95	2~3	20~30	商业化初期	120~150	1200~1500
	相变储能	短时/长时	150~200	—	0.2~10	min级	1~24h	85~95	约0.5	15~20	商业化初期	100~120	1000~1200
化学储能	铅酸电池	短时	40~60	200~350	<100	ms~min级	0.25~10h	75~90	0.2~0.4	5	商业化	800	6400
	锂离子电池	短时	75~250	150~315	约100	ms~min级	0.3~6h	85~90	1.5	10~15	商业化	1300	3200
	全钒液流电池	短时/长时	40~130	50~140	<100	ms级	1.5~10h	60~85	0.5~1	5~10	商业化初期	3000	7000
	钠硫电池	短时/长时	150~240	90~230	0.1~100	ms级	0.7~8h	80~90	<0.25	5~15	商业化	2000	12000
	超级电容器	短时	0.1~15	1000~18000	0.01~1	ms级	1~30s	90~95	>5	20+	商业化	9500	400
	氢储能	短时/长时	40000	—	0.01~1000	ms~min级	min~h	60~90	1.5	10~20	商业化初期	50	13000~15000
	热化学储能	长时	300~500	500~700	10~100	s~min级	5~15h	65~85	—	25~30	开发阶段	250~400（预计商业化后显著降低）	2500~4000（预计商业化后显著降低）

的热失控和内阻变化，界面层的反应和电子、离子输运。对于锂离子电池，采用混合固液电解质，可以提高安全性，且不牺牲动力学和循环性，电芯能量密度可以达到200Wh/kg以上，通过调控液态电解液溶剂组成，电芯工作温度上限有可能达到80～90℃[36]。对于全固态锂电池，目前重点需要研究低体积膨胀的复合金属锂，力学特性、离子输运特性、电化学稳定性优异的复合固态电解质膜（层），具有良好界面物理接触、能在充放电过程中维持固态电解质相与正极颗粒物理接触、低体积膨胀的复合正极，以及全固态电池的极片、电芯批量制造技术[37]。目前需要研究全固态电池电芯的离子输运、电位分布、热行为、大电流密度下负极金属锂析出问题、正极充电耐受高电压、高温的行为。如果最终能够采用高锂含量的复合金属锂电极、超薄固态电解质层、界面稳定并且高容量的正极，电芯的能量密度可以达到250Wh/kg，电芯工作温度上限有可能高于100℃。图2.5为从混合固液电解质电池到全固态电池的技术发展路线图。

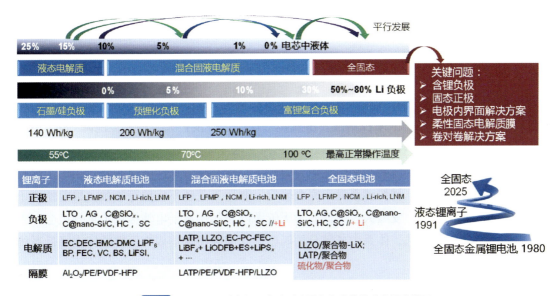

图2.5 从混合固液电解质电池到全固态电池的技术发展路线图

2）锂硫电池方面

锂硫电池以转换反应为基础，可以克服锂离子电池（LIBs）中插入式氧化物阴极和石墨阳极的局限性，使能量密度更高，而且理论成本很低。目前已经可以演示能量密度高于500Wh/kg的锂硫电池，但其循环性、倍率性能较差，无法在储能方面应用[38]。需要重点研究非对称功能涂层的隔膜及负极界面固化技术，从而抑制金属锂与电解液的持续副反应，防止锂枝晶穿透隔膜，防止锂负极持续粉化；研究硫碳正极在含电解液、含少量电解液和固态电解质以及不含液态电解质情况下的电子、离子输运行为，多硫化物的溶解行为，正极微结构和组成在充放电过程中的演化，体积变化。逐渐提升锂硫电池的循环性能（储能应用要求寿命>10000次），深入理解全寿命周期下锂硫电池的安全性、SOH、SOE、SOP行为，开发针对锂硫电芯、模块的电源管理系统（BMS）和电池包等[39]。图2.6为锂电池技术发展预测。

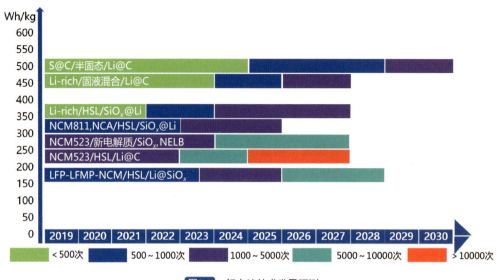

图2.6 锂电池技术发展预测

（2）储能型钠基电池

① 室温钠离子电池技术

目前，钠离子电池物料单位成本在0.6~0.8元/Wh。随着钠离子小规模量产，其物料价格可以达到0.6元/Wh，未来技术进一步成熟，规模进一步扩大，理论上能降到0.2~0.3元/Wh[40]。根据相关公司和研究机构的数据，钠离子电池能量密度已实现150~160Wh/kg，基本达到磷酸铁锂电池的性能水平，性能方面已满足代替磷酸铁锂电池的要求。由于存在关键材料性能有待提升、材料体系尚未完全确定、制造工艺还不成熟等瓶颈，目前钠离子电池还处于产业化初期。发展大规模储能为无资源限制的钠离子电池提供了重要机会，未来需要在正负极材料筛选、体系中各部分的匹配优化和规模化集成方面继续探索降低系统成本的路径。

② 钠硫电池

钠硫电池技术也是目前较成熟的电化学储能技术，在全球储能领域实现了规模化应用，并拥有相对成熟的运营模式。钠硫储能应用涵盖削峰填谷、可再生能源输出稳定、应急电源、电能质量改善等领域。在MW级规模储能应用中，该技术有较强竞争力。已有的钠硫电池适用于大容量电力储存，但需要在300~350℃高温运行。钠硫电池技术的发展趋势是低温化，同时保留硫、钠活性体系固有的高比能量、低成本优点，该技术的突破成为目前的研究热点。钠硫电池技术未来的发展趋势还包括[41, 42]：

钠硫电池产业化制造关键技术：①高强度、低电阻率、大尺寸电解质陶瓷管的产品化技术；②高可靠性、高封装强度的陶瓷与金属低压力的封装技术；③高寿命、低成本单体电池的产品优化设计与工厂出厂检测技术；④连续化、批量化的制备技术。

大容量MW级钠硫电池储能电站技术：①大容量模块的设计与批量化装配技术；②储能钠硫电池系统中基于智能化管理模式（基于电池管理系统BMS、能量转换系统PCS、储能管理系统）的设计；③针对不同应用领域的MW级储能电站的设计；④MW级储能电站的运维技术。

（3）其他新型储能电池技术

1）高安全水系二次电池技术

水系电池是指以水为电解液的二次电池，与非水体系相比，水系二次电池由于其固有的安全性、高的离子电导率和环境友好而引起了人们的极大关注。水系电池存在的普遍问题是其稳定的电压窗口仅约为1.23V，比目前电池中使用的有机电解液窄。水系电池的突破性进展需要基础科学的创新，例如可以将空间电荷层的研究作为突破口，结合计算模拟和原位观测技术进行颠覆性设计是可行的研究方法[43-45]。未来水系储能电池的方向是：①发展低成本、高容量水系嵌入电极材料；②提升水系电池工作电压的技术方法；③发展水系电池新材料和新体系。

2）液态金属电池

广义上的液态金属电池为至少包含一种液态金属电极的电化学储能器件，金属电极的液态化使这类电池摆脱了传统固态电极材料因结构稳定性差、易产生枝晶而导致的循环寿命短、热失控等问题，并且液态电极独特的传质与反应动力学特性使这类电池具有大容量、高功率等优点。现阶段，部分高温液态金属电池已初步实现商业化，而新兴的中低温/室温液态金属电池尚处于研究初始阶段，仍面临着循环稳定性、经济性等多方面挑战。

2014年美国麻省理工学院报道了有可能实现电网储能应用的Li-Sb-Pb液态金属电池，储能电极材料的成本为65\$/kWh，电池操作温度为450℃，电池储能寿命在15年以上[46, 47]。全液态结构赋予液态金属电池优异的液-液界面动力学性质，能实现高倍率充放电且电池效率高；同时无需考虑传统固态电极材料的稳定性问题，摒弃了常规的高成本电池隔膜。研发高性能、低成本且环境友好的电极/电解质材料，解决高温电池的密封和腐蚀问题是当前主要的研究任务[46, 47]。基于Li-Sb-Pb的新型液态金属电池技术的Ambri公司（前称Liquid Metal Battery公司）已经建立了生产车间，相关产品将会在美国马萨诸塞州Cape Cod和夏威夷装机试运行。2022年6月，Ambri在南非获得了一个300MW/1400MWh项目的订单，该公司最近还宣布将为微软的数据中心部署能源存储的示范项目。华中科技大学进一步发展了下一代环境友好的高性能液态金属电池系统，目前正在与有关企业合作，推动液态金属电池在我国的应用。

（4）压缩空气储能技术

为解决传统压缩空气储能的技术瓶颈，近年来，国内外学者开展了新型压缩空气储能技术研发工作，包括绝热压缩空气储能、蓄热式压缩空气储能及等温压缩空气储能（不使用燃料）、液态空气储能（不使用大型储气洞穴）、超临界压缩空气储能和先进压缩空气储能（不使用大型储气洞穴、不使用燃料）等[48]。

近年来，我国在压缩空气储能方面取得了跨越式发展，特别是在先进压缩空气储能技术方面，目前处于国际领先地位。2009年，中国科学院工程热物理研究所在国际上原创性地提出先进超临界压缩空气储能技术，可以同时解决传统压缩空气储能系统依赖化石燃料、依赖大型储气室和效率较低的三大技术瓶颈，实现10～100MWh能量存储输出，并在之后取得了卓越成果。2022年，河北省张家口国际首套100MW级先进压缩空气储能示范系统蓄热装置通过具有CNAS资质的第三方测试，测试结果为蓄热量达374.7GJ，保温8小时蓄热效率为98.95%，保温16小时蓄热效率为98.73%，为当时压缩空气储能蓄热装置效率最高纪录，达到国际领先水平。

（5）超级电容器技术

进一步提高超级电容的能量密度和功率密度是超级电容技术的主要趋势。开发具有高比电容量、高工作电压、大比功率密度以及长循环寿命的复合电极材料是今后超级电容技术发展的重点[49]。

① 高能量密度和高功率密度电容器研发与制备

超级电容器可广泛应用于电动汽车、不间断电源、通信和航空航天等领域。其优越性能和广阔应用前景引起了世界各国的广泛关注，一些国家还建立了专门的国家管理机构，如美国的USABC、日本的SUN、俄罗斯的REVA等。为了进一步提高超级电容的能量密度和功率密度，可以采用具有氧化还原活性的材料与活性炭组成不对称超级电容、锂离子嵌入化合物以及锂离子电池碳材料的混合超级电容等。混合型超级电容也称非对称超级电容器，包含内并型和内串型。其至少有一个电极利用电池或者电池与电容复合实现储能，介于双电层电容器与电池之间，具有高能量密度、高功率密度、长工作寿命和宽工作温度特性。混合型超级电容器受到越来越多学术界和产业界的关注，它结合了锂离子电池和双电层电容器二者的工作原理。未来技术的发展趋势是研发能量密度60~100Wh/kg、可实现30C倍率充放电、循环寿命10万次的高功率、高比能混合型超级电容器。

② 高比电容量、高工作电压、大比功率密度以及长循环寿命的复合电极材料

未来超级电容器上游原材料的发展主要聚焦于新型电极材料的开发[50]。例如具有代表性的多孔石墨烯电极材料已从产业化角度被证明是一种理想的新型储能材料。但目前它并没有真正产业化，小规模制备的成本远高于商用活性炭。未来需要整合上下游产业链的优势资源，在政府政策及资金的扶持下，协同创新解决多孔石墨烯工程制备技术难题和进一步降低成本。其次匹配开发高电压电解液以及新型集流体材料（涂碳铝箔、泡沫铝集流体）等。

（6）储热储冷技术

为了推动我国储热（冷）技术与产业的快速发展，未来仍需解决两大层面的问题：一方面，要进一步提升系统性能（储能效率）、降低系统成本；另一方面，储热（冷）完整产业链的构建，尤其是下游市场的培育与创新。针对储热（冷）系统进一步提效、降成本问题，主要的解决方案为：将储热（冷）系统向大规模发展，并通过关键技术的突破来实现。具体来讲，就是突破低成本高性能储热（冷）材料的研发、大容量储热（冷）装置的性能强化与高可靠性设计制造技术、系统优化集成与控制技术，在深度挖掘系统性能潜力的同时通过规模化制造大幅度降低系统成本[51]。针对储热（冷）系统产业链的构建与完善问题，主要的解决方案为：通过技术创新和技术标准化体系的建设，并积极借助于"工业4.0"主导的智能制造手段加速先进储热（冷）材料和大容量储热（冷）装置的规模化制

备，进而完善中游产业；依托国家针对储能领域的部署及配套政策，积极推广储热（冷）系统在不同应用场景下大规模商业应用，通过应用模式及盈利模式的创新与示范验证，不断完善下游产业链。

（7）其他前沿新型储能技术

1）高性能铅炭技术

铅炭电池是一种由传统铅酸蓄电池演化而来的先进技术电池。之所以称之为"先进"，是因为铅炭电池将铅酸蓄电池和超级电容器合二为一，在具备超级电容器短时间大容量充电特点的基础上，保持了蓄电池高比能量的优势，从而拥有良好的充放电性能及较长的使用寿命。除了性能方面的优势，铅炭电池在循环寿命、性价比、安全性、低温性能、生产及回收工艺方面都具有明显优势。

尽管铅炭电池在技术、应用等方面已经得到较快发展，但其中碳材料的性能仍然是影响铅炭电池整体性能的重要因素之一[52]。因此，对碳材料在铅炭电池中用途机制的深入研究，将进一步提升铅炭电池的性能。对高性能碳材料的深入研究和应用开发仍将成为未来相关研究工作的重点，这也将进一步提高铅炭电池的性能，实现其在储能等领域的大规模应用。

2）氢（氨）储能

氢能来源广泛、应用场景丰富，可实现电网、热网、油气网之间的联通耦合，是未来二次能源体系中电能的重要补充。绿色氢能的开发与利用已成为全球应对气候变化的重要途径和能源变革的重要方向，也将成为世界各国能源技术与产业竞争的焦点。2021年发布的《氢能产业中长期发展规划（2021—2035）》也明确了可再生能源制氢在能源绿色低碳转型中的战略定位、总体要求和发展目标，对氢能产业的高质量发展将发挥重要指导作用。但也要认识到，氢能的战略地位和经济合理性主要取决于可再生能源转型中的大规模长周期能量储存与多元化终端利用需求，而且氢储能自身也存在较明显的技术路线、资源潜力及经济性问题。氢能产业发展是助力实现"碳达峰、碳中和"目标的重要路径之一，但氢气的储运难题是制约其规模化发展的主要因素。氨宜储宜运，是一种优质的氢能载体和零碳燃料，以氨供氢、以氨代氢有望成为破解氢储运难题的一种关键技术路径[53]。

从氢储能与其他储能的比较上来看，电化学储能的容量是兆瓦级（MW），储能时间是1天以内。抽水蓄能容量是吉瓦级（GW），储能时间是1周至1个月。而氢能储能的容量是太瓦级（TW），时间可以达到1年以上。氢储能可以做到跨区域长距离储能，而且从能量转换上看，氢能不仅可以转换为电能，还可以转换为热能、化学能多种形式的能源。氢储能兼具安全性、灵活性和规模性特质，无论是从能量维度、时间维度还是从空间维度，氢储能都是潜力最大的储能方式之一。与其他储能方式比，氢更有能力实现大规模的储能，"可再生能源+氢+控制"的氢电耦合系统可能是真正实现绿色能源可持续发展的理想模式。

未来氢储能的发展方向是：重点开发宽吸收光谱、高量子效率的光解水催化剂，创制高太阳能利用效率、可规模化放大的光解水反应器及成套工艺，突破光催化分解水制氢技术；突破合成氨高温高压的限制，创制新型低温低压合成氨催化剂并实现规模化制备；发展间歇性可再生能源电解水制氢与合成氨耦合的非线性系统集成管理及智能控制技术，并开展温和条件下合成氨催化材料及工艺技术的前沿性探索；集成燃料电池技术形成间接氨燃料电池成套系统及智控技术，并针对直接氨燃料电池开展氨氧化电极催化材料的创新设计及工艺开发；低成本、高效率氢气纯化技术；低成本、高安全、高效率氢储存技术[54]。

3）飞轮储能

飞轮储能技术的主要结构和运行方法已经基本明确，目前正处于广泛的实验阶段，小型样机已经研制成功并有实际应用的例子，目前正向大型机的趋势发展。但同时存在诸多难点，主要集中在以下几个方面。一是转子设计：转子动力学、轮毂边界连接、强度的优化、蠕变寿命；二是磁轴承：低功耗、动力设计、高转速、长寿命；三是功率电子电路：高效率、高可靠性、低功耗电动/发电机；四是安全及保护特性：不可预期动量传递，防止转子爆炸可能性，安全轻型保护壳设计；五是机械备份轴承：磁轴承失效时支撑转子[51, 55]。飞轮储能系统优势突出，应用广泛，随着技术成熟和价格降低，将会是储能领域的一项新的革命。我国在飞轮技术上与发达国家差距很大，国家应对这一技术加以重视，加大资金和技术投入，使这项技术早日实现市场化、商品化。

① 高温超导磁悬浮技术

大容量飞轮储能系统采用高温超导磁悬浮技术是发展的重要方向，高温超导磁悬浮损耗最小，系统复杂，成本高，转速范围1000～20000r/min，是大容量飞轮储能轴系的首选。高温超导磁悬浮技术自20世纪90年代出现以来，一直处于实验室研发验证阶段，日本、韩国、美国和德国投入研究力量较大。目前尚未有高温超导磁悬浮飞轮储能系统工程应用的案例报道。

② 阵列化控制与应用

构建电力系统-飞轮阵列-负载系统能量/功率模型，研究智能化源-储-荷能量流动管理技术，研究飞轮阵列控制规模由百台级提升到千台级中的信息交换、传递和控制技术。

③ 复合材料高速结构力学技术

利用超高强新型碳纳米纤维材料，采用二维、三维强化新结构设计，研究微观结构与宏观力学性能关联，研究飞轮结构寿命评价方法与技术。在实验研究中将复合材料飞轮圆周线速度提高50%以上。

④ 真空中的高速大功率电机与控制技术

研究高速电机的高效设计技术，特别是转子损耗降低技术[51]。

4）超导储能

超导磁储能主要解决了电网暂停稳定性问题，适用于输配电稳定、频率调节、震荡抑制等，已在美国、日本和欧洲等地得到初步应用。目前国内外超导磁储能研发差距并不明显，我国研制了储能高温超导磁储能系统样机。超导磁储能主要前沿技术有高效低温制冷和功率变换调节技术等，具体包括大中型超导磁体稳定化技术，低温高压绝缘材料设计、加工和制造技术，大容量功率变换器拓扑结构和控制策略，高效低温制冷技术，智能化在线监控技术[56]。

5）液流电池

基于国家长远发展考虑，必须掌握液流电池关键材料制备、模块设计、系统控制的关键技术，尤其是增加电解质溶液、电极、双极板、离子传导膜等关键材料的自主研发和生产能力。从解决材料基础科学问题出发，通过工程化研究和应用示范，最终实现工业化生产。

以全钒液流电池为例，发展趋势如下[57]：

图2.7为液流电池发展趋势图。

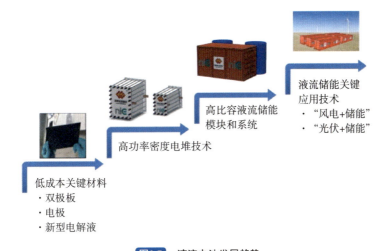

图2.7　液流电池发展趋势

① 全钒液流电池用高稳定性、高能量密度钒电解液工程化制备技术

全钒液流电池体系能量密度小于50Wh/kg，寻求可靠的高能量密度的液流电池体系一直是国内外研究的热点。解决现有高能量密度水系液流电池运行电流密度过低的问题是今后的研究重点；而有机体系液流电池虽然具有超高的能量密度，但存在安全性和可靠性问题。掌握自主知识产权的全钒液流电池宜采用高稳定性、高能量密度、低成本钒电解液（钒离子硫酸溶液）工程化制备技术，实现电解液批量化稳定生产，广泛应用于全钒液流电池储能项目中。

② 全钒液流电池用高性能、低成本非氟离子传导膜材料的工程化开发

掌握自主知识产权的全钒液流电池宜采用高性能、低成本非氟离子传导膜工程化制备技术，实现非氟离子传导膜批量化稳定生产，开展应用示范，大幅降低全钒液流电池成本。

③ 全钒液流电池用高导电性、低成本碳塑复合导电板制备技术

掌握自主知识产权的全钒液流电池宜采用高性能、低成本碳塑复合双极板制备工艺，建立双极板连续生产的产业化技术平台，实现双极板批量化连续生产。

④ 继续降低全钒液流电池等现有技术的成本

全钒液流电池仍然存在价格偏高的问题，虽然目前全钒液流电池成本已经大幅降至

3500元/kWh左右，但还有较大的下降空间。成本控制是液流电池抢占大规模储能市场的关键。

未来将优先发展全钒液流电池关键材料开发及批量化制备技术、系统优化及集成技术。发展以锌-镍、锌-溴液流电池技术为代表的能量密度较高的水系锌基液流电池体系。开展高能量密度液流电池体系的基础研究，寻求可靠、安全、成本低廉的液流电池新体系。

2.1.2.2 储能系统集成及智慧调控技术

（1）储能系统集成技术

好的系统集成不是简单地把PCS、电池、集装箱等部件拿来拼凑在一起，而是要在对各部件性能充分了解基础上，最大化地释放电池的潜能，涉及电池管理系统、PCS、EMS、安全消防等一系列问题，需要对整个储能系统有一种系统性思维。集成化的储能系统与其说是一个产品，不如说是一项纷繁复杂的工程。图2.8为储能系统集成构成。

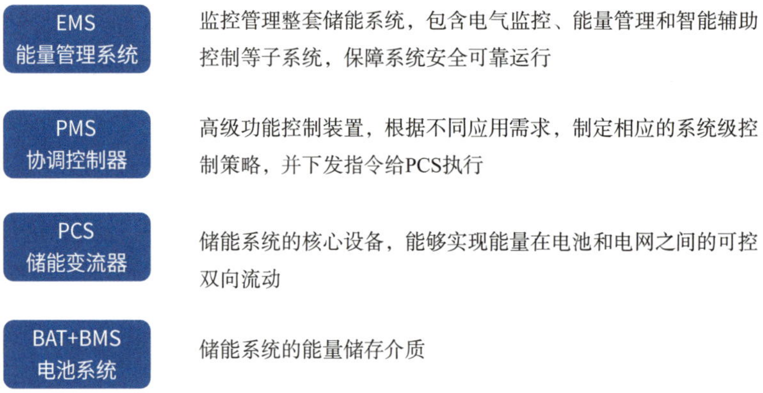

EMS 能量管理系统	监控管理整套储能系统，包含电气监控、能量管理和智能辅助控制等子系统，保障系统安全可靠运行
PMS 协调控制器	高级功能控制装置，根据不同应用需求，制定相应的系统级控制策略，并下发指令给PCS执行
PCS 储能变流器	储能系统的核心设备，能够实现能量在电池和电网之间的可控双向流动
BAT+BMS 电池系统	储能系统的能量储存介质

图2.8 储能系统集成构成

在超大规模储能技术方面，发展GW级电池储能系统，满足系统安全性、长寿命和高密度需求是主要方向。而大规模集成技术包括大容量电池成组技术、变流技术和规模化集成技术三个方面，其目前存在的问题和今后的发展趋势如下[51]：

a. 目前国内外尚没有成熟的标准化电池成组技术，总体发展趋势是：采用大容量单体电池，降低电池系统串并复杂度。利用电池成组和管理成组技术弥补电池一致性差异，采用基于电池标准模块的储能系统大容量化技术。

b. 储能系统用变流技术的难点是：实现控制功能多样化，提高动态和稳态性能。与电池管理系统配合，实现储能电池的优化控制。实现多台变流器并联，统一通信接口及协议，建立统一的测试标准。未来发展趋势是模块化、标准化和集成化。

c. 储能系统规模化集成技术的不足是：储能电站的整体效率低于单一储能单元的转换效率2%～5%，储能电站整体响应速度比单一储能单元慢将近一个数量级，储能电站整体出力控制精度小于单一储能单元精度，储能电站的整体循环寿命小于理论预期。未来发展趋势是模块化、标准化和大容量化。

在系统长寿命前提下，还要解决在生命周期内电池的一致性问题和封装体系的长期可靠性问题。最重要的是需要将储能放在电力系统、新能源消纳、分布式储能和能源互联网中研究，重点支持GW级数字储能系统集成技术，开展集中和分布式大规模储能电站仿真研究、储能高电压拓扑构架设计、电站层级级联电源控制技术研究、高压级联电池系统构架设计与级联工艺、海量电池一致性管理技术研究、储能电站多层级协调控制与能量管理技术研究、GW级储能电站安全在线诊断与故障快速处置技术、基于云的智能数字化在线远程管理等。

（2）储能智慧调控技术

随着储能产业的发展，储能电站规模持续变大，同时接入电力系统的储能电站数量也在大量增加。因此，规模化调控技术成为储能技术重要的发展方向。创新智慧调控技术要求集中攻关规模化储能系统集群智能协同控制关键技术，开展分布式储能系统协同聚合研究，着力破解高比例新能源接入带来的电网控制难题。依托大数据、云计算、人工智能、区块链等技术，开展储能多功能复用、需求侧响应、虚拟电厂、云储能、市场化交易等领域关键技术研究[51, 58]。主要发展方向有以下两个：①规模化储能与常规电源联合优化运行技术，规模化储能电网主动支撑控制技术；②分布式储能设施聚合互动调控技术，分布式储能与分布式电源协同控制技术，区域能源调配管理技术。

2.1.2.3 全过程安全技术

自2017年以来，国外陆续出现30多起安全事故，我国境内也曾发生过数起电站安全事故，造成人员伤亡或财产等重大损失，引发业界对储能电站安全问题的关注。

通过对安全事故进行分析，造成事故的主要因素有以下几点：

锂离子电池热失控。储能电池单体因质量缺陷、机械损伤、受热或外部短路等导致锂离子电池内短路，引发电池热失控起火，在热滥用的作用下，整个电池模组和电池簇被点燃甚至发生爆炸。

储能系统电路故障。储能系统内载流母排、导线、电路板、信号线因质量缺陷、构件间相互影响、外部导电液体进入等因素导致电气绝缘失效、短路等故障，引发局部高温，引燃周围可燃物或者引发电池热失控导致起火。

系统运行监测、控制及防护不足。储能系统热管理设计及冷却管理策略不当，并对系统温度、电流、电压、绝缘等监测分析不足，出现异常时未能及时预/报警，并采取合适的防护措施，灭火防爆技术未能有效发挥作用，导致事故发生、扩大。

运维管理不足。缺乏根据储能系统运行特性、策略、规律等制定的运维规程，未制定合理的检修策略，未能及时发现和消除设备隐患，最终导致事故发生。

因此，为了新型储能产业的安全发展，需加大储能安全技术开发，未来主要发展方向有以下几方面[51, 59]：①电池本质安全控制；②电化学储能系统安全预警；③系统多级防护结构及关键材料；④高效灭火及防复燃、储能电站整体安全性设计；⑤突破储能电池循环寿命快速检测和老化状态评价技术；⑥研发退役电池健康评估、分选、修复等梯次利用相关技术；⑦研究多元新型储能接入电网系统的控制保护与安全防御技术。

2.1.2.4 储能基础支撑技术

（1）储能标准、检测与认证

未来五年，是电力储能规模化应用发展的关键时期。储能标准将在技术创新、应对技术壁垒、培育核心竞争力、引领行业发展等方面发挥关键作用[60]。

尊重标准制定与应用的科学规律，推进储能技术创新与标准研制有效结合，鼓励在储能工程示范项目中开展标准应用、验证、研制，将成功的工程应用经验转化为标准，保障标准质量。同时，加强标准推广与应用，通过开展储能标准化试点示范，推动标准应用指导实践，促进企业运用标准化方式组织储能工程应用，发挥标准化对储能产业的支撑和引领作用。建立和完善涵盖电力储能系统规划、设计、运行、维护以及储能设备、部件、材料等各环节相互支撑、协同发展的标准体系。突破储能特性实验、检测和评价技术，完善储能设备性能检测平台、储能产品认证平台建设，实现国际对标。建成国际一流的大容量储能系统并网适应性（试验）检测平台和大容量装置实证平台。

（2）智能制造技术

智能制造，是智能技术与制造技术的融合，是用智能技术解决制造问题，是指对产品全生命周期中设计、加工、装配等环节的制造活动进行知识表达与学习、信息感知与分析、智能决策与执行，实现制造过程、制造系统与制造装备的知识推理、动态传感与自主决策。

智能制造技术发展呈现出以下趋势[61]：

1）自动化程度和比例提高

自动化是提高生产质量和降低成本、提高加工稳定性、提高产能和提高可持续性的最直接方式。以锂电为例，规模经济能有效降低电池制造成本已成为业界共识。

自动化技术在电池加工、测量、运输、存储等各个环节的应用比例和深度越来越大。目前，电芯和电池包加工与测量的大多数环节已有对应的自动化解决方案，部分工艺环节（如焊接）使用工业机器人技术提高效率和柔性，工艺段（如匀浆、涂布、辊压工艺段）已经可实现高度集成，正向整线一体集成迈进。原材料和半成品的运输过程使用AGV小车，成品的存储使用立体仓库技术，3D打印技术在储能制造中也开始得到关注并应用。

2）工艺制造装备的创新日新月异

仍以锂电为例，中国电池装备制造商几乎与中国电池制造商同时诞生，一直伴随着中国电池行业的成长。装备制造商依托于中国在电池全球最大市场的哺育，深耕行业工艺要求，密切关注国际电池和其他行业先进制造装备的发展动向，成为电池行业创新点的密切紧跟者和引领者。

3）信息管理工具得到重视

信息可追溯是储能制造商的基本要求，信息技术工具（如MES，制造执行系统）已成为储能制造商记录产品、制程、计划、仓储等信息的重要工具。部分储能制造商已将APS

（高级计划排程）、WMS（仓库管理系统）、QMS（质量管理系统）等信息技术工具导入制造过程，以提高制造过程的可视化程度，进而实现精细管理。

4）数值模拟仿真技术将成为储能智能制造的关键节点

要实现储能环节智能制造，制造过程中各要素的数字化不可或缺。"模型"已经成为智能制造体系的关键节点，通过各类数值模拟仿真技术（CAE、CFD、DFT等）对产品、工艺、设备进行数值建模，才能建立物理世界的制造各要素在信息世界的映射（CPS），并通过物理世界的数据采集系统（SCADA）优化数值模型，从而实现分析、预测、反馈与优化。

5）工业4.0技术的逐步应用

包含MES在内的PLM（产品生命周期管理）是广义制造（研发、制造、质量等）信息化管理的高级阶段，旨在使用信息技术工具将产品整个生命周期（设计、制造、质量、运维等）建立数字化模型并使各环节信息打通，从而对产品全生命周期数据信息进行管理，实现与产品相关的协作研发、管理、分发和使用产品等信息的全面管理。

（3）回收利用技术

建立循环经济社会，减少浪费，减少碳排放量并更明智地使用战略资源作为长期愿景。

开展高效电池拆解和回收技术是保证电池经济长期且可持续性发展至关重要的保证[51, 62]。因此，需要针对性地开发新型、创新、简单、低成本和高效率的回收流程，以保证电池全生命周期的低碳足迹和经济可行性。例如对活性材料采用直接方法回收，而不是经过多步骤途径，采用直接修复或重新调节电极的方式即可使电池重新达到可工作的状态。

短期计划：实现电池系统可持续的发展和拆解，开发数据收集和分析系统，用于电池组/模块分拣和重复利用/再利用技术，开始开发自动化拆解电池，并用于快速电池表征的新测试。

中期计划：开发自动将电池分解成单个组件的方法，以及粉末及其成分的分类和回收，将其"翻新"为先进的新型电池活性材料的技术；在电池中测试回收的材料；开发二次应用中材料再利用的预测和建模工具，显著提高关键原材料的回收率（比如石墨、正极材料）并明显降低对能源和资源的消耗。

长期计划：开发和验证完整的直接回收系统；系统在经济上可行、安全且对环境友好，并且有比目前流程更低的碳排放量足迹。

（4）先进表征技术与传感技术

目前对电池内部反应机理，尤其是界面问题、极化问题和新型离子储存材料体系的反应机理，和失效机制的认知有限。运用先进表征技术和传感技术对电池进行实时监测并完善计算仿真可以增强对电池体系的理解，对电池寿命和安全性的评价意义重大[51, 63]。在先进表征技术中，需重点关注可视化技术和原位谱学技术的国产化，尤其是关键装备和技术的创新以及知识产权保护。此外，计算仿真数据库的建立需要国家层面的部署和跨学科、跨行业整合。

2.2 国内外新型储能市场现状

2.2.1 全球新型储能市场发展现状

2.2.1.1 全球新型储能市场规模

根据中国能源研究会储能专委会/中关村储能产业技术联盟（CNESA）全球储能项目库的不完全统计，截至2021年底，全球已投运储能项目的累计装机规模为209.4GW，同比增长9%。抽水蓄能累计装机规模首次低于90%，所占比重为86.2%，比去年同期下降4.1个百分点。新型储能已经成为增长最快的储能方式，累计装机规模达到25.4GW，同比增长67.7%。新增装机规模从2017年的1.8GW增长至2021年的10.3GW，CAGR为54.7%，保持高速增长态势。图2.9为全球投运储能项目技术应用情况（2000—2021）。

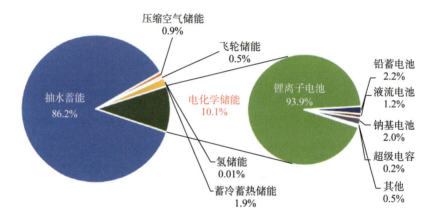

图2.9 全球投运储能项目技术应用情况（2000—2021）

相对其他储能技术而言，电化学储能技术连续多年一直保持着快速增长的态势，截至2021年电化学储能累计装机量21.1GW，占比达10.30%，近五年来的年复合增长率（2017—2021年）为48.9%。新增装机规模从2017年的1.16GW，增长至2021年的8.66GW，CAGR为65.3%。图2.10为全球电化学储能市场累计装机规模（2012—2021）。

图2.10 全球电化学储能市场累计装机规模（2012—2021）

2.2.1.2 全球储能市场地域分布

截至2021年底，全球电力系统中已投运新型储能项目累计装机规模排名前七位的国家分别是美国、中国、韩国、英国、德国、澳大利亚和日本，上述国家2021年新增装机规模合计8.6GW，约占全球新增装机总量的84%。其中美国电化学储能项目累计装机规模最大，为6.3GW，占全球电化学储能项目累计装机规模的34%，同比增长4%，详细装机情况如图2.11所示。从2021年新型储能新增装机市场区域分布来看，美国、中国、欧洲为前三大新型储能新增装机市场，2021年新增新型储能装机占比分别为34%、24%、22%。图2.12为全球电化学储能新增装机前十名国家（2021）。

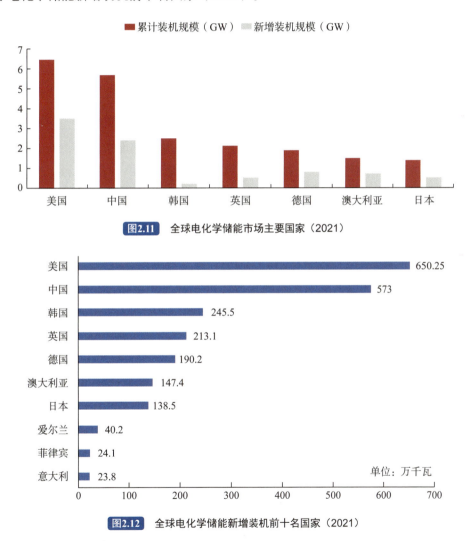

图2.11 全球电化学储能市场主要国家（2021）

图2.12 全球电化学储能新增装机前十名国家（2021）

2.2.1.3 全球储能市场技术分布

从技术分布上看，主要以电化学储能技术为主。截至2021年底，电化学储能累计装机量为21.1GW，占新型储能累计装机量的75.9%。全球已投运电化学储能项目中，锂离子电池的累计装机规模最大，截至2021年底，锂离子电池储能技术装机规模19.85GW，占比

93.9%。铅蓄电池和钠基电池储能技术分列二、三位，所占比重分别为2.2%和2.0%。图2.13为全球已投运电化学储能项目的技术分布（2000—2021）。

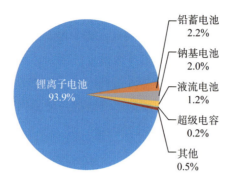

图2.13　全球已投运电化学储能项目的技术分布（2000—2021）

2.2.1.4　全球储能市场应用分布

从应用分布上看，2021年电源侧、电网侧和用户侧中的新增装机占比分别为37%、32%、31%，相对比较均衡。具体来看，2021年全球电化学储能市场中，新能源+储能、电源侧辅助服务、电网侧储能、分布式及微网、用户侧削峰填谷各类场景功率装机规模分别为6999.9MW、7275.9MW、6015.9MW、943.7MW、1412.7MW，占比依次为30.9%、32.1%、26.6%、4.2%、6.2%。

2021年美国新增投运储能项目中，电网侧累计装机占比最大，比重为35.3%。其次为电源侧和新能源配储，分别占比33.9%、31.1%。用户侧储能、分布式及微网占比较少，分别为5.0%、2.4%。韩国新能源配储项目占比较大，为43.5%，其他应用场景是电网侧储能、电源侧辅助服务、分布式及微网、用户侧削峰填谷，分别占比为29.6%、13.3%、12.8%、1.1%。英国以电源侧辅助服务、电网侧储能为主，分别占比48.1%、45.1%。澳大利亚和日本也主要以发展新能源配储为主，占比分别为54.6%、62.1%。德国2021年新增装机量最多为电源侧辅助服务，占比为61.8%。图2.14为全球2021年电化学储能新增项目的应用分布。

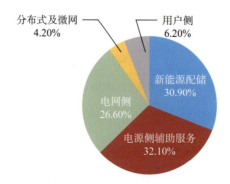

图2.14　全球2021年电化学储能新增项目的应用分布

2.2.2 中国新型储能市场发展现状

2.2.2.1 中国新型储能市场装机规模

根据中国能源研究会/中关村储能产业技术联盟（CNESA）全球储能项目库的不完全统计，截至2021年底，中国已投运储能项目累计装机规模46.1GW，同比增长29.5%。2015—2021年中国累计投运储能规模占全球市场总规模比值由11.0%提升至22.0%。新型储能成为主要增长点，累计装机规模达到5729.7MW，同比增长75%。图2.15为中国储能市场累计装机规模（2000—2021）。

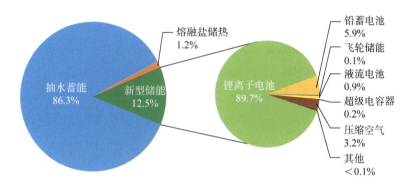

图2.15 中国储能市场累计装机规模（2000—2021）

2021年，中国新增投运新型储能项目装机规模为2.4GW，同比增长54%。锂离子电池和压缩空气均有百兆瓦级项目并网运行，特别是后者，在2021年实现了跨越式增长，新增投运规模170MW，接近2020年底累计装机规模的15倍。

与全球市场一致，电化学储能为新型储能装机中最主要的技术，电化学储能容量在近几年保持快速增长态势，截至2021年底我国电化学储能的累计装机规模位居世界第二，为5.12GW，同比增长56.5%。图2.16为中国电化学储能市场累计装机规模（2012—2021）。

图2.16 中国电化学储能市场累计装机规模（2012—2021）

2.2.2.2 中国新型储能市场地域分布

根据CNESA全球储能项目库的数据统计，截至2021年底，新型储能累计装机规模排在前十位的省（自治区）分别是：江苏、广东、山东、青海、内蒙古、湖南、安徽、浙江、河北、河南。其中，江苏的累计装机规模最大，为1101.8MW，占比为19.2%，如图2.17所示。

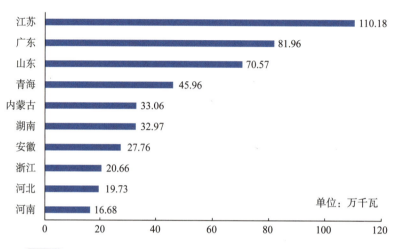

图2.17 中国储能市场累计装机规模前十名省（自治区）（2000—2021）

2021年，中国新型储能新增规模前五名省（自治区）分别为山东、江苏、广东、湖南、内蒙古。山东依托"共享储能"创新模式引领2021年全国储能市场发展；江苏、广东延续用户侧储能先发优势，再叠加上江苏二期电网侧储能项目的投运，以及广东的辅助服务项目，继续保持领先优势；内蒙古因乌兰察布电网友好绿色电站示范等新能源配储项目投运而首次进入全国储能市场前五之列。图2.18为中国储能市场新增装机规模前5名省（自治区）（2019—2021）。

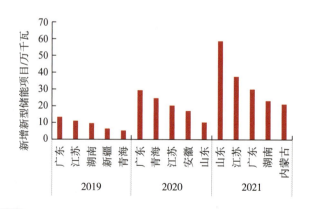

图2.18 中国储能市场新增装机规模前5名省（自治区）（2019—2021）

2.2.2.3 中国新型储能市场技术分布

根据CNESA全球储能项目库的数据统计，截至2021年底，从中国已投运的储能项目的技术分布上看，得益于技术成熟度的原因，抽水蓄能仍然是装机规模最大的技术，但是随着其他储能技术的发展，近年来其所占比例一直呈下降状态，新型储能技术成为装机规模增长最快的储能技术，其中主要以电化学储能技术为主。与其他新型储能技术相比，锂离子电池继续保持近几年来的高速增长态势，累计装机规模和新增投运装机量均占据主导地位。截至2021年，锂离子电池累计装机规模为5141.2MW，同比增长77%，所占比重为89.7%，铅蓄电池和压缩空气分列二、三位，所占比重分别为5.9%和3.2%，如图2.19所示。

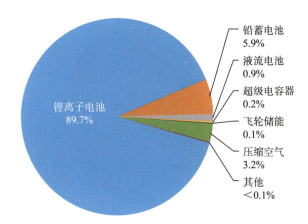

图2.19　中国投运电化学储能项目的技术累计装机分布（2000—2021）

2021年，从中国新增投运的电化学储能项目的技术分布上看，锂离子电池继续保持其主导地位，新增投运规模为2238.8MW，比重超过91%，同比增长47%，压缩空气、液流电池和铅蓄电池分列二至四位，如图2.20所示。压缩空气储能实现跨越式增长，2021年新增投运装机规模达到170MW，是2020年同期累计装机规模的15倍，并且新增规划了GW级项目。

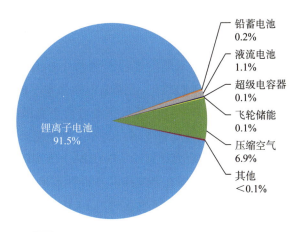

图2.20　2021年中国新增投运电化学储能项目的技术分布

2.2.2.4　中国新型储能市场应用分布

截至2021年底，从中国已投运的电化学储能项目的应用分布上看，电源侧领域的累计装机规模最大，如图2.21所示。电源侧储能（占比41%）作用为支持可再生能源并网、辅助服务、大容量能源服务，接入位置为储能+常规机组、风光储、风储、光储；电网侧储能（占比35%）作用为支持可再生能源并网、辅助服务、输电基础设施服务、大容量能源服务、配电基础设施服务，接入位置为独立储能、变电站；用户侧储能（占比24%）作用为用户侧能源管理服务、配电基础设施服务，接入位置为工商业、产业园、EV充电站、港口岸电等。

图2.21 2021年中国新增投运电化学储能项目的应用分布

2.3 国内外新型储能政策现状

2.3.1 国外主要国家及地区新型储能政策

2.3.1.1 国外主要国家及地区新型储能技术研发投入和规划

（1）美国

从储能技术布局看，美国储能技术的发展由能源部（DOE）推动，主要负责部门有能源效率与可再生能源办公室（EERE）、美国电力办公室（OE）、车辆技术办公室（VTO）和先进能源研究计划署（ARPA-E）等，负责可再生能源的接入、动力与储能电池、车网互动和高风险颠覆性技术的研发和规划。此外，基础能源科学部门（BES）、先进制造办公室（AMO）、国防部先进研究计划局（DARPA）等部门也参与储能技术的研发和推广。按照时间顺序，以下梳理了美国在储能技术方面的部署。

EERE于2013年发布《电动汽车普及大挑战蓝图》（EV Every Where Grand Challenge Blueprint），提出2022年电动汽车发展目标，力图使美国成为世界上第一个能够生产每户家庭都能负担得起的电动汽车的国家。

2016年7月，奥巴马政府宣布发起了"电池500共同体计划"（Battery500计划）。计划通过五年时间，投资5000万美元，打造能量密度500Wh/kg，循环寿命1000次的电芯。

该项目于2017年开始，目前已经进入第二个五年期，已经实现350Wh/kg，超过807次充电次数。

2018年5月美国能源部宣布，ARPA-E启动"持续增加电储能"，即Duration Addition to Electricity Storage（DAYS）项目，提供3000万美元来资助能够储存并提供长时间输出的储能系统，以便在电网规模上实现提供长时间可靠的储能电力。

2018年9月，美国能源部宣布五年内为美国联合储能研究中心（JCESR）提供1.2亿美元的资金。JCESR属于DOE下设独立中心，由阿贡国家实验室领导负责电池新材料研发。未来五年，JCESR将基于对材料原子和分子级别理论认知，采用"自下而上"模式开发用于不同电池的新型材料。其目标是设计和开发超出当前锂离子电池容量的多价化学电池，并研究用于电网规模储能的新概念液流电池。

2018年12月，ARPA-E宣布第四轮开放式招标计划（OPEN 2018），即资助9800万美元用于遴选的40项变革性能源技术开发项目，涵盖了包括集中式发电、分布式发电、电网储能、制造效率等在内的九大技术领域。

2019年1月，美国能源部宣布计划投资2050万美元用于锂离子电池回收技术研究，其目标是将锂离子电池回收率提高到90%。回收技术将降低电池产业链中的原材料成本，是美国改善关键材料供应链的重要举措。

2019年2月美国能源部宣布，斥资1500万美元在芝加哥附近的阿贡国家实验室展开三年的研发计划。此计划将结合阿贡、橡树岭国家实验室、国家再生能源实验室及数家大学之力，合作开发最新技术，在制造与回收锂电池领域赶超中国。同时，美国能源部推出了首个锂离子电池回收中心（ReCell中心），其目标是将电池成本降低至80美元/kWh（约480元人民币）。此外，美国能源部还部署投资研究一款成本在35美元/kWh（0.235元/Wh）的车用先进铅酸电池和成本在300美元/kWh（2.012元/Wh）的液流电池技术。

美国政府在2020财年的拟议预算中，提议为OE与EERE提供1.58亿美元，这笔资金将用于促进储能技术的研究和开发。这项被称为"先进储能计划"的项目与一项耗资5900万美元用于推进热电厂的计划一起得到提议。拟议的美国能源部预算还包括电网规模储能系统，并将其作为实验室和技术测试平台的建议投资的一部分。其预算包括用于一个"新的电网储能启动计划"的500万美元，该计划将为一个基于实验室的电网规模电池储能测试中心提供资金支持。

2019年8月，美国能源部宣布向通用汽车投入910万美元，且其中200万美元明确表示与固态电池的研发有关。具体而言，其中100万美元将用于"对固态电池中的界面现象作基本的了解"，另外100万美元则是研究"硫化物电解质全固态电池"。

2020年1月，美国能源部为JCESR第二期投入1.2亿美元推进电池科学和技术研究开发，项目资金支持包括美国大型及零售侧储能系统的补贴计划。

2020年1月，美国能源部宣布将启动"储能重大挑战"计划，该计划目的为加快下一代储能技术开发、商业化和利用，并保持美国在全球储能领域中处于领导地位。这项重大挑战建立在美国总统特朗普在2020财政年度预算请求中宣布的1.58亿美元的先进储能倡议基础上。

2020年2月5日,美国能源部投资3900万美元用于建设和示范sCO$_2$布雷顿循环技术项目。美国能源部的目标是到2030年将带有12个小时的(热)储能CSP成本降低到50美元/MWh。

2020年12月,美国能源部筹建的ESGC项目计划投资1.58亿美元完成全产业链、全周期、全政策和资源劳动力结合的支持计划。该项目涉及6个应用场景:智能电网储能、偏远地区储能、电动交通工具、独立运行的微网储能、可靠与恢复保障系统,以及效率、灵活性和价值提升。美国能源部此举目标是改善关键材料供应链、突破生产和制造技术壁垒,以及加速新工艺流程与制造流程,是储能国家安全战略的一部分。ESGC目前考虑的储能技术包括液流电池、储热储冷、锂电池、固态电池、氢能、压缩空气、抽蓄储能以及生物质燃料电池等。

2020年12月,美国能源部(DOE)发布《储能大挑战路线图》,提出将在"技术开发、制造和供应链、技术转化、政策与评估、劳动力培养"五大重点领域开展行动,以建立美国在储能领域的领导地位。作为DOE第一份综合性储能战略,该路线图除了进一步推进储能基础研究外,还强调加速储能相关技术从实验室向市场的转化,重点关注增强美国国内具有竞争力的大规模制造能力,并确保供应链的安全性。路线图提出:到2030年,美国国内的储能技术及设备的开发制造能力将能够满足美国市场所有需求,不需依靠国外来源。

2021年1月,美国能源部宣布拨款4700万美元支持含储能在内的变革性能源技术,资助研究项目主要涉及电池、数据中心、电网现代化、减排等领域,以加速能源创新技术由实验室向商业转化。电池相关项目包括:资助900万美元用于电动飞机的下一代锂金属电池开发;资助1000万美元用于电动汽车中加速规模化采用高容量的硅负极技术开发;资助800万美元用于聚合物电解质技术开发和商业化发展。

2021年3月,美国能源部投入7500万美元,依托西北太平洋国家实验室(PNNL)成立国家级储能技术研发中心(GLS),推进低成本长时储能技术研发,通过整合学术界和产业界的研究力量,加快推进先进的电网级别的低成本长时储能技术的研发和部署,以实现并网消纳更多的可再生能源、推进美国电网现代化和有效应对日益增长的电动汽车电力需求的目的。

2021年6月,美国能源部发布《先进电池供应链安全百日评估报告》,报告认为大容量电池对美国经济和国家安全至关重要,并针对国内电池供应链脆弱的问题提出了政策建议。针对报告的评估结果,美国能源部立即采取了强化美国本土先进电池供应链行动,联合发布《美国锂电池2021—2030年国家蓝图》,为电动汽车先进电池供应链提供约170亿美元的融资,用于在美国重新装备、建立或扩建此类电池供应链生产设施。

2021年9月,美国能源部(DOE)宣布发起"长时储能攻关"计划(Long Duration Storage Shot),目的是在未来十年内实现将电网规模的长时储能成本降低90%的新目标。作为DOE"能源攻关计划"(Energy Earthshots Initiative)框架下启动的第二个领域攻关计划，"长时储能攻关"计划将加速清洁电力储能关键技术突破，并提出更丰富、经济和可靠的清洁能源解决方案，以实现拜登政府到2035年100%清洁电力和2050年净零排放的目标。

2021年10月，美国能源部宣布在"储能大挑战"计划框架下向4个液流电池技术研发和部署项目资助1790万美元，以扩大液流电池和长时储能系统的制造规模，对实现十年内电网规模储能成本降低90%的目标至关重要。此外，DOE电力储能项目办公室启动了一项900万美元的新计划，即"储能促进社会公平"计划（ES4SE），该计划由西北太平洋国家实验室（PNNL）和桑迪亚国家实验室共同发起，旨在使城市、农村和部落中的社区能够将储能技术作为实现社区繁荣的可行途径。符合条件的社区将获得技术援助，并作为新的储能项目开发和部署的潜在发展地区。

2021年10月，美国能源部计划提供2.09亿美元资金，支持阿贡国家实验室等开展全固态电池、电池快充技术等领域26个项目研发。此次研究项目的关键目标是显著降低下一代电池技术的成本和尺寸，推进极速充电技术开发，以减轻全国范围内充电的数千万辆汽车对电网的潜在影响等，该研究项目也包括"电池500"计划的第二阶段。具体研究项目如表2.2所示。

表2.2 美国能源部2.09亿美元资金计划研究项目

类别	研究重点	单位	项目
方向一：电池500研究协会	—	太平洋西北国家实验室	Battery500第二阶段
方向二：金属锂固体电解质	多种固体电解质	劳伦斯柏克莱国家实验室	通过材料设计和集成，实现长循环寿命和高能量密度的固态电池
		国家可再生能源实验室	低压全固态电池
	陶瓷固体电解质	劳伦斯利弗莫尔国家实验室	全固态锂电池的3D打印
			鲁棒三维固态锂电池设计的集成多尺度模型
	硫化物固体电解质	太平洋西北国家实验室	高能全固态锂硫电池的稳定固态电解质及界面
		橡树岭国家实验室	全固态电池用替代菱铁矿固体电解质和高容量转换阴极
		阿贡国家实验室	可伸缩、高能量密度硫化物基固体电池的多功能梯度涂层
			高能全固态锂金属电池用厚硒-硫阴极负载超薄硫化物电解质
		国家加速器实验室	实用全固态电池用高导电性和电化学稳定性的硫硼酸锂固态电解质
	复合固体电解质	阿贡国家实验室	复合电解质的合成与集成界面设计
		橡树岭国家实验室	用于稳定低阻抗固态电池接口的聚合物电解质
		布鲁克哈文国家实验室	金属锂固态电池无机聚合物复合电解质体系结构设计
		劳伦斯柏克莱国家实验室	用于固态电池的离子导电高Li^+转移数聚合物复合材料

2021年11月，美国总统拜登签署了《基础设施投资和就业法案》，在"清洁能源技术供应链"条款中，包含电池加工制造和电动汽车电池回收及二次使用方案两个与电池相关的部分，法案还提出将投资75亿美元在美国建立一个全国电动汽车充电器网络。

2022年2月，美国能源部根据《基础设施投资和就业法案》发布"电池材料加工和电池制造"和"电动汽车电池回收和二次利用"资助招标计划，提供29.1亿美元促进先进电池的生产，确保美国能够建立本土电池供应链。

2022年6月，美国能源部宣布根据《基础设施投资和就业法案》拨款，在四年内共资助5.05亿美元促进长时储能技术开发，通过降低成本推动储能系统更广泛的商业示范部署，以实现到2035年100%清洁电力目标。

2022年11月，美国能源部（DOE）宣布根据《基础设施投资和就业法案》和《通胀削减法案》拨款，提供近3.5亿美元用于新兴的长时储能示范项目，以支撑低成本、可靠、无碳的现代化电网建设。

（2）欧洲

从储能技术的布局来看，欧洲地区储能技术的发展和推广由两部分组成：一是由欧盟颁布相关政策，推动其加盟国相关技术开发和市场推广；二是由各国政府根据自身发展情况自行推动储能技术研发及推广。下面按照时间顺序分地区梳理欧洲在储能技术方面的部署。

2017年5月，英国技术战略委员会（Innovate UK）和英国商务、能源和工业战略部（BEIS）发布"工业战略挑战基金"，拨款2.46亿英镑用于支持未来四年电动汽车和储能技术在内的革命性技术创新，称为"法拉第挑战计划"，其中包括4200万英镑用于发展"电池研究所"、900万英镑用于储能成本降低、2000万英镑用于V2G项目、750万英镑用于非居民响应项目。

2020年11月，英国政府发布"十项关键计划"，并在此计划中推出10亿英镑"净零创新组合"项目用于加速低碳技术创新，降低英国低碳转型付出的成本。"净零创新组合"项目主要关注十大关键领域，"储能及电力灵活性"是其中之一。英国政府已经启动1亿英镑用于支持储能和电力灵活性创新过程中面临的挑战，以及储存时长在小时、日、月等不同时间维度的储存技术，用于提高可再生能源在电力系统中的占比。

2022年2月，英国商业、能源和工业战略部（BEIS）宣布拨款6800万英镑，第一阶段资金670万英镑，用于支持24个长时储能技术的研发。同年11月，第二阶段资金3290万英镑，拨付给了长时储能（LODES）竞赛第二阶段的获胜者，加速新型储能技术的开发和商业化，从而支持使用清洁可再生能源。

2017年11月，欧洲储能协会（EASE）和EERA联合发布新版《欧洲储能技术发展路线图》，提出未来10年通过推动组建欧洲电池联盟（EBA）、欧洲技术与创新平台"电池欧洲"（Batteries Europe）和"电池2030+"联合研究计划，推进不同技术成熟度的研究和开发工作，这些相互衔接互补的机制构建起欧洲电池研究与创新生态系统。图2.22为欧洲电池研究计划。

图2.22 欧洲电池研究计划

2017年,在联合研究计划的框架下,欧盟成立"欧洲电池联盟",旨在欧洲打造出具有全球竞争力的电池价值链。2018年发布《电池战略行动计划》,宣布将设立一个规模为10亿欧元的新型电池技术旗舰研究计划。基于此计划,2019年2月,欧盟宣布创建欧洲电池技术与创新平台"电池欧洲",以确定电池研究优先领域、制定长期愿景、阐述战略研究议程与发展路线。

2018年6月,欧盟在"地平线2020"计划基础上制定了"地平线欧洲"框架计划,明确支持"可再生能源存储技术和有竞争力的电池产业链",为其投入150亿欧元的研发经费。同年7月更新了"地平线2020"(2018—2020)计划中能源和交通运输的项目资助计划,即新增一个主题名为"建立一个低碳、弹性的未来气候:下一代电池"的跨领域研究活动,旨在整合"地平线2020"(2018—2020)分散资助的与下一代电池有关的研究创新工作,推动欧盟国家电池技术创新突破,开发更具价格竞争力、更高性能和更长寿命的电池技术。新增资助计划将在2019年提供1.14亿欧元用于支持7个主题的电池研究课题,主要包括:高性能、高安全性的车用固态电池技术;非车用电池技术;氧化还原液流电池仿真建模研究;适用于固定式储能的先进氧化还原液流电池;先进锂离子电池的研究与创新;锂离子电池材料及输运过程建模;锂离子电池生产试点网络。2020年,预计欧盟将再投入7000万欧元用于电池相关研究项目。

2019年底,欧盟委员会批准由比利时、芬兰、法国、德国、意大利、波兰和瑞典共同申报的电池领域"欧洲共同利益重要计划"(IPCEI),以支持欧洲在电池这一共同优先领域的研发和创新。上述7个成员国将在未来数年内投资32亿欧元资金并撬动私人投资50亿欧元,研究项目旨在支持创新和可持续的液体电解质和固态电池的开发,主要关注领域包括锂电池原材料的提取和加工、先进化学材料的创建、电池和模块设计、系统集成以及电池回收等。

2020年3月,欧盟"电池2030+"(BATTERY 2030+)计划工作组发布了电池研究路线图第二版草案,提出未来10年欧盟电池技术的研发重点,旨在开发智能、安全、可持续且具有成本竞争力的超高性能电池,使欧洲电池技术在交通动力储能、固定式储能领域以及机器人、航空航天、医疗设备、物联网等未来新兴领域保持长期领先地位。

BATTERY2030+属于长远规划。该路线图草案提出了欧盟电池研发的长期愿景和总体目标，指出未来将围绕材料开发（包含材料加速开发平台概念）、电池界面/相间研究（包含界面基因工程概念）、先进传感器、自修复功能四个主要研究领域，以及制造和回收利用两个交叉研究领域开展新概念技术（技术成熟度在1～3级）研发活动。其中材料加速开发平台和界面基因工程相互统一，实现高性能电池的高效开发；传感技术实现对电池内部的监控，相关信号可触发自修复功能发挥作用，从而实现智能电池效果；高性能的智能电池可被大规模制造，最终的电池可被拆解并回收，从而实现闭环和绿色经济。图2.23列举了"欧盟电池2030+"计划重点发展领域。

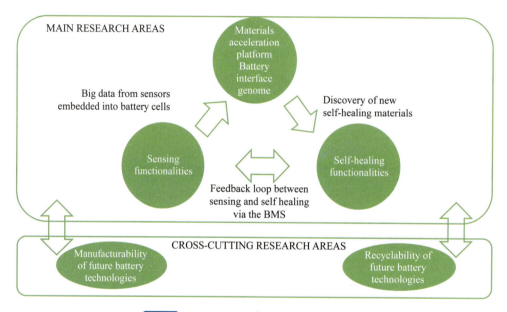

图2.23 "欧盟电池2030+"计划重点发展领域

2021年1月27日，欧盟委员会批准了29亿欧元拨款，用于支持电池领域的研究，提高本地区电池制造能力，降低对第三方的依赖。重点支持本地的电池企业，这些企业主要以锂离子电池生产企业为主，包括产业链中上下游企业。

2022年7月，欧洲能源转型智能网络技术与创新平台（ETIP SNET）公布《2022—2025年综合能源系统研发实施计划》，取代了在2020年发布的2021—2024年研发实施计划，明确了到2025年的研发资助重点。该实施计划基于欧盟2021年7月提出的"减碳55%"（Fit for 55）一揽子计划目标，并考虑了近期地缘政治紧张局势对能源市场的影响，强调需加速研发创新以促进能源安全和能源转型。同时，该实施计划还宣布2020年发布的《综合能源系统2020—2030年研发路线图》也将更新为2022—2031年路线图，预计在2022年年底发布。本次实施计划将投入10亿欧元围绕9大应用场景实施31项研发创新优先项目。

（3）日本

由于受到地域和资源限制，日本的电力储能研究集中在电化学储能领域，自20世纪70年代以来，日本政府投入大量资金进行电池技术的研究与开发。日本新能源产业技术综合开发机构NEDO自20世纪80年代开始对锂离子电池的研发给予长期稳定的支持。为了发展电网储能技术，他们在2009开始布局"Advanced Battery System Development for Next Generation Vehicles"项目，投资30亿日元，包括24个子课题，其中9个为电解质项目（4个固体电解质、3个离子液体、2个液体电解质），6个高能量密度正极项目，3个高容量负极项目，6个锂离子电池项目（包括安全性、高能量、高功率等）。此外还另拨110亿日元发展电网调峰用储能电池。

2014年，NEDO在储能电池和能源系统领域投入83亿日元，在储能电池领域部署的技术开发重大任务包括创新电池研究、下一代电池材料评估、安全低成本大规模储能技术开发、锂离子电池应用与商业化先进技术等。

2016年，日本出台了面向2050年技术前沿的《能源环境技术创新战略》，强化政府引导下的研发体制，保证日本开发的颠覆性能源技术广泛普及，确定了日本将要推进的五大技术创新领域，明确将电化学储能技术纳入五大技术创新领域，提出重点研发低成本、安全可靠、可快速充放电的先进储能电池技术（包括固态锂电池、锂硫电池、金属空气电池、多价离子电池等）。

2018年，NEDO启用了第二阶段固态锂离子电池项目，NEDO将2022财年设为该类技术研发的目标日期。该项目斥资100亿日元（约合9000万美元），涉及了23家车企、电池及材料制造商，另有15家大学/公共研究机构参与，旨在应对固态电解质、涂敷有活性材料的电解质涂层、层压技术等固态锂离子电池量产的技术瓶颈。此外，该项目还研发模拟技术，预计所有固态锂离子电池及蓄电池组的衰减时间，并利用多种评估方法测试其耐用性及安全性是否符合国际标准。该项目计划在2030年左右将蓄电池组的成本降至约1万日元/kWh（约合90美元/kWh）。图2.24为日本对未来发展路线的认识。

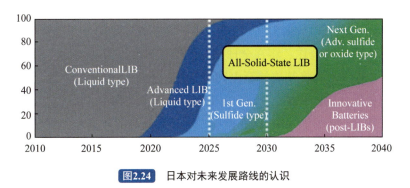

图2.24 日本对未来发展路线的认识

NEDO项目RISING2是新一代电池科技创新研发国家项目，主要开发锌空气电池、纳米界面控制电池（卤化物及其转化物）和锂硫电池等创新型电池。该项目搭建一个电池技术研发平台，平台下分三个技术研发小组：阴离子工作技术小组、阳离子工作技术小组和先进电池测试分析技术小组。阴离子工作技术小组研究方向包含纳米界面控制（卤化物及其转化物）材料技术、水系金属空气电池技术和金属氧化物阳离子（氟化物）脱嵌与吸附机理基础理论等内容。阳离子工作技术小组研究方向包含锂硫化物电池技术、纳米界面控制材料技术和阳离子脱嵌与吸附机理基础理论等内容。先进电池测试分析技术小组研究方向包含同步加速器、核磁共振、中子衍射、显微电镜、计算科学、电化学精确测量等分析测试技术方法等内容。

除NEDO外，日本科学技术振兴机构JST"新型下一代电池特别推广研究（SPRING）项目"-ALCA-SPRING于2013年启动，推动先进低碳技术研究与开发。该项目的目的是加速研发高容量二次电池和现有锂离子电池的下一代电池，以及开发具有创新性的二次电池技术。这种电池技术在性能上将远超目前的二次电池，并加速其面向实际应用的技术性研究。

2020年，日本政府发布《绿色增长战略》，该战略涉及能源和运输等14个重点领域，在新型电池技术等能源相关领域作出规划，提出了具体的发展目标和重点发展任务。

2021年10月22日，经历第六次更新，日本政府发布《第六次能源基本计划》，《能源基本计划》是日本能源政策的指导方针，全面阐述了日本面向2050年碳中和的能源计划和具体举措，鼓励可再生能源发展，激发储能行业需求。

（4）韩国

韩国是新兴的储能发展国家，韩国绿色发展委员会发布的《绿色发展国家战略及5年计划》宣布在5年间向太阳能、风能、LED（发光二极管）、电力IT、氢燃料电池、煤气及煤炭液化、CCS（炭收集和封存）、能源储藏及IGCC（煤炭气化联合循环发电）等9大开发项目中总计投资3兆（万亿）韩元用于储能研究。

企业是承担韩国储能技术研究的主力。三星SDI于2010年正式启动锂电池电能储备装置（ESS）事业，以世界顶级的小型锂离子二次电池技术为基础，延伸至尖端移动设备、电动汽车及大型电池系统ESS。为抢占规模最大的中国电力ESS市场，三星SDI于2014年与阳光电源股份有限公司单独签订了设立合资公司的最终协议，并在2016年成立合资公司，负责电力用ESS电池组和系统的开发、生产和销售。三星SDI以设立合资公司为起点，力争成为中国ESS市场份额首位。2015年，为进一步扩大全球竞争力，三星SDI与全球领先的电力和自动化技术集团ABB合作，将在全球范围内推广微电网解决方案。两家企业将利用三星SDI的锂离子电池技术和将其连接至电网进行控制的ABB公司的PCS、EMS等电力配件技术，开发销售最优化的ESS解决方法。2017年，三星SDI在ESS领域的全球市场占有率为38%，位列世界第一。同年，三星SDI在德国展出了最新高容量蓄电池组电池，在尺寸相同的前提下，容量由94Ah提升到了111Ah。除了高容量蓄电池，三星SDI还展示了使变电站的发电机电力保持恒定值，从而保持供电质量稳定的高功率ESS以及多用于连接太阳能的家庭用ESS产品。此外，三星SDI甚至还公开了减少主要组件PCS的数量从而改进安装空间和经济性的高电压ESS技术。

韩国第二大锂离子电池制造商LG化学公司的目标市场是家用储能市场。2016年5月，LG化学与国内的储能企业科陆电子成立合资公司，布局储能业务。2017年，LG化学旗下子公司LG化学（南京）引入ESS电池生产线，开始全面布局储能电池系列产品，重点瞄准中国乃至全球市场。

2018年，韩国三大电池公司三星SDI、SK创新、LG化学，联合成立一个规模1000亿韩元的基金,用于研发固态电池、锂金属电池、锂硫电池和关键材料,标志着韩国企业合力的实现。

2021年7月,韩国发布了"2030二次电池产业发展战略"(以下简称K战略),K战略对韩国本土电池行业的发展现状以及全球电池行业格局趋势进行了分析,认为电池行业具有技术密集型、受供应链影响较大和以消费者为导向的特点,需要持续的研发投入来引领技术方向。

2022年11月,韩国政府进一步发布了"充电电池产业革新战略"(以下简称革新战略),指出尽管当前全球经济低迷,但电池市场规模受电动汽车扩张带动,未来将快速扩张。韩国应将动力电池作为提升其出口竞争力的核心产业,并确定了"通过在电池产业领域持续努力,来增强全球领导力"的路线。韩国政府的具体策略包括:通过公私合作,支持大规模电池研发;培育韩国本土电池生态体系,稳定电池供应链;创造公共/私人消费市场,刺激中小企业和初创企业的研发,确保韩国电池产业生态系统以及全球份额的稳定增长。

2023年4月,韩国科学和信息通信技术部表示,计划到2027年投入160万亿韩元(约合1220亿美元)用于研发,以培养半导体、显示器和下一代电池这三大关键技术领域的研究能力。

2.3.1.2 国外新型储能产业扶持政策

(1)美国

美国作为全球最大的储能市场,长期依靠积极政策驱动储能市场高速发展。其中,美国储能政策多从电力公司装机量入手制定目标,可解释上述美国供电侧储能装机占比较高的特点。纽约州、新泽西州、加利福尼亚州、俄勒冈州、马萨诸塞州等均已制定了明确的储能装机目标数量,并配备相应行政约束或法律约束条款,且这类州级目标政策均面向特定的电力公司,由电力公司统一执行,促进供电侧储能规模实现确定性增长。除此之外,内华达州、犹他州、科罗拉多州等十多个区域虽没有制定明确具有约束力的储能装机目标,但也发布了大规模采购的公告,稳定发电侧储能装机需求。表2.3为美国各州最新储能规划。

表2.3 美国各州最新储能规划

地 区	部署目标
纽约州	2030年储能部署目标从3GW翻倍提升至6GW
新泽西州	到2030年储能容量达到2GW
加利福尼亚州	到2026年部署1GW长时储能系统
内华达州	到2030年部署1GW储能系统
马萨诸塞州	到2024年部署1000MWh的储能容量
弗吉尼亚州	到2035年部署3.1GW储能系统
康涅狄格州	2030年底前部署1GW储能系统,中期目标是2024年底部署300MW储能系统,2027年底部署650MW储能系统
缅因州	缅因州到2025年部署300MW储能系统,到2030年部署400MW储能系统

其次，联邦和各州从确定储能发展规划、财税支持政策、参与电力市场机制等方面，出台了系列政策、法规支持储能发展[64]。

1）确定储能发展规划

美国能源部于2011年发布《2011—2015储能计划》，对研发、示范项目及商业化进程进行调查并制定相应的短期、长期目标，包括对储能的关键技术、系统成本、转换效率等技术参数制定了详细的短期和长期目标。

随着国家能源转型发展的需要，美国政府对公用事业公司落实储能技术部署提出了要求，美国多个州制定了清洁能源发展计划，明确了储能发展目标，美国各州推动储能行业发展的趋势较为明确。BNEF不完全统计，美国有9个州出台储能装机的远期规划，其中加州2024年储能装机规划1.8GW，纽约2030年储能装机规划3GW，新泽西州2030年规划2GW，如果以3小时配储时长预测（目前大致为2小时，但未来配储市场会不断增加），则分别对应5.4GWh、9GWh、6GWh，其他州也有不同时间节点的相应规划。以加利福尼亚州为例，2022年2月，其公共事业委员会（CPUC）批准了一项长期清洁能源计划，提出到2032年新增新能源25.50GW、储能14.75GW。储能新增规模达到新能源新增规模的58%[65]。同时，加利福尼亚州通过自上而下的采购指令，要求PG&E、SCE、SDG&E等公用事业公司部署电池储能系统，以推动储能发展目标的实现。目前，为满足新能源快速发展需求，加利福尼亚州正在积极部署"光伏+储能"项目，储能配置比例大多超过40%，充放电时长以4h为主[64]。

近年来，联邦政府层面尚未制定明确的储能发展目标，但IEA对未来几年的储能规模进行了预测，如图2.25所示。预计到2023年，美国大型储能总规模将超过12GW，其中约40%的大型储能将部署在加州市场[64, 66]。

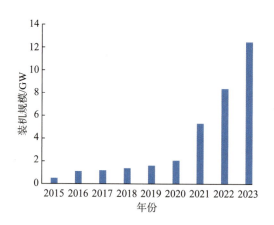

图2.25 美国储能装机规模预测

2）支持储能参与电力市场

美国曾在其FERC890法案中明确允许储能等非发电资源参与辅助服务，即承认了储能参与调频辅助服务的身份，FERC755法案则明确了调频辅助服务按效果付费的补偿机制，储能应用价值回报得到支持，FERC784法案还明确了储能作为第三方辅助服务提供方的结算和财务报告规则，FERC792则解决了储能系统并网的问题。储能获得了参与辅助服务市场的法律支撑，其价值补偿机制成为储能商业化应用的重要保障。2012年，储能调频系统正式参与AGC服务，PJM原本规划的700MW储能调频只安装了250MW就已达到预期效果。

2018年，美国能源管理委员会FERC全票通过法令841草案"Final Rule on Electric Storage Resource Participation in Markets Operated by Regional Transmission Organisations，or RTOs，and Independent System Operators，or ISOs"。该法案允许储能参与由RTO和ISO运营的各种容量、能量和辅助服务市场。该法案要求各RTO和ISO尽快调整市场规则，以更好地接纳储能系统。

2020年，FERC发布第2222号法令，放开屋顶太阳能、用户侧储能等分布式资源进入电力市场，为储能的成本回收和盈利提供良好的市场环境[64, 67]。

3）财税支持

财税支持政策是美国储能产业快速发展的重要动力之一，美国的储能补贴政策已经实行了10年以上，早在2011年加州就开始实施户储补贴政策，而后逐步拓展到电网侧的补贴。2021年以后美国联邦政府和州政府补贴政策持续发力，驱动美国储能市场发展。

① 投资税收优惠（ITC）和成本加速折旧（MACRS）

ITC是政府为了鼓励绿色能源投资而出台的税收减免政策，光伏项目可按照投资额的30%抵扣应纳税。成本加速折旧是美国税务局发布的纳税指引规定，2005年12月31日以后建设的光伏系统可以采用成本加速折旧法，即固定资产折旧额按照设备年限逐步递减。

2016年，ESA向美国参议院提交S3159号提案——储能投资税收减免法案（The Energy Storage Tax Incentive and Deployment Act），明确包括飞轮、抽水蓄能、储氢、储热、超级电容、超导在内的所有先进储能技术都可以申请ITC，并可以以独立方式或者并入微网和可再生能源发电系统等形式运行。其中商业储能系统规模必须大于5kWh，户用储能系统规模必须大于3kWh。

联邦税收激励对储能项目的支持要求储能系统储存的电能必须有75%来自可再生能源，才可享受ITC的投资税收抵免，目前支持比例是系统投资的30%，到2022年将下降到10%。储能系统储存可再生能源发电在75%~99%之间时，可享受部分的ITC投资税收抵免（即如果储能系统80%的充电电能来自可再生能源，则可享受24%ITC支持），只有当储能系统全部由可再生能源充电时，才可全额享受ITC支持。同时，没有可再生能源配套支撑的储能系统可以使用7年的成本加速折旧，相当于25%资本成本的减少，利用可再生能源充电比例低于50%的储能系统虽未达到ITC支持标准，但仍可享受相同的成本加速折旧支持。而可再生能源充电比例高于50%的储能系统都可使用5年的加速折旧，相当于27%资本成本的削减。

2021年为ITC补贴退坡的关键节点，而美国众议院在2021年决定将ITC补贴延长10年，在2022—2033年间逐步降低信贷价值。同时，美国政府对ITC方案进行了修改，将更有利于美国储能产业发展。ITC政策原针对光伏等清洁能源装机，个人或商业机构安装清洁能源可抵扣所得税，以此为用户侧装机提供经济支持。长期以来储能作为清洁能源的附属装置，必须与符合条件的可再生能源装置配套部署，且由可再生能源产生的电量占比超过75%时才可享受ITC税收优惠。2021年5月，拜登提出的预算方案中，首次包括了制定针对独立储能项目的ITC政策，政策力度向储能倾斜，预计用户侧储能项目需求将稳步提升。图2.26为美国ITC政策介绍。

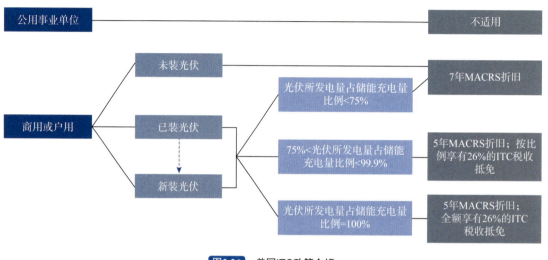

图2.26　美国ITC政策介绍

2022年9月，《通胀削减法案》正式立法，储能与太阳能脱钩，独立储能系统有资格获得30%的清洁能源投资税收抵免（ITC）。此前，只有将电池和太阳能配对的项目才有资格获得ITC，根据《通胀削减法案》，独立储能和太阳能+储能项目的ITC在十年固定期限内将增加到30%（2023年1月起，如果满足劳动力要求，1MW以上的项目的ITC可以从基础抵免比例6%增长到30%）。同时允许免税实体以直接付款的形式获得投资税收抵免（直接支付选项）。此前，为使非营利性项目在财务上可行，大多数免税组织必须与可利用税收优惠的开发商或银行合作，签署电力购买协议（PPA），在一段时间内（通常为25年）向银行或开发商支付一定数额的费用。现在，公立学校、城市和非营利组织等免税组织可以通过直接支付获得30%的ITC。利好政策的发布，再次推动储能经济性，带动储能装机需求提升，促进美国储能产业发展。

② 自发电激励计划（SGIP）

2001年启动的SGIP（Self-Generation Incentive Program）是美国历时最长且最成功的分布式发电激励政策之一，SGIP用于鼓励用户侧分布式发电，包括风电、燃料电池、内燃机、光伏等多个技术类型，自2011年起，储能被纳入SGIP的支持范围，储能系统可获得2美元/W的补贴支持。SGIP对储能项目还做了一些技术和其他方面的要求，以保证所资助项目的质量。

2016年5月，CPUC主席Michael Picker发布建议书，计划对当时现行的SGIP政策做一些改革。修订后的SGIP最大的特点是扩大了储能可享有的补贴总额，整个补贴额度占到预算的75%，并且不再按照每年固定资金对项目的"W"进行补贴，而是依据规划容量的完成情况，同时考虑储能成本的下降情况以及项目经济性核算，对项目的"Wh"进行补贴。

2017年5月1日，SGIP再次向申请者开放，并将75%的预算分配给储能，而这其中的15%又将重点支持居民户用储能项目，这类项目规模小于或等于10kW。

2018年8月，加州议会通过SB700法案，将SGIP计划延长至2026年。2020年1月，CPUC为SGIP再注资6.75亿美元，意味着SGIP能提供超过10亿美金的激励返款。

历经20年的发展，SGIP执行过程中也经历了多次调整和修改，主要补贴对象由最初的分布式发电逐步拓展到储能，补贴主要针对户用储能，对大型储能的补贴有所削减。现阶段的SGIP补贴由普通预算、平衡预算和平衡弹性预算三大部分组成。普通预算主要对储能进行分轮次的补贴，其中补贴水平随轮次增加而呈逐渐下降的趋势。平衡预算是专为弱势社区和低收入群体的储能项目提供的补贴，补贴水平为0.85\$/Wh。平衡弹性预算则是为高山火威胁区域（HFTD）及受到两次或两次以上公共安全断电（PSPS）事件影响的储能项目提供的补贴，补贴水平为1\$/Wh。

③ 能效返款计划

在美国各州针对储能等节电移峰项目还制定了能效返款计划，该计划类似于我国电力需求侧管理试点时期所实施的财政奖励资金管理办法，即对能够实现永久性转移电力高峰负荷的项目依实际转移负荷量给予资金支持，如北卡罗来纳州制定的能效返款计划就对高效照明、能源管理系统、制冷、储热、热泵等项目予以资金支持，其中储热项目每转移1kW负荷可获得190美元的奖励资金支持。这些申请返款的系统和设备必须满足一定的效率标准，并且要在安装新设备的90天内提交申请。实际上，这种资金支持方式也是按照项目实际运行效果付费。

（2）欧洲

欧洲储能主要依靠经济性驱动，政策端统筹力度不足。对比美国强有力的确切目标或长期税收补贴政策，欧盟政策停留在建设示范性项目或支持研发支出等，政策端力度相对薄弱。同时，不同于美国储能项目大多由电网运营商统一采购，欧洲为了保持储能市场具有竞争性将储能设施归储能厂商所有，禁止作为电网运营商的资产。供电侧储能系统一定程度上带有公共物品性质，储能厂商过度竞争可能会导致效率下降，遏制了供电侧储能市场的发展。

英国主要依托其成熟的电力市场机制，通过政策不断完善市场机制，为储能参与电力市场交易提供良好的市场环境，对于储能技术创新提供资金支持，推动储能技术商业化规模化发展。2015年英国国家电网推出新的调频储能服务市场，2016年英国ofgen明确储能的资产类别、规划制度，2017年英国相关机构调整了储能的拍卖降级因素，让储能市场更加健康有序。2020年推出"十项关键计划"，再次完善储能的监管机制以及完善市场规则。2016年以来，英国大幅推进储能相关政策及电力市场规则的修订工作。政府将储能定义为其工业战略的一个重要组成部分，并制定了推动储能发展的一系列行动方案，包括明确储能资产的定义、属性、所有权，减少市场进入障碍等，为储能市场的大规模发展注入强心剂。同时，英国光伏发电补贴政策的取消，客观上刺激了户用储能的发展。

2017年之前调频储能由于容量电价签署时间长,导致使用时间短。因此,德国储能系统获得补贴的方式与美国略有不同,除了支持可再生能源发展的光伏上网补贴电价外,德国户用储能系统还可直接获得安装补贴。

德国户用光储政策:2013年,为支持光伏储能系统项目建设,德国政府设立了光伏储能补贴政策支持计划,该支持政策持续三年,用来支持价格在2000~2500欧元之间、容量小于30kWh的储能系统建设。该政策为户用储能设备提供投资额30%的补贴,并通过德国发展银行(RfW)对购买光伏储能设备的单位或个人提供低息贷款,对于新安装的光伏储能系统给予最高600欧元/kWp的补贴,而对于进行储能改造的光伏系统最多可补贴660欧元/kWp。该光伏储能补贴政策还要求补贴对象满足两个必要条件:一是光伏运营商必须将其60%的发电量送入电网;二是补贴只支持提供7年以上质保的储能系统。

德国分布式光储政策:2016年,德国开始执行新的光储补贴政策,该补贴将持续到2018年底,该计划为与并网式光伏发电系统配套安装的储能单元提供补贴,但只允许将光伏系统峰值功率的50%回馈给电网,这与之前要求光储系统向电网馈电的需求有很大不同,这也说明在可再生能源规模化发展阶段,鼓励自发自用、余量上网成为对分布式能源的新要求。这笔补贴资金由德国国有银行(KfW)以贷款形式提供。

德国新光储政策:在2016年的10月,KfW不得不终止这项补贴,主要原因是支持资金已被用尽。在2016年,KfW批准了6500个项目,总资金额达到1亿500万欧。由于项目建设需求所导致的资金需求的增长,德国政府在2017年为光储项目预留了更多的资金量。而得益于多出的资金资源,德国政府宣布将约有10000个设备会在2017年获得支持。但与此同时,政府已确认自2017年7月1日起,补贴金将按计划从支持投资总额的19%减至16%,自10月1日起再削减3%,而十月的削减计划原定于2018年1月1日才实施。政府还宣布补贴还将继续被削减,2018年起将降至10%,这也主要因为光储系统成本在不断下降。2022年,德国复兴信贷银行启动节能建筑改造补助方案(KfW270),为光伏或储能系统购置成本提供2.3%利率贷款。此外,联邦各州和城市层面对购买光储设备提供支持,巴伐利亚州对3kWh储能补贴500欧元,每增加1kWh容量补贴增加100欧元,最大容量30kWh;柏林对于光伏系统配套的储能1kW补贴300欧元,最高1.5万欧元;下萨克森州补贴高达40%的电池储能系统成本。

为了给可再生能源渗透率日益增高的欧洲电网做支撑,继德国之后,2017年,荷兰、奥地利和瑞士等国开始尝试推动储能系统参与辅助服务市场,为区域电力市场提供高价值的服务。随着分布式光伏的推广,奥地利、捷克等国家发布光储系统补贴计划,扶持本地用户侧储能市场。在意大利,包含了光伏和储能的户用系统,不仅能够享受补贴,还有减税政策。可以说,补贴和光伏是欧洲储能产业发展的最大推手。表2.4为欧洲部分储能政策补贴标准。

表2.4 欧洲部分储能政策补贴标准

国家	时间	政策内容
德国	2022	① 任何人在单户住宅或商业物业上运行不超过30千瓦的光伏系统，将不再需要为发电量缴纳所得税 ② 多户连体住宅和混合用途的物业系统运行不超过15kW的光伏系统，将免收所得税 ③ 光伏系统和储能系统的采购、进口和安装将不再征收增值税（VAT）
意大利	2020	① 翻新项目的税收减免从65%提高到110% ② 与此类改造相关的光伏和储能系统的税收减免从50%提高到110%
奥地利	2020	启动3600万欧元的优惠计划，用于支持小型太阳能+储能设备的应用。其中，1200万欧元用于支持储能系统；拥有储能系统的户主可以返还200欧元/kWh的资金
瑞典	2016	补贴支持与户用光伏配套的储能系统的安装应用，范围包括了储能系统中的电池、BMS等组件，补贴上限为SEK50000，最高可以占到系统成本的60%
	2021	对部署小型太阳能、储能和电动汽车充电桩相关的劳动力和材料成本实行税收减免

（3）日本

1）保障可再生能源灾备电源供电稳定性的补贴政策

日本是一个灾害频发的国家，发生灾难时保障供电的稳定性，稳定地供电，强化电力基础设施对于日本来说是一项很紧急的课题。而在紧急情况下，电池可以瞬时响应，同时还能平滑可再生能源出力，在这种背景下，日本资源能源部和节能新能源部联合发布了补贴政策，支持将可再生能源作为灾备电源，并对配备电池储能的设施给予一定的财政补贴。具体补贴额度如表2.5所示。政府希望通过电池储能系统的引入，在确保60MW电力供应的同时，还能推进坚强区域微电网的建设。

表2.5 保障可再生能源灾备电源供电稳定性的补贴政策

类型	补贴对象	补贴额度
可再生能源灾备电源	引入电池储能系统的可再生能源电源	中小型企业：1/2以内 大型企业：1/3以内
区域微电网	能够在区域内稳定供电的区域微电网的建设方	制定基本规划的费用：3/4以内 建设区域微电网的费用：2/3以内

其中，区域微电网需要具有供需调整、事故检测、自动切换等功能，在灾难发生时，能够使用现有配电线路和自营线路灵活利用可再生能源供电。

2）低碳、分散型灾备电源的补贴政策

近年来，由于日本暴雨、台风、地震等原因，在各地区的避难场所中，确保灾害时能源供应已经进入紧急状态。为此，2018年4月，日本国务会议发布的第五次环境基本计划中，特别提到每个地区都应该最大限度地引入一些离网型的分布式清洁能源，包括热电联产、可再生能源和燃料电池等，在发生灾害时，既可以迅速供应电力，保障避难场所的正常用电，又能抑制温室气体的排放，实现低碳、资源循环的目的。

在此背景下，日本环境计划科、全球环境局、全球变暖治理办公室提出，向在地区防灾计划中，能够为公共或民间的防灾据点、物资供给站等避难场所提供可以降低温室气体排放的分布式电源设备（包括分布式光伏发电、分布式风电、电池储能、燃料电池等）的企业提供一定额度的补贴，补贴率为1/2、2/3、3/4。

3）私营企业建设分布式能源系统的补贴政策

东日本大地震后，为了能够稳定且有效地迅速普及分布式可再生能源的应用，促进新能源的就地消纳，降低二氧化碳的排放，日本资源能源部、节能新能源部、新能源系统课、环境局地球温室效应治理办公室联合划拨21亿日元，对于在区域内建设高效利用可再生能源电力、综合效率出色的热电联产且用于地产地消的分布式能源系统的私营企业给予一定的补贴，补贴额度在2/3、1/2、1/3以内。

4）构筑利用需求侧能源资源的虚拟电厂实证的补贴政策

东日本大地震后，政府开始摆脱依赖于传统集中式供电的模式，开始向分布式可再生能源系统转型，而如何稳定且有效地利用这些分布式能源系统是一个紧迫的课题。基于这种能源系统结构的变化，对用户侧的能源资源（比如电池、电动汽车、发电设备、需求侧响应等）进行远程调控和聚集，像发电厂一样发挥作用，实施利用于电力供求调整技术（DR、VPP）的实证。实证期为5年（2016—2020年），确立50MW以上的虚拟电厂控制技术，推进可再生能源的大规模引入，实现电力的供需平衡。日本资源能源部、节能新能源部和新能源系统课联合发布了实证项目2019年度30亿日元的财政预算。此次实证主要进行两方面的工作，分别是虚拟电厂控制技术和V2G技术的验证。

（4）韩国

1）可再生能源配额制

2001年，韩国开始全面实施新能源和可再生能源政策，推出了可再生能源上网电价（FiT）政策，促进了韩国新能源和可再生能源的发展，但随着政策的持续推行，政府的财政负担不断加剧，为了有效缓解这种财政压力，2012年，韩国正式推出可再生能源配额制（Renewable Portfolio Standard，RPS），替代此前的FiT政策，政府不再提供无条件的能源补贴，引入市场机制，增加行业竞争力，促进技术发展，同时也易于管理和预测市场容量。

根据规定，凡是装机规模超过500MW的国有发电公司（GENCOs）和独立发电公司（IPPs），都必须在其电力生产组合中包含一定比例的可再生能源，这个比例每三年将会更新一次，韩国政府也在通过不断提高RPS的发展目标来更好地完成可再生能源"3020"计划。最新更新的RPS发展目标如表2.6所示。

表2.6 RPS发展目标规划

年份	2018	2019	2020	2021	2022	2023
RPS	5%	6%	7%	8%	9%	10%

RPS最大的特点是设计了可再生能源证书（Renewable Energy Credit，REC）交易机制，2012年初，可再生能源场站根据发电量（MWh）的多少可以获得相应数量的REC，而其他电厂则可以通过投资、建设可再生能源场站而获取相应的REC，或者也可以在交易平台上购买REC以完成其承担的RPS义务。在REC的交易机制下，可再生能源电站开发商收益一部分与系统边际价格有关，另一部分则与REC价格和REC权重有关，其中，系统边际价格和REC价格均由市场供需关系决定，而REC权重则会因可再生能源的资源类型和条件的不同而有所不同。2018年6月，重新修订了各类可再生能源REC权重值。

随着可再生能源渗透率的不断增加，可再生能源本身的间歇性、波动性等固有特性给电网安全稳定运行带来极大压力。为了更好地促进可再生能源并网、提升电网运行效率、提高电能质量，同时还能延缓大量的电网设施费用，2015年起，MOETI开始在RPS中引入储能，现有或新建风/光电站中如果安装了储能系统，则会获得一个较高的权重值。2018年6月，新修订的REC权重也对配备储能的风电/太阳能REC的权重值进行了修订。

RPS政策的出台，特别是把对储能的激励机制引入之后，风储项目和光储项目得到快速发展，储能在该领域的装机规模大幅提升，仅2018年单年新增投运的规模就已超过1.6GWh。

2020年6月，韩国工业贸易能源部颁布了新的《可再生能源和混合发电系统强制性运行管理指南》，文件将储能系统安全与可再生能源供应证书REC挂钩，没有对储能系统实施安全措施的企业则无法开展相关业务，并于当年7月起执行。但随后由于补贴额度过高导致储能投资过热，政府以电费上涨、增加财政支出为由，从2021年开始废除了配置储能的太阳能发电设施的加权值。

2021年7月，《新再生能源供应义务化制度及燃料混合义务化制度管理运营指南》进行修订，新能源配置储能的REC权重值被消除，这次政策的调整极大限制了储能产业的发展。2018年韩国新增储能设备975个，2019年、2020年新增储能设备量分别减少到479个和589个，2021年新增储能设备达到历史新低，仅为2018年的1/8（127个）。

2021年7月，综合考虑可再生能源普及目标、REC供求等状况，韩国产业通商资源部出台了《实施新再生能源供给义务化制度（RPS）部分修订案》政策，基于海上风力发电由于海水深度、钢铁价格上涨等因素导致投资成本大幅上升，明确上调了海上风电的REC权重值。在光伏市场，虽然随着市场的成熟，发电成本持续下降，但是为了有效利用屋顶，建筑光伏将维持较高的权重值，保持不变；对于自然景观的破坏，山地安全性引起争议的森林太阳能，为了最大限度地抑制新项目的投资，REC权重值则做了相应下调。产业部通过改善REC供求条件，积极推进价格稳定和扩大可再生能源普及。

2）电费折扣

2015年，韩国开始实施电费折扣计划，是支持不含家庭的用户侧储能系统的经济可行的政策之一。该计划的初衷是根据用户侧储能系统对于电力系统的贡献，例如降低峰值需求、增加电力系统灵活性、提高负荷管理能力等，为储能投资者设计激励计划。

电费折扣计划包括对储能设备充电的基本电费和电量电费给予一定的折扣。如果储能系统是通过在峰值负荷时段放电来降低峰值负荷的，则会通过反映的峰值负荷降低量给予基本电费一定折扣。另外，储能系统在低谷时段充电的电量电费也会有一定的折扣。具体折扣情况如表2.7所示。

表2.7 电费折扣计划一览表

阶 段	电费折扣计划	折扣		有效期
		基本电费	电量电费	
第一阶段	电量电费的折扣计划生效	—	10%	2015.1.1—2017.12.31
第二阶段	基本电费的折扣计划生效	100%	—	2016.4.1—2026.3.31
第三阶段	临时性提高折扣力度并引入权重因数	300%	50%	2017.1.1—2019.12.31
第四阶段	延长第三阶段的适用期限	300%	50%	2017.1.1—2020.12.31

在韩国，电力用户（不含家庭用户）包括：合同功率在4～300kW之间的工业用户（A）、300kW以上的工业用户（B）、低于1000kW的教育类用户（A）和1000kW以上的教育类用户（B）。每类用户的电费由两部分组成，分别是基本电费（按照高峰负荷收费）和电量电费（按照实际用电量收费），电费情况会根据其选择的电压等级以及用户用电的季节和时间段的不同而不同。

在这种电价体系中，基本电费的降低主要通过储能放电削峰来实现，电量电费的降低主要通过负荷转移来实现。因此，储能运营商将会根据实际运行情况，设计一个最佳的充放电计划，确定是通过将有限的储能资源用于削峰来降低基本电费，还是通过负荷转移的方式来节省电量电费，从而实现储能收益的最大化。

自电费折扣计划实施以来，其适用范围和有效性逐步得到加强。最初，只针对储能充电电量电费给予10%折扣，到2016年，电费折扣计划才扩展到基本电费。2017年1月开始，韩国政府实施了临时性政策，增大折扣力度以提高整个电费折扣计划的有效性。同年5月宣布，该临时性上调折扣有效期延长一年，随着折扣力度的提高，还引入了权重，进一步加大电费折扣计划的力度，权重大小取决于电池容量与电力用户合同功率的比值。

自2014年开始，用户可以将用户侧储能中存储的电能出售给KEPCO，上限1000kW。在这种情况下，每年可以出售给KEPCO的电力要低于其每年存储总电量的50%，售电量结算按照系统边际价格计算。然而，2015年以来，边际价格一直低于高峰时段电价。随着电费折扣计划的启动，在高峰负荷时段，自用储能设备中存储的电力通过降低峰值和负荷转移，可以在基本电费和电量电费上获得一定折扣，显著提高了用户侧储能项目的盈利水平。因此，与出售存储的电力相比，用户更愿意自用这部分电力。

2019年，电费折扣计划明确对储能设备充电的容量电费和电量电费给予一定折扣，在高峰负荷时段使用储能设备中储存的电力，可在容量电费和电量电费上获得一定折扣，再次对储能产业发展，特别是用户侧储能产业发展提供支持。

2.3.2 我国新型储能政策

2.3.2.1 我国新型储能技术研发投入和规划

（1）科技部

20世纪80年代末，科技部就将全固态聚合物锂二次电池列入重点项目，20世纪90年代初又将锂离子电池关键材料与技术纳入"863"计划重点支持课题，并在后续的若干高技术发展计划中持续支持锂离子电池的技术发展，形成了中国与日本、韩国三足鼎立的产业基础。进入新世纪以来，国家科技部又将绿色二次电池的基础研究列入国家"973"计划，鼓励电化学储能技术的原理性创新。"十二五"期间，国家开始重视储能技术发展，科技部通过"863"项目支持了相关研发，先进能源领域储能子领域部署了物理储能与化学储能关键技术与示范电站研究，总经费1.4238亿。

"十三五"期间，国家对储能方向的支持与智能电网合并，在2016年启动了智能电网和装备重点专项，储能作为其中的基础支撑技术获得支持，共计安排了2.9433亿国拨经费。具体而言，设立了三个任务，包括大规模储能关键技术研究任务、新型储能器件的基础科学与前瞻技术研究、海水抽水蓄能电站前瞻技术研究。

"十四五"期间，国家继续维持储能与智能电网合并发展的方案，在2021年启动了储能与智能电网重点专项，储能作为其中的基础前沿技术和共性关键技术获得支持，共计安排了6.67亿国拨经费。同时在新能源汽车专项、战略性矿产资源开发、高端功能与智能材料三个重大专项中也涉及储能技术相关支撑技术开发。具体而言，储能与智能电网重点专项设立了三个任务，包括中长时间尺度储能技术研究、短频高时储能技术、基础支撑技术研究。

中长时间尺度储能技术研究项目既包含共性关键技术开发又包含基础前沿技术开发，实施周期为4年，专项研究内容包括吉瓦时级锂离子电池储能系统技术、兆瓦时级本质安全固态锂离子储能电池技术、金属硫基储能电池三项。吉瓦时级锂离子电池储能系统技术为共性关键技术，内容为针对高比例可再生能源并网消纳及电力供应峰谷差加剧问题，研究适用于吉瓦时级应用的新型锂离子电池规模储能技术，包括研究开发宽温区、超长寿命、高能量转换效率、低成本、高安全的新型锂离子储能电池，开发电池系统高电压化集成技术、高效热管理技术，以及系统级安全防护技术等。兆瓦时级本质安全固态锂离子储能电池技术为共性关键技术，研究内容为针对包括可再生能源接入等各类中长时间尺度的储能需求，研究具有高安全、长寿命的固态锂离子储能电池技术，具体包括开发全寿命周期具有低电阻和高稳定性的固态电解质膜与电极材料，本质安全、长寿命、低内阻的界面与电极结构以及储能型固态锂离子电池电芯，研究设计适应全气候域应用、具有高成组效率、高可靠性的模组和系统，并对固态储能锂离子电池的失效分析、在线检测、状态预测和预警以及热失控行为进行研究。金属硫基储能电池为基础前沿技术，研究内容为针对中短时长大规模储能发展对于降低成本、减少资源依赖的需求，研究基于锂/钠等金属负极和含硫正极的本质安全、低成本和长寿命的金属硫基储能电池。具体包括开发高比容量、高面容量金属或合金负极，含硫正极，本质安全电解液或固态电解质，多功能隔膜与黏结剂等关键材料的设计与低成本规模化制备技术，并对金属负极服役条件下的保护策略和力、电、热耦合条件下金属硫基储能电池界面反应热力学、动力学、稳定性行为进行研究。同时对电池电芯、模组、系统的模拟仿真，原位与非原位表征以及失效机制进行分析，开发长寿命电池的电芯、模组、系统的设计、研制、智能管理控制、环境适应性和安全性的评测和改进技术。

短频高时储能技术研究项目为共性关键技术，实施周期为4年，重点项目为低成本混合型超级电容器关键技术，研究内容为针对负荷跟踪、系统调频、无功支持及机械能回收、新能源场站转动惯量等分钟级功率补充等应用需求，研究开发兼具高能量、高功率和长寿命的低成本储能器件。具体包括混合型超级电容器材料体系、复合电极及器件的优化设计和关键材料国产化，对"能量-功率-寿命"和"热-电-寿命"的耦合模型及寿命衰减机制的模拟仿真和试验验证，开发兆瓦级储能系统集成技术，以及针对不同应用场景下混合型超级电容器系统服役的失效机理、改性和应用研究。

基础支撑技术为共性关键技术，实施周期为3年，主要包括规模化储能系统集群智能协同控制关键技术研究及应用、干式直流电容器用电介质薄膜材料、高压大功率可关断器件驱动芯片关键技术、高压电力装备多物理场计算软件、储能电池加速老化分析和寿命预测技术、储能锂离子电池智能传感技术、锂离子电池储能系统全寿命周期应用安全技术等项目，内容涉及储能系统智能协同控制，关键材料、器件、软件开发，智能检测、寿命分析、系统安全等技术开发等，主要为储能系统基础关键支撑技术。表2.8为储能与智能电网重点专项储能部分（2021年）的内容。

表2.8　储能与智能电网重点专项储能部分（2021年）

任务名称	重点项目	类别
中长时间尺度储能技术	吉瓦时级锂离子电池储能系统技术	共性关键技术
	兆瓦时级本质安全固态锂离子储能电池技术	共性关键技术
	金属硫基储能电池	基础前沿技术
短频高时储能技术	低成本混合型超级电容器关键技术	共性关键技术
基础支撑技术	规模化储能系统集群智能协同控制关键技术研究及应用	共性关键技术
	储能电池加速老化分析和寿命预测技术	共性关键技术
	储能锂离子电池智能传感技术	共性关键技术
	锂离子电池储能系统全寿命周期应用安全技术	共性关键技术

（2）基金委

国家自然科学基金是20世纪80年代初，为推动我国科技体制改革，变革科研经费拨款方式，由中国科学院89位院士（学部委员）致函党中央、国务院建议成立的。随后，在邓小平同志的亲切关怀下，国务院于1986年2月14日批准成立国家自然科学基金委员会。自然科学基金坚持支持基础研究，逐渐形成和发展了由研究项目、人才项目和环境条件项目三大系列组成的资助格局。三十多年来，自然科学基金在推动我国自然科学基础研究的发展，促进基础学科建设，发现、培养优秀科技人才等方面取得了巨大成绩。表2.9为2020年至2022年基金委资助的新型储能方向的部分重点项目。

表2.9 2020年至2022年基金委资助的储能方向的部分重点项目

项目标题	金额/万	负责人	单位	批准年份
面向储能技术的海水提锂关键材料化学与器件研究	280.00	周豪慎	南京大学	2020
高比能锂金属电池负极材料与电池电化学	300.00	李劼	中南大学	2020
低温锂硫电池正极用金属单原子催化材料的研究	245.00	李峰	中国科学院金属研究所	2020
硫基高性能固态锂电池的体系设计和界面调控	260.00	张文魁	浙江工业大学	2020
高性能固态锂金属电池的塑性化及多层级结构研究	263.00	温兆银	中国科学院上海硅酸盐研究所	2020
基于钒钛资源低成本制备钠离子电池电极材料关键技术研究	260.00	郭孝东	四川大学	2020
室温高效全固态锂电池复合固态电解质和界面调控机制研究	260.00	贺艳兵	清华大学	2020
基于硫化物电解质的全固态锂电池设计及界面稳定性改善	260.00	涂江平	浙江大学	2020
高功率、长寿命和高安全钠离子电池关键材料及体系的应用基础研究	260.00	曹余良	武汉大学	2020
MXene基异质结构储能材料	219.00	徐斌	北京化工大学	2020
水系有机液流储能电池及新型离子传导膜研究	260.00	徐铜文	中国科学技术大学	2020
面向极端条件电磁能装备应用的高性能储能电介质材料设计制备与机理研究	300.00	汪宏	南方科技大学	2020
规模化电池储能系统运行可靠性评估理论与提升技术研究	300.00	程林	清华大学	2020
宽温区储能型聚合物基绝缘介质的介电特性及调控机理研究	260.00	迟庆国	哈尔滨理工大学	2020
储能电介质中极性基团调控及其对储能密度和充放电寿命的影响机理研究	300.00	张志成	西安交通大学	2020
重质油基高性能储能碳材料的构筑	300.00	吴明铂	中国石油大学	2021
高储能密度、高储能效率、高工作温度、高成膜能力的环氧-碳酸酯共聚薄膜材料	301.00	成永红	西安交通大学	2021
磁驱动高温超导飞轮储能系统的理论与实验研究	301.00	张国民	中国科学院电工研究所	2021
面向大规模储能应用的室温钠硫电池的设计、构筑及其储能机理研究	200.00	余彦	中国科学技术大学	2021
全固态锂电池界面反应与载能子输运、转化耦合机理研究	300.00	张兴	清华大学	2021
固体锂电池用复合电解质的设计与制备	300.00	吴宇平	南京工业大学	2021
低温锂离子电池的金属基负极材料及其界面膜研究	269.00	朱敏	华南理工大学	2022
固态电池安全性失效机制研究	280.00	禹习谦	中国科学院物理所	2022
亲水性石墨烯的可控制备及其在硅基锂电池中的应用基础研究	280.00	李永峰	中国石油大学	2022

（3）工信部

2017年，工信部联合财政部、科技部、能源局联合发布《关于促进储能技术与产业发展的指导意见》，提出储能未来10年内分两个阶段推进，第一阶段即"十三五"期间，实现储能由研发示范向商业化初期过渡；第二阶段即"十四五"期间，实现商业化初期向规模化发展转变。2018年，工信部联合其他部门发布《智能光伏产业发展行动计划（2018—2020年）》，重点在产业技术创新和智能光伏集成。同年，工信部发布《光伏制造行业规范条件（2018年本）》。2019年，针对指导意见，工信部等四部委再次出台2019—2020年行动计划，进一步推进我国储能技术与产业健康发展，支撑清洁低碳、安全高效能源体系建设和能源高质量发展。2020年，工信部发布《国家工业节能技术装备推荐目录（2020）》和《国家绿色数据中心先进适用技术产品目录（2020）》，微电网储能技术、多能互补微网系统、退役电池梯次利用储能系统等入选工业节能技术推荐目录，而飞轮储能装置、数据中心后备储能管理系统等入选绿色数据中心先进适用技术产品目录。2021年，国家工信部发布《锂离子电池行业规范条件（2021年本）》（征求意见稿）和《锂离子电池行业规范公告管理办法（2021年本）》（征求意见稿），提出储能型锂离子电池主要包括但不限于应用于新能源储能、通信储能、工商业储能等储能领域的锂离子电池。明确要求储能型电池能量密度≥145Wh/kg，电池组能量密度≥110Wh/kg，循环寿命>5000次且容量保持率不低于80%。2022年，工信部联合发改委等七部门印发《信息通信行业绿色低碳发展行动计划（2022—2025年）》（简称《计划》）。《计划》指出，有序推广锂电池使用，探索氢燃料电池等应用，推进新型储能技术与供配电技术的融合应用。同年5月，工信部发布《关于推动能源电子产业发展的指导意见》（征求意见稿），在新型储能方面提出：开发安全经济的新型储能电池。研究突破超长寿命高安全性电池体系、大规模大容量高效储能、交通工具移动储能等关键技术，加快研发固态电池、钠离子电池、氢储能/燃料电池等新型电池。建立分布式光伏集群配套储能系统；加快适用于智能微电网的光伏产品和储能系统等研发。同年8月，工信部发布《加快电力装备绿色低碳创新发展行动计划》，在储能装备方面，提出大幅提升电化学储能装备的可靠性，加快压缩空气储能、飞轮储能装备的研制，研发储能电站消防安全多级保障技术和装备。研发储能电池及系统的在线检测、状态预测和预警技术及装备。推动10MW级超级电容器、高功率锂离子电池、兆瓦级飞轮储能系统应用。

（4）国家发展和改革委员会

2016年2月，国家发展和改革委员会、国家工信部和国家能源局联合发布《关于推进"互联网+"智慧能源发展的指导意见》，提出发展储能和电动汽车应用新模式，提出了储能在分布式领域的应用。2016年12月，国家发改委印发《可再生能源发展"十三五"规划》，提出要推动储能技术在可再生能源领域的示范应用，实现储能产业在市场规模、应用领域和核心技术等方面的突破。2019年7月，国家发改委办公厅等印发《贯彻落实〈关于促进储能技术与产业发展的指导意见〉2019—2020年行动计划》。要求加强先进储能技术研发，加大储能项目研发实验验证力度，继续推动储能产业智能升级和储能装备的首台（套）应用推广。持续推进停车充电一体化建设，促进能源交通融合发展，为新能源汽车动力电池储能化应用奠定基础。2020年，发改委印发《关于加快建立绿色生产和消费法规政策体系的意见》，指出要加大对分布式能源、智能电网、储能技术、多能互补的政策支持力度，研究制定氢能、海洋能等新能源发展的标准规范和支持政策。2020年，国家发改委、司法部联合发布《关于加快建立绿色生产和消费法规政策体系的意见》，提出加大对分布式能源、智能电网、储能技术、多能互补的政策支持力度，研究制定氢能、海洋能等新能源发展的标准规范和支持政策。同年，国家发改委发布《关于扩大战略性新兴产业投资培育壮大新增长点增长极的指导意见》，指出加快突破风光水储互补、先进燃料电池、高效储能与海洋能发电等新能源电力技术瓶颈。2021年，国家发展改革委、国家能源局发布《关于进一步提升充换电基础设施服务保障能力的实施意见（征求意见稿）》，提出要加强"光储充放"新型充换电站技术创新与试点应用。同年，国家发展改革委、国家能源局联合发布《关于加快推动新型储能发展的指导意见》，明确2025年30GW的发展目标，未来五年将实现新型储能从商业化初期向规模化转变，到2030年实现新型储能全面市场化发展，鼓励储能多元发展，进一步完善储能价格回收机制，支持共享储能发展。2022年，国家发展改革委、国家能源局正式印发《"十四五"新型储能发展实施方案》（简称《实施方案》），《实施方案》明确指出新型储能发展目标，到2025年，新型储能由商业化初期步入规模化发展阶段，具备大规模商业化应用条件。电化学储能技术性能进一步提升，系统成本降低30%以上。到2030年，新型储能全面市场化发展。同年，国家发改委、能源局发布《"十四五"现代能源体系规划》，明确要加快新型储能技术规模化应用，大力推进电源侧储能发展，合理配置储能规模，改善新能源场站出力特性，支持分布式新能源合理配置储能系统。优化布局电网侧储能，发挥储能消纳新能源、削峰填谷、增强电网稳定性和应急供电等多重作用。积极支持用户侧储能多元化发展，提高用户供电可靠性，鼓励电动汽车、不间断电源等用户侧储能参与系统调峰调频。拓宽储能应用场景，推动电化学储能、梯级电站储能、压缩空气储能、飞轮储能等技术多元化应用，探索储能聚合利用、共享利用等新模式新业态。

（5）能源局等其他部门

2020年1月，国家能源局发布《关于加强储能标准化工作的实施方案》，实施方案中提出积极推进关键储能标准制定，鼓励新兴储能技术和应用的标准研究工作。同月，教育部、国家发改委、国家能源局联合发布《储能技术专业学科发展行动计划（2020—2024年）》，计划指出要立足产业发展重大需求，统筹整合高等教育资源，加快建立发展储能技术学科专业，加快培养急需紧缺人才，破解共性和瓶颈技术。2020年4月，国家能源局发布《关于做好可再生能源发展"十四五"规划编制工作有关事项的通知》，明确优先开发当地分散式和分布式可再生能源资源，大力推进分布式可再生电力、热力、燃气等在用户侧直接就近利用，结合储能、氢能等新技术，提升可再生能源在区域能源供应中的比重。2020年7月，国家能源局发布《关于组织申报科技创新（储能）试点示范项目的通知》，通过分析总结示范项目的成功经验和存在问题，促进先进储能技术装备与系统集成创新，建立健全相关技术标准与工程规范，培育具有市场竞争力的商业模式，推动出台支持储能发展的相关政策法规。2020年9月，国家能源局发布《国家能源研发创新平台管理办法》，文件鼓励能源领域优势企业、科研院所、高校等建立创新联合体，共同建设能源创新平台。2020年9月，教育部联合发改委、财政部发布《关于加快新时代研究生教育改革发展的意见》,指出要强化产教融合育人机制,加强专业学位研究生实践创新能力培养。2021年10月,国务院发布《关于完整准确全面贯彻新发展理念做好碳达峰碳中和工作的意见》,提出要加快推进抽水蓄能和新型储能规模化应用,加快形成以储能和调峰能力为基础支撑的新增电力装机发展机制,加强电化学、压缩空气等新型储能技术攻关、示范和产业化应用。2021年12月,国资委印发《关于推进中央企业高质量发展做好碳达峰碳中和工作的指导意见》,明确多项新型储能支持措施。支持企业探索利用退役火电机组的既有厂址和相关设施建设新型储能设施,加快推进生态友好、条件成熟、指标优越的抽水蓄能电站建设,推动高安全、低成本、高可靠、长寿命的新型储能技术研发和规模化应用。2022年3月,国家能源局印发《2022年能源工作指导意见》,明确提出要落实"十四五"新型储能发展实施方案,跟踪评估首批科技创新(储能)试点示范项目,围绕不同技术、应用场景和重点区域实施试点示范,研究建立大型风电光伏基地配套储能建设运行机制。健全分时电价、峰谷电价,支持用户侧储能多元化发展,充分挖掘需求侧潜力,引导电力用户参与虚拟电厂、移峰填谷、需求响应。优化完善电网主网架,在关键节点布局电网侧储能,提升省间电力互补互济水平。2022年4月,国家能源局、科学技术部印发《"十四五"能源领域科技创新规划》(简称《规划》)。《规划》发布了先进可再生能源发电及综合利用技术、新型电力系统及其支撑技术、能源系统数字化智能化技术等5大技术路线图。其中在新型电力系统技术路线图中也公布了储能技术路线图,如图2.27所示。

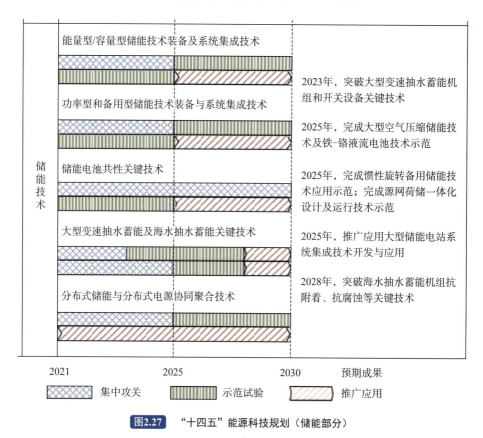

图2.27 "十四五"能源科技规划(储能部分)

（6）央企

近年来，储能技术也愈发受到发电企业的重视，几大央企集团频频传出储能领域合作、新增储能项目的消息。

国家电网有限公司以投资建设运营电网为核心业务，承担着保障安全、经济、清洁、可持续电力供应的基本使命。2018年，国家电网有限公司发布了《关于促进电化学储能健康有序发展的指导意见》，国家电网将在电源侧、客户侧、电网侧等方面发展电化学储能。文件指出：支持新能源发电配置储能，支持常规火电配置储能；可参与电网需求响应、电量平衡和负荷特性改善，优先在电网调节有困难、改造升级成本较高的地区投资建设；将储能纳入电网规划并滚动调整，将电网侧储能视为电网的重要电气元件和一种技术方案选择，进行综合比选论证。2019年，国家电网有限公司印发了2020年改革攻坚重点工作安排（国家电网体改（2020）8号）。落实储能等新业务实施方案，推进产业单位与省公司合作，在电动汽车、综合能源、基础资源商业化运营等领域成立合资公司，打造公司创新发展新平台。2020年3月，国网综能和宁德时代各出资1.6亿元成立国网时代（福建）储能发展有限公司。经营范围包括电力储能项目开发、建设和运维，储能研发、集成、储能调试等技术服务，以及为综合能源服务提供储能专业解决方案。2020年4月15日，国家电投中央研究院和国网综合能源服务集团有限公司、北方工业大学共建的储能技术工程研究中心正式挂牌。2021年底，国家电网发布《构建以新能源为主体的新型电力系统行动方案（2021—2030年）》，对新型电力系统的建设进行了总体规划，同时对新型储能的发展进行了总体引领。2022年，北京电力交易中心有限公司与各省电力交易中心有限公司联合编制了《新型储能主体注册规范指引（试行）》，将指导国家电网有限公司经营区内新型储能主体的市场注册、信息变更、注销等业务管理工作。在储能项目方面，国家电网已成功在江苏、河南、湖南等地实施多个电网侧储能项目。2023年，国网新型储能规划将继续以储能电站的建设和设备采购为主。

中国南方电网有限责任公司供电区域为广东、广西、云南、贵州和海南，负责投资、建设和经营管理南方区域电网，经营相关的输配电业务，参与投资、建设和经营相关的跨区域输变电和联网工程。南方电网正有序布局储能在促进新能源消纳、海岛独立供电、配用电侧应用等方面的示范项目。2018年11月，南方电网深圳供电局110千伏潭头变电站储能装置一次并网成功，成为南方电网首个并网送电的电网侧储能电站。南方电网于2019年发布了《关于促进电化学储能发展的指导意见》（征求意见稿），指出南方电网发展电化学储能的四项重点任务：深化储能影响研究、推动储能技术应用、规范储能并网管理、引领储能产业发展。2021年，南方电网发布《建设新型电力系统行动方案（2021—2030年）》，对南方电网下一阶段新型储能产业发展进行了总体规划。2022年初，南方电网公司发布《南方电网公司服务经济稳定发展的重点举措》，文件提出，南方电网公司将积极推进储能规模化发展，加大电化学等新型储能业务布局，推动首批百兆瓦级电网侧独立储能开工建设，建成投产一批电源侧、用户侧储能项目。2022年11月，南网储能发布"关于向全资子公司增资及新设全资子公司的公告"，向全资子公司南方电网调峰调频（广东）

储能科技有限公司增资6亿元,并以合计现金出资32.2亿元设立3家全资子公司。本轮合计投资38.2亿元,加码抽水蓄能、新型储能两大主营业务。2022年11月30日,南方电网储能股份有限公司召开"公司2022年三季度及近期经营情况投资者交流会"。公司"十四五"期间将新增投产新型储能装机200万千瓦。

国家能源集团全称国家能源投资集团有限责任公司,电力总装机2.38亿千瓦,其中火力发电总装机1.8亿千瓦,占全国火电总装机的15.8%,还拥有装机规模可观的风电、光伏等可再生能源,风电装机规模世界第一。在可再生能源消纳、电力辅助服务、电能质量管理、微网和安全备用电源等领域储能需求量大,储能技术广泛应用于集团各个主业。国家能源集团旗下的低碳清洁能源研究院(NICE),主要做清洁能源及相关领域先进技术的开发工作,在全钒液流电池、退役动力电池梯次利用、氢能等领域均有参与。2019年9月,国家能源集团山东风力能源有限公司向拟采购供应商山东电力工程咨询院有限公司,发布了山东电化学储能项目初步可行性研究报告编制采购询价公告,采购预算30万元。2019年10月,山东发展投资集团、国家电力投资集团、国家能源集团联合组建山东绿色能源投资有限公司,旨在通过大力发展核电、风电、外电入鲁、光伏、智能电网及储能等新能源产业,参与新能源重大工程建设。2019年10月,国家能源集团曾发布福建莆田风电场二期配套储能项目评估单一来源采购公告。2019年底,国家能源集团的低碳院发布招标,拟采购三套10kW/33kWh全钒液流电池储能模块,分别应用于广东省佛山市顺德区大良工业园区的30kW/100kWh全钒液流电池+66kWp光伏组成的光储微网系统,目的为低碳院液流电池电堆在实际应用场景下示范运行、液流电池技术应用验证、商业化的全钒液流电池储能技术作为示范验证和对比。2020年2月,国家能源集团子公司国电电力内蒙古新能源开发有限公司在内蒙古包头签署《红泥井百万千瓦清洁能源基地项目框架协议书》,拟总投资约140亿元,开发建设规模容量为1000~2000MW的风光储一体化清洁能源示范项目。2021年,国家能源集团建设的国家首批大型风电光伏基地项目1390万千瓦,位列央企第一。新能源开工1968万千瓦、新增装机1089万千瓦,均创历史最高水平。集团公司可再生能源装机占比28.6%,同比提高2.7个百分点。据不完全统计,2022年,国家能源集团与美的集团、山东、浙江等企业或省市政府围绕新型储能等方面签订战略合作协议,发布项目招标23个,范围涉及储能材料、抽水蓄能、压缩空气储能、风电配储、电力辅助服务等领域,储能需求量大。表2.10为2022年国家能源集团部分重点项目。

表2.10 2022年国家能源集团部分重点项目

时间	项目名称
1月5日	青海电力果洛州玛沁县3000MW"光牧储"多能互补综合一体化项目
1月21日	低碳院煤基电化学储能材料中试基地试车成功
2月17日	国能江西上饶黄金埠储能电站项目
3月15日	国能甘肃瓜州风光储一体化示范项目储能系统
3月24日	国家能源集团宁夏宁东公司换电重卡绿色交通(物流)示范项目
5月27日	国华投资山东公司兰陵压缩空气储能项目前期咨询服务

续表

时　间	项目名称
5月29日	甘肃红沙岗20万千瓦光伏发电项目42MW/84MW储能系统采购
5月31日	美的集团与国华能源签署战略合作协议
6月8日	浙江公司宁海电厂百万机组电化学储能辅助AGC调频工程
6月8日	浙江温州梅屿新型储能电站
6月9日	国电电力甘肃新能源张掖市民乐三墩滩100MW光伏项目
6月24日	国华能源投资有限公司2022年第一批储能系统设备采购
6月29日	定西岷县集中式风电项目储能系统采购公开中标候选人
6月29日	国家能源集团山东兰陵压缩空气储能项目前期咨询服务招标
6月29日	国家能源集团新型公司温泉发电公司储能系统采购
7月5日	国网浙江文成县供电公司与国家能源集团温州办事处签订《文成区域"虚拟电厂、新型储能"战略合作协议》
7月11日	神华神东电力有限责任公司发布夏孜盖300MW光伏项目储能系统采购招标
7月20日	国神公司国合乌拉特续建100MW风电项目储能系统设备
7月25日	宜春市万载黄茅绿色农业·光储一体化示范项目EPC总承包项目
7月25日	节能公司北京新能源乌海光伏+矿山生态修复综合利用项目一期海南区、二期乌达区光伏项目储能系统设备
7月27日	中国神华投资成立新能源公司从事储能技术服务
7月28日	铅山上饶安兰50MW、下四100MW农光互补光伏项目储能设备
8月7日	河南公司灵宝西豪22MW/4.4MWh储能系统招标
8月7日	内蒙古胜利能源露天排土场光伏项目电化学储能系统采购公开招标
8月22日	国华景峡西20万千瓦风电和储能项目EPC
8月30日	国能信控500MWh储能电池框架采购
8月31日	国家能源集团新疆4个光伏发电项目储能系统采购
9月7日	国家能源集团德日苏续建风电项目储能系统公开招标
9月28日	黑龙江通河150MW风电项目一期工程储能系统EPC
10月3日	宁夏电力国能盐池200MW/400MWh新能源共享储能电站项目EPC
10月18日	国能信控300MWh磷酸铁锂单体电池
11月2日	国家能源集团浙江梅屿项目储能系统采购

国家电力投资集团有限公司，简称国家电投，是全国唯一同时拥有水电、火电、核电、新能源资产的综合能源企业集团。旗下黄河水电已在青海共和县建成光伏储能项目、茶卡地区风电储能项目，为海南州水光风储多能互补清洁能源基地建设提供支撑。国家电投还在珠海横琴热电厂开展储能黑启动项目，据报道该项目是世界首例采用储能系统实现F级燃机黑启动项目、国内首例燃机储能调频项目。2019年9月，国家电投已成立了储能技术研究中心。2019年11月5日，国家电投中央研究院自主研发的首个31.25kW铁-铬液流电池电堆"容和一号"成功下线，报道称铁-铬液流电池储能技术是解决大规模新能源发电并网所带来的问题和提升电网对其接纳能力的重要措施。2021年国家电网发布《构建以新能源为主体的新型电力系统行动方案（2021—2030）》，研究制定了构建以新能源为主体的新

型电力系统行动方案，全力推动实现"双碳"目标。2021年，国家电投新增装机2392万千瓦，期末装机1.95亿千瓦，清洁能源装机占比61.5%，较上年提高5.4个百分点，光伏、新能源、可再生能源装机规模全球第一。2021年国家电投共投资16个储能项目，分布在江西、安徽、河北、山西、青海、湖北和山东7省，这些储能项目多以"风光+储能"模式开发。2021年11月19日，由国家电投建设和运行的全球首个光伏、储能户外实证实验平台首期任务完成。2022年国家电投在储能领域表现活跃，布局多个储能项目以及签约储能相关协议。2021年3月，国家电投和宁德时代签署战略合作协议，双方在品牌、市场、技术与产品方面展开深度合作；2021年9月，国家电投与长高集团签署《合作框架协议》，双方将在湖南省范围内合作开发风电/光伏/储能等发电项目；2022年1月，国家电投与上海电力、西南能源研究院签署战略合作协议，三方在储能、氢能、绿电交通、综合智慧能源、碳市场和碳交易等领域展开合作。2022年1月，国家电投湖北分公司与中国能建东北院、湖北绿动中钒新能源有限公司正式签订襄阳高新100MW/500MWh全钒液流电池储能电站项目勘察设计合同。据了解，该项目是世界单期建设规模最大的全钒液流电池储能电站。2022年5月，吉林白城年产20GW铅炭电池产线开工，该项目由国家电投下属公司吉电能谷（白城）储能投资有限公司投建。国家电投在江苏长强钢铁有限公司场内建设25.2MW/243.3MWh铅炭电池储能电站项目，今年9月正式开始EPC招标。据不完全统计，2022年1~8月，国家电投与宁德时代、中国电建、中国天楹等签订合作协议，围绕储能材料、风光氢储、重力储能等方面进行合作。储能项目招标26个，涉及飞轮储能、液流电池、铅炭电池、抽水蓄能及智慧新能源等方面。

（7）地方政府

"十四五"期间，全国各地都继续对储能发展深度关注，有17个省市将储能发展写进"十四五"规划，多省市将储能写进"十四五"能源规划方案。北京、山东、湖北、重庆等省市要推动储能市场化发展，天津、上海、江苏、江西等省市要推进可再生能源配储工作。同时，各省市对发电侧、用户侧储能发展、储能示范项目建设等方向提出了不同的发展要求。截至2022年底，已有26个省市规划了"十四五"时期新型储能的装机目标，总规模接近67GW，此外，国内2022年单年新增规划在建的新型储能项目规模达到101.8GW/259.2GWh。

华北地区，北京充分发挥首都科技创新优势，要求高峰负荷削峰能力达最高负荷3%~5%，推动储能规模化发展。天津市积极消纳周边省市绿色清洁电力，提出"可再生能源+储能"模式，要求新增可再生能源发电项目应配建一定比例储能设施，提升电力需求侧响应能力；支持建设集中式共享储能，鼓励储能设施参与调峰调频等辅助服务，探索建立储能参与的辅助服务共享分摊新机制，形成"谁收益谁付费"的市场交易模式。河北省要求在电源、电网、用户等环节广泛应用新型储能，增强源网荷储配套能力和安全监管能力，推动"新能源+储能"深度融合，实现一体规划、同步建设、联合运行，增强电网和终端储能调节能力。内蒙古规划着力打造储能产业，研发大规模储能，扶持培育储能产业集群，引进掌握核心技术的企业，发展先进装备制造，打造储能制造全产业链。山西省加强能源技术研发和科研成果转化力度，促进可再生能源增长、消纳和储能协调有序发展，提升新能源消纳和存储能力。加快用能结构和方式变革，建立完善有利于能源节约使用、绿色能源消费的制度体系，促进形成绿色生产生活方式。

东北地区，辽宁省加快推进电力市场体系建设，明确新型储能独立市场主体地位。加大"新能源+储能"支持力度，在新能源装机占比高、系统调峰运行压力大的地区，积极引导新能源电站以市场化方式配置新型储能。吉林省提出开展多种新型储能方式的技术路线与应用场景研究，因地制宜地应用储电、储热、储氢等多种形式储能。引导新能源开发主体在负荷中心长春、新能源输送侧松原、新能源生产侧白城地区建设集中式共享储能电站，形成"统一调度、共享调峰、集中运维、按资分配"的特色模式。增强电力系统运行灵活性，聚焦新型储能在电源侧、电网侧等应用场景的差异化特性，开展新型储能示范试点项目。结合新能源项目运行需求，推动能量型储能装备研究。

华东地区，浙江通过实现技术、市场、政策多轮驱动，全力推动新型储能高质量、规模化、集成式发展，重点突破电源侧和电网侧储能，科学引导用户侧储能，支撑在全国率先构建新型电力系统，助力电源清洁化、电网智能化和社会电气化"三大转型"。江苏提出积极推动分布式光伏与储能、微电网等融合发展，探索在可再生能源场站侧合理配置储能设施，探索和完善可再生能源场站侧储能市场化商业模式，通过各种类型储能技术与风电、太阳能等间歇性可再生能源的系统集成和互补利用，提高可再生能源系统的稳定性和电网友好性，推动可再生能源发电方式创新转型。上海市提出按照最大负荷40%配备应急备用调峰能力，推进发电侧调峰电源建设和灵活性改造，建立战略备用机制。同时，鼓励风光配储能，有序发展用户侧储能，同时以电力应急储备调峰能力为重点加快提升电力安全风险管控和应急处置能力。

华南地区，福建省鼓励工商业配储能，积极探索储能商业模式。鼓励新能源配置电化学储能优化运行；鼓励核电等电源配置储能开展联合调峰、调频；鼓励用户配置储能，有效参与需求侧管理；提出研究推动开展可再生能源配套氢储能项目试点。广东省鼓励"储能+可再生能源发展"，加快推进源网荷储一体化，稳妥实施"风光火（储）一体化"，鼓励"风光水（储）一体化""风光储一体化"，还提出加快先进储能产业集聚发展的要求。广西提出加快电源侧新型储能建设，引导风光配储能，因地制宜发展电网侧新型储能，合理布局新型储能，灵活多样发展用户侧新型储能，支持用户配置新型储能。同时，鼓励新型储能投资主体在技术经济可行前提下提高储能配置比例和增加时长，大力引入国内龙头储能系统设备制造企业，带动全产业链发展。

华中地区，江西省加快推进新型储能试点项目建设，鼓励新能源项目配套建设一定比例的储能设施，探索氢能、发电侧储能等新型能源利用方式，探索"新能源+储能"发展模式，合理确定储能配置比例，提升新能源并网友好性和电力支撑能力，并强调加强电力调峰能力建设。河南省推进"可再生能源+储能"示范项目建设，实施能源大数据创新应用、"风光水火储"一体化、"源网荷储"一体化等示范工程，推动电网侧储能合理化布局和用户侧储能多元化发展。湖北要求有序推进抽水蓄能电站规划、建设。同时提出要鼓励建设集中式储能电站，引导电源侧、电网侧和用户侧储能建设，鼓励社会资本投资储能设施。"强化能源需求侧管理"，形成最高负荷5%左右的需求响应能力，有序用电可调负荷达到最大用电负荷的20%以上，并鼓励电力市场各类主体主动参与系统调峰。湖南省规划建立"新能源+储能"机制，明确以发展电网侧独立储能为重点，重点推进电网侧储能建设，积极推动电网侧储能合理化布局，以建设大规模集中式共享储能为主，统筹项目选点，优先在新能源资源富集的地区建设一批电网侧独立储能项目。

西北地区，宁夏要加快推动新型储能发展，按照"多能互补、协调发展、扩大消纳、提高效益"的思路，推动增量新能源项目同步建设储能设施，积极开展"新能源+储能"示范应用，推动风电、光伏与储能联合开发和互补融合。进一步完善分时电价机制，健全电力中长期交易市场，形成市场机制，推进储能市场化、商业化发展。甘肃要求支持不同类型的储能示范，联合风光电项目开发，建设风光储输配一体的绿色能源体系，增强调峰能力，平滑电力输出曲线，提升绿色能源消纳能力和外送水平；积极支持用户侧储能多元化发展，探索储能与物联网融合发展，建设分布式储能绿色能源系统。同时，要求大力推进源网荷储一体化建设，充分挖掘和释放生产侧、消费侧调节能力，加强源网荷储多向互动，优化源网荷储综合配置方案，加快数字化、智能化技术应用，形成源网荷储灵活互动、协调互济的智能电力系统，提高配电网平衡能力。

2.3.2.2 我国新型储能产业扶持政策

中国在储能产业的战略布局可以追溯至2005年出台的《可再生能源发展指导目录》，氧化还原液流储能电池、地下热能储存系统位列其中。2010年储能行业发展首次被写进法案，当年出台的《可再生能源法修正案》第十四条中明文规定"电网企业应发展和应用智能电网、储能技术"。2011年，储能首次出现在国家"十二五"规划纲要，并相继列入《国家战略性新兴产业发展规划》《可再生能源发展规划》《能源发展战略行动计划（2014—2020）》《关于进一步深化电力体制改革的若干意见》等政策中的重点创新发展领域，重点是融合与智能电网技术，将储能作为提高可再生能源消纳的重要手段。

2016年3月，国家能源局发布了《能源技术革命创新行动计划（2016—2030年）》，提出加强先进储能技术创新，研究太阳能光热高效利用储热技术、分布式能源系统大容量储热（冷）技术，研究面向电网调峰提效、区域供能应用的物理储能技术，研究面向可再生能源并网、分布式及微电网、电动汽车应用的储能技术，掌握储能技术各环节的关键核心技术，完成示范验证，整体技术达到国际领先水平，引领国际储能技术与产业发展。后续出台了能源技术革命创新行动计划、智能制造2025等支持技术发展的政策文件。

2017年9月22日，国家发展改革委、国家能源局等五部门联合印发《关于促进储能技术与产业发展指导意见》（以下简称《意见》），这是我国储能行业第一个指导性政策，《意见》提出未来10年中国储能产业的发展目标，以及推进储能技术装备研发示范、推进储能提升可再生能源利用水平应用示范、推进储能提升电力系统灵活性稳定性应用示范、推进储能提升用能智能化水平应用示范、推进储能多元化应用支撑能源互联网应用示范等五大重点任务，从技术创新、应用示范、市场发展、行业管理等方面对我国储能产业发展进行了明确部署，同时对于此前业界争论较多的补贴问题给予了明确答案。《意见》主要明确了我国储能行业两个阶段的发展目标，"十三五"初期，建成一批不同技术类型、不同应用场景的试点示范项目；研发一批重大关键技术与核心装备，主要储能技术达到国际先进水平；初步建立储能技术标准体系，形成一批重点技术规范和技术标准；探索一批可推广的商业模式。储能产业发展进入商业化初期，储能对于能源体系转型的关键作用初步展现。"十四五"期间，储能项目广泛应用，形成较为完整的产业体系，成为能源领域新增长点；全面掌握具有国际领先水平的储能关键技术和核心装备，部分储能技术装备引领国际发展；形成较为完善的技术和标准体系并拥有国际话语权；基于能源与电力市场的多种储能商业模式蓬勃发展。届时，储能产业规模化发展，储能在推动能源变革和能源互联网发展中的作用全面展现。

2019年，国家发改委印发《绿色产业指导目录（2019年版）》，将高效储能设施项目建设和运营、新能源与清洁能源装备制造、充电站、换电及加氢设施制造、氢能利用设施建设和运营、分布式能源工程建设和运营、合同能源管理服务、水力发电和抽水蓄能装备制造、核电装备制造、智能电网产品和装备制造等纳入指导目录。国家为加强生态文明建设、推进绿色发展，建立强有力的技术支撑和产业基础，将储能产业及技术纳入了绿色产业，足以说明储能技术在能源开发利用环节的重要作用，也体现了国家支持储能发展和应用的战略意图。

2021年3月，《中华人民共和国国民经济和社会发展第十四个五年规划和2035年远景目标纲要》发布，提出要构建现代能源体系，推进能源革命，建设清洁低碳、安全高效的能源体系，提高能源供给保障能力。提高电力系统互补互济和智能调节能力，加强源网荷储衔接，提升清洁能源消纳和存储能力，提升向边远地区输配电能力，推进煤电灵活性改造，加快抽水蓄能电站建设和新型储能技术规模化应用。新型储能将成为国家"十四五"重点发展产业，国家将积极推动新型储能产业发展。同年5月，国家发展改革委发布《关于"十四五"时期深化价格机制改革行动方案的通知》，要求持续深化推进上网电价改革，完善风电、光伏发电、抽水蓄能价格形成机制，建立新型储能价格机制，将有力推进新型储能市场化运营。同年7月，国家发展改革委、国家能源局联合发布《关于加快推动新型储能发展的指导意见》。明确2025年30GW的发展目标，未来五年将实现新型储能从商业化初期向规模化转变，到2030年实现新型储能全面市场化发展，鼓励储能多元发展，进一步完善储能价格回收机制，支持共享储能发展。明确了我国新型储能产业的发展目标和发展方向，对我国"十四五"期间新型储能产业发展进行了总体规划。后续新型储能相继列入《关于完整准确全面贯彻新发展理念做好碳达峰碳中和工作的意见》《2030年前碳达峰行动方案》《关于加强产融合作推动工业绿色发展的指导意见》《"十四五"工业绿色发展规划》《贯彻落实碳达峰碳中和目标要求推动数据中心和5G等新型基础设施绿色高质量发展实施方案》《电力辅助服务管理办法》《关于推进中央企业高质量发展做好碳达峰碳中和工作的指导意见》。

2022年3月，国家发展改革委、国家能源局正式印发《"十四五"新型储能发展实施方案》（简称《实施方案》）。《实施方案》指出新型储能发展目标，到2025年，新型储能由商业化初期步入规模化发展阶段，具备大规模商业化应用条件。电化学储能技术性能进一步提升，系统成本降低30%以上。到2030年，新型储能全面市场化发展。将有力推动我国新型储能产业发展，引领我国新型储能产业进入发展新阶段。同年6月，国家发改委、国家能源局等多部门联合印发《"十四五"可再生能源发展规划》。文件提出推动新型储能规模化应用，明确新型储能独立市场主体地位，完善储能参与各类电力市场的交易机制和技术标准，发挥储能调峰调频、应急备用、容量支撑等多元功能，促进储能在电源侧、电网侧和用户侧多场景应用。创新储能发展商业模式，明确储能价格形成机制，鼓励储能为可再生能源发电和电力用户提供各类调节服务。创新协同运行模式，有序推动储能与可再生能源协同发展，提升可再生能源消纳利用水平。同年，新型储能相继列入《2022年能源工作指导意见》《完善储能成本补偿机制助力构建以新能源为主体的新型电力系统》《关于促进新时代新能源高质量发展实施方案》《关于进一步推动新型储能参与电力市场和调度运用的通知》《电力可靠性管理办法（暂行）》《国家能源局综合司关于加强电化学储能电站安全管理的通知》《工业领域碳达峰实施方案》《科技支撑碳达峰碳中和实施方案（2022—2030年）》《信息通信行业绿色低碳发展行动计划（2022—2025年）》《关于推动能源电子产业发展的指导意见（征求意见稿）》《加快电力装备绿色低碳创新发展行动计划》《能源碳达峰碳中和标准化提升行动计划》《建立健全碳达峰碳中和标准计量体系实施方案》《关于进一步完善政策环境加大力度支持民间投资发展的意见》，在各项规划中对新型储能产业发展方向、市场化运营机制、产业标准建立等做出了详细要求，全方面推动了储能产业发展。

地方层面，部分省市出台补贴政策和强制配储要求。2021~2022年强制配储方面：2021年江苏省要求长江以南地区新建光伏发电项目原则上按照功率8%及以上比例（时长两小时）配建调峰能力。长江以北地区原则上按照功率10%及以上比例（时长两小时）配建调峰能力；2021年山东省在落实灵活调节能力方面，应根据企业承诺，按不低于10%比例（时长不低于2小时）配建或租赁储能（制氢）设施；2022年湖南省建立独立储能共享和储能优先参与调峰调度机制，新能源场站原则上配置不低于10%储能设施；2021年广西省列入2021年市场化并网陆上风电建设方案的项目共22个，总规模325.1万千瓦，2021年安排325.1万千瓦，配20%/2h储能。列入2021年市场化并网光伏发电建设方案的项目共17个，总规模395.4万千瓦，2021年安排330.4万千瓦，配15%/2h储能。2021年河北省原则上要求南网、北网市场化项目配建调峰能力分别不低于项目容量的10%、15%，连续储能时长不低于3小时，配建调峰能力应与市场化并网项目同步建成投产。2022年要求屋顶分布式光伏项目逐步按照"光伏+储能"方式开发建设，屋顶分布式光伏配套储能，可选择自建、共建或租赁等方式灵活开展配套储能建设。2021年海南省针对全省集中式光伏发电平价上网项目实施总规模控制，每个申报项目规模不得超过10万千瓦，且同步配套建设方案规模10%的储能装置。2021年山西省要求风电配置10%储能，光伏配置10%~15%储能。2022

年安徽省市场化并网条件主要通过申报项目承诺配置电化学储能装机容量占申报项目装机容量的比例进行评分，最低比例不得低于5%，时长不得低于2小时；2021年辽宁省明确优先支持在辽宁省有一定的调峰调频能力，同时承诺配套储能设施10%以上，且具备源网荷储、多能互补条件的项目。2022年宁夏要求保障性光伏并网规模为4GW，需配套10%/2h储能。陕西省从2021年起，新增集中式风电项目，陕北地区按照10%装机容量配套储能设施，新增集中式光伏发电项目，关中地区和延安市按照10%，榆林市按照20%装机容量配套储能设施，储能系统应按照连续储能时长2小时及以上，系统工作寿命10年及（5000次循环）以上，系统容量10年衰减率不超过20%。2021年河南省Ⅰ类区域消纳规模为3GW，要求配置项目10%规模，可正常运行2小时的储能设备，总规模300MW/600MWh。Ⅱ类区域消纳规模为1GW，要求配置项目15%规模，可正常运行2小时的储能设备，预计储能总规模150MW/300MWh。Ⅲ类区域可协商规定消纳规模，要求配置项目20%规模，可正常运行2小时的储能设备。2021年湖北省风光火补基地按照煤电新增调峰容量的2.5倍配置新能源项目，风光水（抽水蓄能）基地按照抽水蓄能电站容量的2倍配置新能源规模，对于可配置规模小于基地规模（1GW）的按照容量的10%、2小时以上配置储能。2021年天津市要求规模超过50MW的项目须承诺配套建设一定比例的储能设施或提供相应的调峰能力，光伏为10%，风电为15%，且储能设施须在发电项目并网后两年内建成投运。2021年甘肃省规定河西地区（酒泉、嘉峪关、金昌、张掖、武威）最低按电站装机容量的10%配置，其他地区最低按电站装机容量的5%配置，储能设施连续储能时长均不低于2小时，储能电池等设备满足行业相关标准。2021福建省规划优先落地一批试点项目，总规模为30万千瓦，储能配置不低于开发规模的10%。江西省规定2021年新增光伏发电竞争优选的项目，可自愿选择光储一体化的建设模式，配置储能标准不低于光伏电站装机规模的10%容量/1小时，储能电站原则上不晚于光伏电站同步建成。2021年青海省规定新建新能源项目，储能容量原则上不低于新能源项目装机容量的10%，储能时长2小时以上。新建、新投运水电站同步配置新能源和储能系统，使新增水电与新能源、储能容量配比达到1∶2∶0.2，实现就地平衡。2022年内蒙古要求新增负荷所配置的新能源项目配建储能比例不低于新能源配置规模的15%（4小时）。2022年上海规定建设电化学等储能装置，且配置比例不低于20%、时长4小时以上。2022年贵州要求对未纳入煤电新能源一体化、需参与市场化并网的新能源项目，按不低于新能源装机规模10%（挂钩比例可根据实际动态调整）满足2小时运行要求自建或购买储能，以满足调峰需求。

储能补贴政策方面：2022年天津市规定削峰填谷响应能力不低于500千瓦，填谷固定补贴1.2元/kWh、竞价补贴1.2~2元/kWh，削峰采用固定补贴价格模式；青海省规定2022年新建新能源配储项目补贴0.1元/kWh，生产储能电池60%以上的项目，增加补贴0.05元/kWh；浙江省储能补贴政策规定200元/kW、180元/kW、170元/kW，同时新型储能项目，2021年起，逐年退坡补贴；宁夏规定2022年、2023年建成的储能项目，充放电次数不低于300次，补贴0.8元/kWh；四川省规定年利用小时数不低于600小时补贴230元/kW，最高100万，连补3年；重庆市规定水泥行业用户月削峰0.02元/kWh。其他工业类用户周削峰0.15元/kWh、月削峰0.10元/ kWh、谷段移峰0.10元/ kWh、非谷段移峰0.05元/ kWh；南京市规定500kWh以上光储充放设施运营补贴0.2元/kWh；2022年苏州针对工业园区的储能项目，按放电量补贴3年，补贴标准0.3元/kWh；深圳市规定1MW以上新型储能补贴0.2元/kWh，连补3年，同一项目最高300万；西安市规定2021年1月1日至2023年12月31日期间不低于1MWh的储能系统，按照储能设备实际投资额的20%给予投资企业补助，最高不超过50万；2023年常州市规定对装机容量1MW及以上的新型储能电站，自并网投运次月起按放电量给予投资主体不超过0.3元/kWh奖励，连续奖励不超过2年。除此之外，还有多个省市县根据自身储能产业发展情况出台相应补贴政策。

第 3 章 长三角区域新型储能产业发展基础和优势分析

3.1 长三角区域新型储能产业发展现状

2018年11月，习近平总书记在首届中国国际进口博览会上宣布，支持长江三角洲区域一体化发展，并上升为国家战略，明确提出构建现代化经济体系。2019年12月，《长江三角洲区域一体化发展规划纲要》发布，为长三角一体化发展的全面实施绘就了蓝图，提出了到2035年现代化经济体系基本建成的发展目标。毋庸置疑，现代化经济体系需要有现代化能源系统的支撑。近年来，长三角地区在能源领域不断取得进展，但区域内仍面临着"保供、提质、增效、优化、清洁"等问题。因此，推进长三角地区能源生产与消费革命，构建清洁低碳、安全高效的能源体系，对支撑现代化经济体系建设具有现实的必要性和紧迫性[68]。

3.1.1 长三角区域新型储能产业发展综述

（1）总体情况

长三角区域三省一市（江苏省、浙江省、安徽省、上海市）积极贯彻落实国家能源转型和升级战略，不断优化能源结构，新型储能装机规模稳步提升，安全技术水平不断提高，新型储能产业发展位居全国前列。从区域分布来看，新型储能产业主要分布于江苏省、安徽省和浙江省。截止到2021年底，江苏省已投运新型储能装机容量1101.8MW，位居全国第一；安徽省和浙江省已投运新型储能装机容量分别为224MW和206.6MW，如图3.1所示。其中，2021年江苏省新增新型储能装机容量376MW，位居全国第二。

（2）技术进步

中创新航长寿命三元电芯、蜂巢能源高性能磷酸铁锂电芯等均已实现国内领先，清陶能源固态电池、中科海纳钠离子电池、天目先导硅碳负极等企业的新体系电池及关键材料已填补国内空白并实现产业引领。国轩高科磷酸铁锂电池产品性能

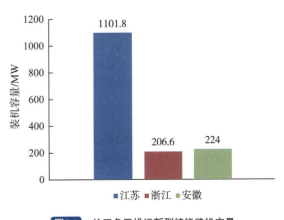

图3.1 长三角已投运新型储能装机容量

已经达到行业最高水平，目前电芯单体能量密度已经突破210Wh/kg，目前已经实现大圆柱、JTM等新型电池结构。万向集团自主研发的具有独家专利的超级纳米磷酸铁锂技术，功率密度超过6500Wh/kg，可满足-35℃低温冷启动，30～50℃高倍率充放电，具有高循环、高耐久、高安全性的特性。上海重塑集团实现了电堆、膜电极、双极板、氢循环系统、升压转换器等关键部件的自主开发和规模化生产能力。上海电气集团发布了两款制氢装备新产品，其中"碱性电解水制氢装备"与"PEM电解水制氢装备"，两款产品通过模块化设计均可满足集成化、大规模的绿氢制备需要，目前已达国内领先水平。上海电气钠硫储能技术有限公司研发出世界上最大的钠硫电池，并且已经在崇明岛建成了MWh级的钠硫电池储能电站。表3.1列出了新型储能关键技术进展。

表3.1　新型储能关键技术进展

储能类型	关键技术进展
压缩空气储能	攻克了首台"多级串联、高温高压高流量"、压缩机的安全启停、首台空气透平快速启停优化等关键技术难题
储热储冷	① 700℃氯化物熔盐储热材料、钙基热化学储热材料等；② 大容量长周期跨季节储热技术、储热储冷传热强化技术等
飞轮储能	① 500kW/180MJ大容量飞轮本体；② 300kW级2万转高速电机技术
锂离子电池	① 国轩高科电芯单体能量密度突破210Wh/kg，实现大圆柱、JTM等新型电池结构；② 万向集团超级纳米磷酸铁锂技术，功率密度超过6500Wh/kg，满足-35℃低温冷启动
钠离子电池	① 正负极材料制备放大技术；② 高安全、高倍率和宽温域电芯涉及制造技术

（3）项目建设

江苏省：截至2022年6月，全省共有电化学储能项目132个，功率/总容量为728MW/2140MWh。其中电网侧储能项目18个，总功率/容量为491MW/920MWh；用户侧储能项目111个，总功率/容量为237MW/1219MWh。浙江省：截至2022年7月，全省在推进的新型储能项目共计39个，总装机容量约3030MW。其中，预计有11个项目于2022年投产，投产规模约345MW；2023年预计将再有22个新建或扩建项目投产，装机容量约1148MW。安徽省：2022年，全省53个新型储能项目共计总规模5.1GW/9.1GWh。其中，18个新型储能电站电源侧项目，总功率/容量为1682.14MW/2852.14MWh；25个新型储能电站电网侧项目，总功率/容量为2688.5MW/4661.5MWh；10个新型储能电站用户侧项目，总功率/容量为640.5MW/1594MWh。

3.1.2　长三角区域新型储能产业空间布局

（1）上海市

上海是典型"以商兴港，以港兴市"的城市，是长三角一体化的核心城市。国家赋予上海的战略定位为国际金融、经济、贸易和航运中心、全球科创中心。风电企业上海电力、上海电气以及电池龙头企业璞泰来总部均设在上海。2020年，上海可再生能源装机比重从4.7%进一步提高至9.8%，全市可再生能源消纳量占全社会用电量比重达到35.6%[69]。

1）浦东

上海派能科技是国内少数同时具备电芯、模组、电池管理系统、能量管理系统等储能核心部件自主研发和制造能力的企业之一。储能产品已获得中国、欧盟、北美、澳洲、日本等国际地区的认证，广泛应用于几十个国家和地区，市场占有率行业领先。

巴斯夫新型智能储能电站

2022年12月16日，巴斯夫在国内的首个企业储能项目在巴斯夫大中华区总部正式启用。这一新型智能储能电站位于巴斯夫上海浦东科技创新园（以下简称"浦东基地"），由巴斯夫与中国长江三峡集团有限公司联合打造。它采用全球领先的磷酸铁锂储能技术，单次循环可储存总容量达12MWh的可再生能源电力，为浦东基地的绿电持续供应提供有力保障。该储能电站包含了四套1MW/3MWh的电池储能系统及一套交直流转换系统，不仅可以稳定电网运行效率和保障基地电力稳定，还可以优化能源结构，实现可再生能源电力的"错峰收储"和"移峰填谷"，提升综合利用效率。

2）闵行

中国航天科技集团有限公司第八研究院第八一一研究所，地处上海市闵行区东川园区，主要承担"星、箭、弹、船、（探测）器"及其他特殊设备用电源系统、控制设备、电源产品的研究、设计、制造和试验任务以及新能源产业孵化工作，是中国航天科技集团有限公司唯一的电源专业所。现拥有硅/砷化镓太阳电池、锂离子电池等5条国军标生产线、2条宇航级高可靠产品生产线和多个卫星电源系统平台，旗下利用自身的专业优势孵化出上海动力储能电池系统工程技术有限公司、上海太阳能工程技术研究中心有限公司、航天氢能（上海）科技有限公司、上海航天电源技术有限责任公司等4家高新技术民品企业。

上海闵行工业园区智慧能源项目——"能源魔盒"

"能源魔盒"是由国网上海市电力公司与上海电气集团股份有限公司联手打造的智慧能源项目，项目主要包含2.2MW晶硅屋顶光伏和CIGS薄膜车棚光伏发电系统、10kW风力发电系统、4.02MW/12.6MWh的集装箱储能系统和一套70kW/307kWh梯次利用储能系统。项目一期已于2020年7月投产运行。上海闵行工业园区目前投产的"能源魔盒"项目一期预计年平均发电量可达215.2万千瓦时，年节约标煤约665吨，减少二氧化碳排放约1760吨，减少有害气体排放约1.8吨。区别于传统工业园区接入的单一新能源发电系统，该项目可通过能源管理系统实现对发电侧、配电侧及用电侧的统一管控，通过运行数据实时跟踪、逻辑优化等手段，实现园区源-网-荷-储-用的全面协调。

3）嘉定

电化学领域，截至2019年三季度，嘉定区分布式光伏装机容量已经达到78.2MW，到"十四五"末，全区光伏装机容量预计将达到160MW。上海嘉定区发改委将继续鼓励有关企业探索光伏发电及汽车充换电设施的创新运行方式，支持企业拓展分布式光伏发电应用场景，促进和推广光伏发电与充电桩项目融合发展，其中，重点将支持推进"光伏+储能+充电桩"项目。目前嘉定区上海汽车博览公园已经建设了光储充一体化充电系统，作为嘉定区光储充的示范应用。**氢能领域**，嘉定氢能港，是中国第一个燃料电池产业园。全国超一半做氢能的高端技术人才聚集在氢能港，嘉定氢能港已有80多家氢能企业，2021年营收破百亿，经过不断地招商引资已聚集燃料电池汽车、燃料电池系统、电堆、氢瓶、膜电极、双极板、空压机、加氢站等完整的氢燃料电池汽车产业链。上海市有6家燃料电池系统企业作为"示范应用联合体"牵头单位，其中嘉定区的企业占半壁江山，分别是重塑集团、捷氢科技、上海清志新能源技术有限公司。上海重塑集团的业务覆盖了中国的10省22市，以及德国、瑞士、克罗地亚、日本、马来西亚等海外市场；产品与技术已应用于汽车、船舶、工程机械、物料搬运、分布式发电等多元化的氢能科技领域，在车用领域已累计部署燃料电池汽车超3500辆，行驶里程数超1.4亿公里，帮助减少碳排放超7.6万吨。

（2）江苏省

江苏积极布局新型储能产业，储能装机规模大幅攀升，新型储能产业发展持续走在全国前列。截止到2021年底，江苏省已投运新型储能装机容量1101.8MW，位居全国第一；2021年江苏新增新型储能装机容量376MW，位居全国第二[70]。

1）南京

南京持续推进电化学储能、压缩空气储能、氢能等新型储能技术应用，推动新能源汽车动力电池循环利用，动力电池产业链进一步完善，产业发展的动力更加强劲[71]。**电化学储能领域**，全市现有包括南京国轩、LG、欣旺达、南瑞继保、国电南瑞等龙头企业近20家，全球装机量排名前20的动力电池企业已有3家在南京投产。2021年全市动力电池产业营业收入559.7亿元，同比增长11.1%。随着LG滨江二期、塔菲尔二期、欣旺达二期、中比新能源等一批在建和待建项目的陆续投产，南京市动力电池产能将超过130GWh，位居全国前列。2022年3月，江苏南京储能电站破土动工，标志着江苏第二批电网侧储能电站正式启动建设，江北储能电站是国内在建容量最大的电化学储能电站，也是国内首个梯次利用的电网侧储能电站[72]。**机械储能领域**，南京拥有苏盐集团、苏交科、科远智慧等骨干企业，2021年12月，由苏盐集团、中国科学院工程热物理研究所和中储国能共同合作的400MW盐穴压缩空气储能示范项目正式落地南京，项目预计投资20亿元，包括一期技术已经成熟的100MW和二期国际首套300MW规模盐穴压缩空气储能示范项目。这也是全球首个400MW盐穴先进压缩空气储能示范项目，项目建成后，储能规模将达3200MWh，年发电量超10亿度，相当于节约100多万吨标煤，将成为全球规模最大、性能最优的压缩空气储系统，能够有效推动盐穴压缩空气储能技术的产业化进程[73]。**氢能领域**，南京现有燃料电池产业相关企业近20家，主要聚焦在制氢、电堆及系统、催化剂等领域，产品多处于研发试制阶段，有待大规模产业化。南京是氢能领域全国科技创新资源与实力最为突出的地区之一，中汽创智作为国家级新能源汽车创新平台，将氢燃料动力系统作为其重点攻关方向；南京大学邹志刚院士是国内氢能研究领域的领头人。

南京江北储能电站

南京江北储能电站位于江苏首个国家级新区——南京市江北新区北部，属于南京电网宁北分区，总占地68亩，采用磷酸铁锂电池和铅酸电池，功率130.88MW/容量268.6MWh，是省内规模最大的电化学储能电站，总规模位居世界前列，助力江北新区在长三角经济带打造绿色低碳、安全可靠的新型能源供应体系[74]。南京江北储能电站分为集中式储能电站（功率110.88MW/容量193.6MWh）和梯次利用储能电站（功率20MW/容量75MWh）两部分。其中，集中式储能电站处于设备验收消缺阶段，消防备案手续预计7月中上旬获批，并于2022年下半年完成并网运行。经测算，南京江北储能电站投运后，通过消除负荷峰谷差，可延缓电网投资约10.45亿元。

2）苏州

苏州充分发挥装备制造业发达和应用场景丰富优势，推动新型储能技术应用和产业发展，在电化学储能、机械储能、氢能等细分领域均拥有较强竞争力[75]。**电化学储能领域**，拥有力神电池、星恒电源、苏州新中能源、正力新能、苏州宇量、清陶新能源、凯博易控、捷力新能源、绿控传动、协鑫能源、江苏天鹏电源等重点企业，产业主要集中在张家港、常熟、昆山等地。捷力新能源是动力电池隔膜行业龙头企业。清陶新能源是国内固态电解质的领军企业。2023年1月，总投资306亿元的盛虹控股集团60GWh储能电池超级工厂和新能源电池研究院项目落户张家港，是张家港锂电产业的旗舰型项目。**氢能领域**，苏州具备良好的产业基础，已形成覆盖制氢、储运、加氢、燃料电池系统、氢燃料电池整车等环节的产业链，拥有相关企业超60家，培育了国富氢能、富森科技、华昌新能源、中集圣达因、擎动动力、苏州金龙等骨干企业，产业集中分布在苏州工业园、张家港、常熟和昆山。国富氢能是国内规模较大的液氢储罐、高压氢瓶、加氢站设备供应商和氢液化装置供应商，产品市场占有率在50%以上。苏州金龙与日本丰田深入合作，实现氢燃料技术迭代，百公里气耗比同行竞品低10%。此外，全市集聚了丰田汽车研究中心、南京大学昆山创新研究院、氢云新能源研究院等10余家燃料电池领域科研院所。机械储能领域，苏州起步较早，在压缩空气储能领域加快突破技术应用。国家电网在苏州市吴江区同里镇建设500kW液态空气储能示范项目，项目已于2018年10月建成投运，可为园区提供500kWh电力。

3）常州

近年来，常州储能产业快速崛起，围绕"发电、储能、输送、应用"四个环节深化产业链布局，拥有江苏时代、中创新航、蜂巢能源、联储能源等一批龙头企业和中国科学院物理所长三角研究中心、天目湖先进储能技术研究院、中创新航研究院等重点研发平台，不断擦亮"新能源之都"的城市名片。2022年以来已有10多个新型储能项目签约投产，包括国能集团常州绿色能源基地、江苏时代12.5MW/52MWh用户侧储能项目、光伏胶膜及固态电池、盐穴压缩空气储能发电二期等。目前，常州已成为储能电池领域产能、装机量、产业规模全球领先城市，初步形成了具有影响力的动力电池产业集群，产业链涵盖电池材料、电池单体、电池系统、技术研发等产业链上中下游30个关键环节，汇聚相关企业60余家。2021年，常州车用动力电池装车量约占全国三分之一，全球占比近20%，以城市计位列全国第一，电芯产量占全省比重近50%。常州不仅拥有中创新航、蜂巢能源等总部型链主企业，还设立贝特瑞、星源材质、新纶新材、科达利等国内超70%的细分领域链主企业的制造基地和研发机构。

> **金坛盐穴压缩空气储能国家试验示范项目——电网侧储能项目**
>
> 2022年5月26日，金坛盐穴压缩空气储能国家试验示范项目投产仪式举行，这标志着世界首个非补燃压缩空气储能电站正式投用，并网发电。项目储能容量300MWh，年发电量约1亿千瓦时。该项目是我国压缩空气储能领域唯一国家示范项目和首个商业电站项目，是国家能源局和江苏省能源局重点推进的项目，也是江苏省2019年、2020年重大项目。
>
> 项目采用非补燃式压缩空气储能技术，利用水溶采盐后形成的巨大腔穴，在电网低谷时将空气压缩到盐穴中，用电高峰时再释放压缩空气发电，从而实现削峰填谷，提升电网调节能力，是构建新型电力系统，实现"碳达峰、碳中和"目标的关键技术。项目的投用，将在改善能源结构、保障长三角地区国家战略能源安全中发挥重要作用。

（3）浙江省

浙江省新型储能在应急电源、微电网、"互联网+"智慧能源等应用场景和商业模式上均有应用。截至2021年底，全省已投运新型储能装机容量206.6MW，其中，电化学储能电站总装机规模约76MW。截至2022年底，浙江省新型储能投产规模已达325MW[76]。

1）杭州

杭州大力推进可再生能源、清洁能源开发利用，积极打造"光伏+储能"全产业链，不断提升能源产业现代化、清洁化水平，当前正处于新型储能市场高速发展的阶段。近年来，杭州储能相关的上下游产业链不断延伸，储能电池、电池管理系统、储能系统集成、电池变流装置、电池检测装备等产业逐步扩大。杭州电化学储能产业链较齐全，覆盖了包括电芯、BMS（建筑设备管理系统）、能量变换系统以及EMS（邮政速递）、辅助配套设施等。目前来看，从储能的制造端到储能的应用端，杭州相关企业均有涉及。以南都电源为例，为满足储能市场对上游锂电产品需求的大幅提升，南都电源正在加快推进锂电产能建设，年产能预计可达10GWh，目前正进入不断扩产的计划[77]。项目方面，全市已建成新型储能项目15个，合计规模82.5MW/179MWh。杭州市正不断拓展新型储能应用新场景，鼓励可再生能源场站合理配置储能系统，支持应用多种储能促进可再生能源消纳。鼓励基于多种储能实现能源互联网多能互补、多源互动，拓展电动汽车等分散电池资源的储能化应用，探索建设先进压缩空气储能、氢储能和蓄冷蓄热储能等新型储能项目。充分发挥萧山电厂储能项目示范引领作用，培育具有市场竞争力的商业模式。到2025年，全市将新增储能容量21万千瓦，全市储能产业规模将达到400亿元[76, 78]。

2）宁波

宁波在新型储能产业、综合能源服务、智能电网等领域具有良好的发展基础和比较优势，是浙江省率先发展的储能与动力电池产业基地。杉杉集团、天安智能电网等本土企业在业内具有较强影响力，项目利润率保持较高水平，积极加大新型储能示范项目研发和项目投入。杉杉股份、容百科技是新型储能上游产业链中包括正负极材料和生产设备等的代表性企业。2020年，宁波建成首座国家电网统一建设的大型储能电站，即宁波杭州湾新区110kV越瓷变10kV前湾储能电站。2021年，宁波前开能源科技有限公司首个用户侧储能项目在宁波优兰达喷雾有限公司厂内正式开工，项目采用能量密度较高的磷酸铁锂电池，装机规模达500kW/1MWh。预计"十四五"期间，宁海光储产业投资累计将达到300亿元，新增光伏组件产能18GW以上，本地总产能突破22GW，到2025年，光储产业总产值规模将达1000亿元。

3）温州

温州着力"双碳"目标，加快以新能源为主体的新型电力系统建设部署，与华能、华润、国能和大唐等央企签订战略协议，在新能源开发消纳、共享储能、能源数据管理等方面扩大了合作规模。近年来，出台了"新能源+储能"配额政策，以及分布式光伏、用户侧储能等财政补贴政策，赢得了良好的政策环境。《温州市域储能规划》提出，截至2025年，温州电网35千瓦、110千瓦、220千瓦电网侧储能需求分别为1.1万千瓦、40.2万千瓦、14.2万千瓦，电源侧储能需求预计38.6万千瓦[79]；其中温州乐清地区因周边光伏资源发达、电网峰谷差明显，对于储能的需求量最大。近年针对新型储能行业提出，开展集中式较大规模和分布式、平台聚合新型储能项目建设，探索开展工业园区企业侧储能项目，支持储能项目作为独立市场主体，参与电力市场交易；加快用户侧分布式储能项目落地，鼓励各地开展分布式储能推广应用，加大锂电池分布式储能技术项目的应用与推广，规划指出每年新建园区分布式储能项目5个以上[80]。2021年，总投资12亿元的华能矾山压缩空气储能项目正式签约，该项目利用矾山镇废旧矿硐，采用中国科学院研发的100MW级先进压缩空气储能系统，进而实现电能的储存及释放。项目计划安装总装机容量为200MW的空气储能机组及配套设施，运行过程产生的热能和冷能可广泛运用于居民供暖、温泉、冷库等领域。

（4）安徽省

"十三五"期间，安徽省积极推动"风电+储能"示范项目建设，积累了一定经验，为加快新型储能设施建设奠定了良好基础。截至2021年底，全省已投运新型储能设施装机规模224MW/260MWh，其中"风电+储能"项目装机205MW/205MWh[81]。

1）合肥市

合肥市是中国2022新型储能十大城市之一，其中合肥新站高新区被选为十大园区之一。合肥市现有以国轩高科、阳光电源为龙头的电化学储能企业20多家。国轩高科在合肥有肥西、新站、经开、庐江四大电池生产基地，阳光电源是全球光伏逆变器龙头。合肥国轩与西南电力设计院组成的联合体成为"淮北皖能储能电站一期（103MW/206MWh）工程总承包"的中标单位。项目一期规模为103MW/206MWh，储能系统已接入国安电厂一期

220kV升压站母线,并利用现有线路送出。在用户侧储能领域,目前安徽省最大的用户侧储能—庐江国轩75MW/300MWh已建设完成。

2)芜湖市

电化学储能领域,芜湖市现有15余家电化学储能企业,以工商业储能、民用储能(移动电源、微型储能、逆变器及充电桩产品等)、动力储能等的设计开发及系统集成为主。压缩空气储能领域,安徽芜湖500kW压缩空气储能示范项目由国家电网投资3000万元兴建,项目技术参与单位包括中国科学院理化技术研究所、清华大学电机系储能团队及中国电力科学研究院等单位,项目于2014年11月首次发电成功。据报道,"500kW压缩空气储能系统示范项目"的储能效率为33%[82]。

3)六安市

电化学储能领域,金寨县是全国首个国家级高比例可再生能源示范县。金寨储能电站项目被列为安徽省"十四五"重点工程,是安徽省第一座百兆瓦级独立共享式电化学储能电站。储氢方面,由国家电网安徽综合能源服务有限公司投资建设六安兆瓦级固体聚合物电解水制氢及燃料电池发电示范工程。建设的1 MW分布式氢能综合利用站是中国第一个兆瓦级氢能储能电站[83]。

安徽金寨100MW/200MWh储能示范项目

2022年1月,由上海电气集团股份有限公司、国网综合能源服务集团有限公司、中国能源建设集团安徽省电力设计院有限公司共同出资建设的金寨智储新能源科技有限公司100MW/200MWh储能示范项目顺利完成升压站封顶节点,为保证后续升压站设备就位调试及如期并网奠定坚实基础。项目建成后,将为缓解安徽省内调峰缺口、解决新能源消纳提供有效支撑;同时,还可为电网提供调频、黑启动、备用电源等辅助服务功能。

该项目是安徽省首个百兆瓦级集中式共享储能电站,旨在打造金寨新能源高比例示范县创新发展典范,项目采用先进的系统集成方案,具有"一加强、一提高、三降低、一备用"的设计理念,即加强省网运行安全、提高省网运行经济性、降低省网线损、降低调峰火电厂的投资、降低新能源电站的弃电、作为备用电源。

表3.2为长三角地区新型储能空间布局。

表3.2 长三角地区新型储能空间布局

地区	重点领域	重点区域	重点企业	重大项目
上海市	电化学储能、氢储能	浦东、闵行、嘉定	上海派能科技、上海电气、航天氢能(上海)科技、重塑集团、捷氢科技、上海清志新能源	上海巴斯夫新型智能储能电站,上海闵行工业园区智慧能源项目
江苏省	电化学储能、压缩空气储能、储热、氢储能	南京、常州、苏州、无锡、南通、镇江	南京国轩、苏盐集团、国电南瑞、江苏时代、蜂巢能源、中盐金坛盐化、国富氢能、江苏金合	南京江北储能电站电网侧储能项目,金坛盐穴压缩空气储能国家试验示范项目,苏州昆山储能电站,镇江分布式储能电站,南通沃泰新能源储能系统项目

续表

地区	重点领域	重点区域	重点企业	重大项目
浙江省	电化学储能、压缩空气储能	杭州、宁波、温州、舟山	杉杉股份、东方日升、正泰新能源、天能新能源、南都电源、西子洁能、浙江可胜、长兴天能	宁波用户侧旭升光储一体项目,浙江东福山新能源储能项目,浙能乐电1、2号机组电化学储能调频项目,华能矾山压缩空气储能项目
安徽省	电化学储能、压缩空气储能、氢储能	合肥、芜湖、六安、阜阳	国轩高科、阳关电源、同兴环保、众源芯材、中电兴发、科大国创、安孚科技	庐江用户侧储能(75MW/300MWh),六安兆瓦级氢能综合利用示范站,阜阳南部风光储基地项目,芜湖500kW压缩空气储能示范项目

3.2 长三角区域新型储能产业发展环境分析

3.2.1 长三角区域新型储能产业发展的市场需求

长江三角洲位于华东区域,2020年底常住人口2.26亿人,约占全国总人口的19.1%,是我国人口稠密地区之一;地区生产总值约为2.37万亿元,占全国国内生产总值(GDP)的23.9%,人均GDP是全国平均水平的1.47倍,但长三角地区的区域面积仅为我国国土面积的3.7%。因此,强大的能源系统是推动该区域经济社会快速发展的有利保障。

然而,长三角区域煤炭、石油、天然气等化石能源资源储量少,本地自产的化石能源有限。煤炭资源主要依赖外省调入,石油资源依赖国外进口,天然气资源则二者兼顾。尽管安徽省内煤炭资源在长三角地区相对较为丰富,但仍需从外省调入以满足本省的煤炭需求,安徽是区域内唯一对外净输出电量的省份。长三角地区能源消费结构中化石能源依然占比较高(见图3.2)。2018年,长三角地区的煤炭消费量约为6.07×10^8t,石油消费量为1.08×10^8t,天然气消费量为5.44×10^{10}m³,分别占全国的比例为15.9%、17.7%、20.0%。在地区能源消费结构方面,化石能源约占长三角地区能源消费总量的89.4%,其中煤炭占55.4%,石油占27.2%,天然气占6.8%;非化石能源约占长三角地区能源消费总量的10.6%[68]。表3.3为各储能技术应用场景。

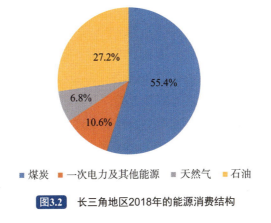

图3.2 长三角地区2018年的能源消费结构

表3.3　各储能技术应用场景

储能类型		应用场景
机械储能	抽水储能	日负荷调节、频率控制与系统备用
	压缩空气储能	调峰、系统备用
	飞轮储能	调峰、频率控制、UPS和电能质量
电化学储能	锂离子电池	电能质量、备用电源、UPS
	液流电池	电能质量、备用电源、调峰填谷、能量管理、可再生储能
	钠碳电池	电能质量、备用电源、调峰填谷、能量管理、可再生储能
电磁储能	超导储能	电能质量、输配电、UPS
	超级电容储能	—

"双碳"背景下,长三角区域太阳能、风能等新能源发展迅速,"十三五"期间增长了约6倍,且呈现不断增长的趋势。2022年,江苏、浙江、安徽、上海风光水核一次发电量分别达到108797GWh、106050GWh、25202GWh和2382GWh,占发电总量的比例分别为18.6%、25.8%、8.0%和2.6%。然而分布式电源的开发程度受电网条件的影响,大规模分布式电源接入电网后,会对电网的运行调度带来影响。为构建以新能源为主体的新型电力系统,需大力发展新型储能技术,以保障太阳能、风能等新能源发电的稳定性。因此,长三角地区发展新型储能产业具有巨大的市场需求。

3.2.2　长三角区域新型储能产业发展的可再生能源基础

"双碳"背景下,可再生能源的发展正呈现能源领域的最高速发展态势。长三角区域具备良好的分布式可再生能源发展前景。①太阳能:长三角地区太阳能资源范围在1200~1450kWh/m^2,相较于西北、东北、华北、西南等地区(1500~2000kWh/m^2),资源相对薄弱。②风能:长三角区域海岸线长达6700km,沿海城市风能资源丰富,尤其是浙江地区的岛屿,其风能密度超过300W/m^2,有效风力出现时间百分率达80%~90%,大于、等于8m/s的风速全年出现时间约7000~8000h,大于、等于6m/s的风速也有4000h左右[84]。

江浙沪地区分布式光伏发展潜力巨大,约为1.8亿~2亿千瓦。浙江是光伏制造大省,2012年底省政府开始在嘉兴开展光伏产业创新综合试点,嘉兴市由此开始了分布式光伏发电的探索。嘉兴市下辖的海宁市是浙江省首批清洁能源示范县,占地面积700.5km^2。截至2018年底,海宁分布式光伏装机容量为57万千瓦,占电网峰值负荷的1/3,是本地电源的重要支撑;装机密度达到814kW/km^2,成为中国乃至全球分布式光伏发展的新样板。江浙沪地区未来分散式风电潜力约为3261万~8268万千瓦,加上1.8亿~2亿千瓦分布式光伏,分布式可再生能源开发潜力可达2.1亿~2.8亿千瓦,潜力巨大[85]。图3.3为江浙沪地区分布式光伏开发潜力。表3.4和表3.5为江浙沪地区分布式光伏与风电装机潜力。图3.4为江浙沪地区分布式清洁能源发展潜力。

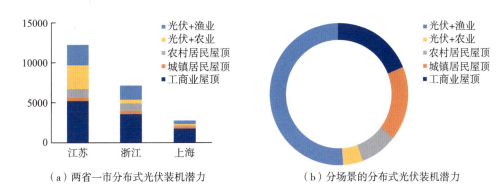

（a）两省一市分布式光伏装机潜力　　（b）分场景的分布式光伏装机潜力

图3.3　江浙沪地区分布式光伏开发潜力

表3.4　江浙沪地区分布式光伏装机潜力（海宁模式）

地区	面积 /km²	装机密度 /（kW/km²）	装机潜力 / 万千瓦
上海	6340	814	516
江苏	107200	814	8726
浙江	105500	814	8588
合计	219040	814	17830

表3.5　江浙沪地区分散式风电装机潜力（技术可开发）

地区	技术可利用土地面积 / 公顷	技术可开发量 / 万千瓦
上海	404113	57
江苏	7649139	6876
浙江	8906163	1335
合计	16959415	8268

注：1 公顷 =10000m²。

图3.4　江浙沪地区分布式清洁能源发展潜力

3.2.3 长三角区域发展新型储能产业的企业/产业链优势

2022年中国民营企业500强中涉及长三角储能产业链相关企业18家，其中亨通集团是全球光通信与能源互联系统集成商与网络服务商，作为中国能源互联网系统解决方案（产品+工程+服务）服务商，着眼于能源综合利用、多能互补、"能源互联网+"等能源行业基础，以"采-发-输-配-用-储"作为公司主要业务出发点，并以储能作为公司核心业务，2022年营收规模1310.03亿元。中天科技于1992年进入信息通信领域开发生产通信光缆，现有主营业务涵盖信息通信、智能电网、海洋装备、新能源、新材料以及智能制造。公司自2014年进入分布式光伏发电后，先后参与江苏省镇江101MW储能电站项目、湖南芙蓉变电站电池储能项目等。表3.6为2022年中国民营企业500强——长三角储能产业链企业。

表3.6 2022年中国民营企业500强——长三角储能产业链企业

排名	企业名称	省市	营收/万元	行业相关业务
13	青山控股集团有限公司	浙江省	35201779	电池原材料加工
40	天能控股集团有限公司	浙江省	17925186	电池制造、储能
45	万向集团公司	浙江省	16284367	电池制造
46	复星国际有限公司	上海市	16129118	电池制造
60	亨通集团有限公司	江苏省	13100289	智能电网、海上风电、冷热储能、电储能
62	协鑫集团有限公司	江苏省	13000528	电化学储能
63	超威集团	浙江省	12967239	电池制造
82	正泰集团股份有限公司	江苏省	10668987	新能源、电气设备
103	中天科技集团有限公司	江苏省	8154688	电化学储能
160	杉杉控股有限公司	上海市	6221670	电池原材料加工、储能
163	远景能源有限公司	江苏省	6156902	电池制造、储能
243	天合光能股份有限公司	江苏省	4448039	电化学储能
252	金浦投资控股集团有限公司	江苏省	4345099	电池原材料加工
255	卧龙控股集团有限公司	浙江省	4304584	电池制造
321	浙江华友钴业股份有限公司	浙江省	3531654	电池原材料加工
334	阿特斯阳光电力集团	江苏省	3400000	储能
409	致远控股集团有限公司	浙江省	2982177	电池制造
440	江苏中利控股集团有限公司	江苏省	2873238	电池制造

以核电、气电、高效清洁煤电以及可再生能源如光伏、风电为代表的装备制造业，在长三角地区发展强劲。具体来看，依托区域内核电基地，基本形成了较完整的核电产业链，一批实力雄厚的龙头企业形成了批量生产能力和市场竞争力；燃气轮机和超超临界装

备制造也具备较好的自主研发能力和产业发展基础；风电装备制造业产业链完备，2018年长三角地区海上风电制造企业的累计装机容量在全国中的占比超过70%；光伏产业制造主要集中在产业链中下游，全国逆变器、组件、电池制造企业有50%以上集中在长三角地区[68]。

3.2.4　长三角区域发展新型储能产业的人才优势

长三角区域高等院校集中、科研院所密集，包含了安徽合肥与上海张江两大综合性国家科学中心，云集了上海交通大学、浙江大学、东南大学、中国科学技术大学等国内顶尖高校，同时拥有国电南瑞、国电南自等国内一流的电力市场企业和研究队伍（见图3.5）。因此，长三角地区凭借其经济、科技中心的区位优势，借助高校和科研院所的科技力量，能够吸引国内一流的人才资源。为促进区域范围内技术人才的合作，建立了创新人才培养协作机制，措施包括：①探索引导创新要素集聚、建立技术创新战略联盟、利用重大产业科技开发项目培养创新人才；②利用《长三角洲地区规划》中明确提出的设立"区域发展促进基金"的契机，在高校确定一批创新人才合作培养的示范与引领项目，为创新人才培养争取更多资金支持；③人才联合培养；④合作推进高校高水平重点学科，争创世界一流等。

图3.5　长三角地区新型储能人才优势

3.3　长三角区域新型储能创新链分析

3.3.1　长三角区域新型储能创新链构成

长三角区域新型储能创新链，是创新系统和区域新型储能科学综合作用的产物，并以新型储能相关的创新成果作为区域内多个不同业务主体相互激励和影响的产物，受到区域内外多种因素的作用[86]。以长三角这一空间区域作为物理边界考察新型储能创新链是一个复杂的系统过程，涉及区域内多个部门和行业的价值传递活动，既包括新型储能创意产生和相关知识的创新，又包括实际生产、应用中的创意转化和涉及新型储能的技术创新。

长三角区域新型储能创新链是由长三角区域内的储能相关企业（如安徽国轩高科、上海蔚来新能源汽车、国电南瑞、浙江南都电源）、高等院校和科研院所（如中国科学技术大学、南京大学、上海交通大学、浙江大学）、长三角区域各级政府以及科技中介、金融机构（如江苏佰腾科技公司、安徽卧涛科技、上海浦发银行、浙江省科技开发中心）等多种异质性创新主体所组成的系统，各创新主体参与的模式与组织形式列于表3.7。

表3.7　长三角区域新型储能各创新主体参与创新的模式与组织形式

模式	参与主体	组织形式
实体模式	长三角区域内高校、科研院所、储能领域中小企业、省市县等各级政府	产业技术研究院、大学科技园、产学研基地、创业园区、孵化企业、联合研发机构等
项目模式	长三角区域内高校、科研院所、涉及储能的企业	技术转让、合作开发等
战略合作模式	长三角区域内高校、各级政府	校地合作、产学研联盟等
基金模式	长三角区域内高校、各级政府、储能相关的企业	由企业或政府设立基金
政府科技计划	长三角区域内各级政府、高校、企业	政府发布科技研究计划，区域内高校或企业承担

图3.6展示了长三角区域新型储能创新链系统构成。网络各节点承载着不同的社会功能，但又通过交织耦合形成紧密联系。从深层次来看，之所以异质性创新主体之间的复杂功能可以形成紧密协作，是由于各异质性主体间具有相同的利益，即区域内不同主体具有追求整体利益最大来保证自身利益的可持续性和最大化等共同特征。事实上，区域内的创新链所涉及的各个环节彼此相互影响或共同决定了区域内科技创新能力的强弱。

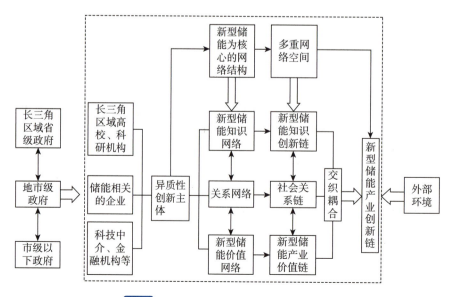

图3.6　长三角地区新型储能创新链系统构成

3.3.2　长三角区域新型储能创新链的结构现状

目前，长三角区域内新型储能已经取得了较为充分的发展，并呈现出百花齐放的良好态势。从创新链实施主体来看，长三角一体化正处于重要战略机遇期，区域内政府间的政策融合具有空前的高度，且在储能领域相继出台了多项引领性文件，对长三角区域新型储能创新链的发展具有重要指导意义；区域内汇聚了国内多所高水平大学和多个顶尖科研机构，具有强大的知识和理论基础创新团队；此外，长三角区域储能企业实力强劲，储能系统各方向业务优势明显。2021年，中国新增投运的新型储能项目中，装机规模排名前十位的储能技术提供商依次为：宁德时代、中储国能、亿纬动力、鹏辉能源、南都电源（浙江）、海基新能源（江苏）、力神、远景动力、中创新航和中天科技（江苏）[87]，其中部分储能企业在长三角区域设有研发中心与生产基地。

（1）长三角区域内各政府政策驱动

"十三五"以来，我国新型储能行业整体处于由研发示范向商业化初期的过渡阶段，在技术装备研发、示范项目建设、商业模式探索、政策体系构建等方面取得了实质性进展。市场应用规模稳步扩大，对能源转型的支撑作用初步显现。进入"十四五"时期，以规模化、产业化、市场化等为目标，新型储能行业必然迈入快速发展期。科技创新政策是决策者以实现辖区内的科技进步和经济发展为目的，通过对辖区内的社会公共资源进行倾斜性分配的有关公共政策和辅助性的金融政策，具体体现是以宏观指导方式发布文件实施，这些政策往往具有战略性、系统性和可操作性。

在新型储能领域，长三角区域（包括江浙沪皖三省一市）相关部门均出台了有关政策文件。相关规划均明确提到要依据当地实际情况，科学布局新型储能，创新发展模式。在政府政策层面的创新，主要体现在政策制度的创新和引领，对产业链涉及的各主体进行引导，实现新型储能的创新发展。可以看出，区域内各政府均在新型储能领域进行了积极布局，不断尝试从政策创新进行引导；此外，各省市政策之间还存在一定的差异性，体现了因地制宜的制度创新。以江苏省为例，新型储能发展以电源侧新型储能为重点任务，重点发展方向为建立"新能源+储能"机制，对光伏发电提出了储能容量或购买调峰的鼓励性政策[88]；对于传统燃煤电站，也鼓励合理配置新型储能，提升调频性能。

（2）长三角区域内高校在新型储能基础和技术方面的创新

高等学校和科研院所承担着大量的基础研究课题。基础研究课题往往是具有较强的前瞻性，是基础理论和技术创新的源泉，这在创新链中扮演着重要角色。统计表明，长三角地区拥有全国17.08%的普通高等学校，本科院校221所，占全国总量的17.47%。在优质高校方面，长三角地区拥有35所"双一流"建设大学和41所"双高计划"学校，分别占全国总量的25.55%和20.81%[89]，见图3.7。从高校人才培养层次、师资队伍结构和教育资源配置等方面来看，长三角地区高等教育资源集聚优势明显。由此可见，长三角地区有着丰富的高教资源和较多高水平的研发团队，在新型储能基础和技术创新方面开展了大量的研究工作[90]。

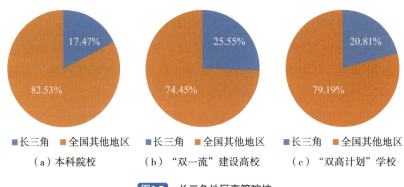

图3.7　长三角地区高等院校

安徽省高校中，中国科学技术大学、合肥工业大学、安徽大学、安徽工业大学、安徽理工大学、安徽工程大学、安徽师范大学等均在新型储能基础和技术方面进行了深入研究。江苏省内开展新型储能研究的高校有南京大学、东南大学、南京航空航天大学、南京理工大学、扬州大学、苏州大学、中国矿业大学、南京师范大学、江苏大学、南京工业大学、南京邮电大学、南京信息工程大学、南京林业大学、常州大学、江苏科技大学等。上海市内，上海交通大学、华东理工大学、上海电力大学、东华大学、上海应用技术大学、上海大学等高校的科研团队也在新型储能方面进行了深入研究。浙江省内浙江大学、浙江工业大学、浙江理工大学、杭州电子科技大学等高校的科研团队在新型储能方面开展了较多研究。

中国科学技术大学对电能存储装置进行了深入研究。在诸多种类的电能存储装置里，超级电容器及锂离子电池，可以在一定程度上平衡高能量密度和高功率密度无法兼顾的难题，是两大类前景可观的电化学储能技术[91]。其中超级电容器作为一种新兴的环境友好型电能存储装置，显著特点为功率密度高、循环稳定性好，但能量密度仍有待提升。如何在充分保持优势的同时，提升超级电容器的能量密度是当前研究的重点。针对这一问题，中国科学技术大学的学者认为关键在于高性能电极材料的设计和构建，其利用具有大比表面积、高导电性等众多特殊的化学和物理特性的石墨烯，最终制备出兼具优异的超电性能和光热性能的电极材料，由其构建的超级电容器电极，展示了出色的双电层电容特性[92]。

南京大学的学者也对超级电容器的电极材料进行了探索研究。要想保证超级电容器既有快速的能量储能速率，又有较大的电荷储存量，就要提高电极材料的负载量和氧化还原反应速率。但这两者在很大程度上是负相关的，大量的块状电极活性物质反而降低了它的氧化还原速率。针对这一问题，学者们设计了一系列表面结构化的镍薄膜材料，负载各种形态的纳米材料组成电化学电极，用于能量的储存和转化，并对其在储能和电催化方面的应用进行了深入研究，结果表明这种电极材料具有非常优秀的速率性能和循环稳定性[93]。

东南大学的学者对分布式小容量熔融盐储热装置进行了深入研究。其针对熔融盐储热技术，结合企业具体需求，利用工业分时电价政策有效降低用电成本，开发了小容量的熔融盐储热装置，设计了一种分布式小容量电蒸汽锅炉熔融盐储热系统。结果表明，采用变阀门开度的系统运行方式可以有效保持蒸汽出口的稳定性；以实际运行案例对其进行经济效益分析发现，与采用普通电锅炉方式相比，以熔融盐储热电锅炉为主、普通电锅炉为辅的运行方案可节省53.23%的日运行费用，投资回收期为661天，即22个月[94]。

上海交通大学的学者对考虑能量品质的区域综合能源系统优化规划进行了研究。随着多能融合的不断深入，区域综合能源系统已被认为是解决未来世界能源紧缺问题的重要途径之一。由于广泛涉及电/气/热/冷等多种能源形式复杂耦合，区域综合能源系统规划的难度远超单一形式能源系统。学者从多能耦合、综合能效评价、能流分析与优化、源-网-荷-储联合规划等四个方面入手，对考虑能量品质的区域综合能源系统优化规划进行了研究。

浙江大学的学者研究了颗粒堆积床烧结及储能特性。我国光热发电产业正处于快速发展期。光热发电能够与高温储热系统相结合，在众多可再生能源中具有独特的发展优势。由于具有更低的建造和运行成本，以及更宽泛的运行温度区间，空气-颗粒堆积床显热储能技术已经受到越来越多的青睐。烧结矿具有成本较低、耐高温、强度高、环保无毒等优点，且烧结矿本身具有烧结冷却床余热利用的背景，可以使用烧结矿颗粒作为显热储能材料，基于此学者们开展了铁矿石生料床的透气性和烧结特性的研究以及颗粒堆积床显热储能特性的研究[95]。

（3）长三角区域内新型储能企业的技术创新

新型储能企业往往是从实际需求出发，深深扎根于需求市场，是技术创新的成果导向，已成为创新链中至关重要的环节之一。长三角地区是我国经济发展最活跃、开放程度最高、创新能力最强的区域之一，也是储能产业发展基础最坚实、要素最集聚的区域之一[96]。得天独厚的地理优势使得长三角区域内新型储能企业蓬勃发展。从我国储能企业区域分布来看，目前江苏储能相关企业数量为7563家，居于全国第二；浙江、安徽储能相关企业数量分别为3906家、3205家，位居全国第四、七[97]，见图3.8。

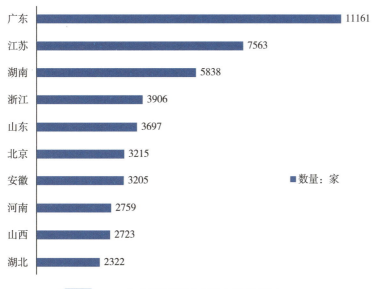

图3.8　2022年中国储能行业相关企业区域分布TOP10

在安徽省内，合肥国轩高科动力能源有限公司、阳光电源股份有限公司、铜陵有色、国网安徽省电力有限公司、安徽省能源集团、淮河能源、江汽集团等企业旗下都设有技术研究所，在储能领域也都进行了相关产品与技术的深入研究。在江苏省内，中创新航公司、国电南瑞科技股份有限公司、高特电子、先导智能、中天科技、海基新能源等企业也在谋求技术创新，占据主要市场。上海市内，上海电气集团股份有限公司、上海派能能源科技股份有限公司、上海炯显新能源科技有限公司深耕于新型储能行业多年。浙江省内，浙江南都电源动力股份有限公司、浙江正泰新能源开发有限公司、宁波杉杉股份、天能电池集团股份有限公司、杭州中恒电气股份有限公司等新能源企业在储能领域也都有各自的支撑技术。

合肥国轩高科动力能源有限公司目前在中国合肥、中国上海、美国硅谷、美国克利夫兰、日本筑波、新加坡、欧洲德国、印度浦那（筹）等地建立了全球八大研发中心。研发领域覆盖了电池全生命周期，集电池产品开发、材料体系开发、生产技术服务、检测验证及信息管理于一体，研发水平居行业领先地位。现有研发技术人员超3000人，其中硕博士占比70%，拥有国家级企业技术中心、国家CNAS认可检测实验中心、国家博士后科研工作站等国家级创新平台。目前，合肥国轩高科已开发出单体能量密度突破210Wh/kg的磷酸铁锂动力电池，并开发完成能量密度达302Wh/kg的电池单体。

南京国电南瑞科技股份有限公司是以能源电力智能化为核心的能源互联网整体解决方案提供商，是我国能源电力及工业控制领域卓越的IT企业和电力智能化领军企业。近年来，公司在电网自动化及工业控制、继电保护及柔性输电、电力自动化信息通信、发电及水利环保等领域开展了应用型研发和技术创新，形成多项具有核心技术和自主知识产权、富有竞争力的产品，取得了诸多开创性科研成果。其中包括第一套国产电网实时监测系统、第一套国产变电站自动化系统、第一套基于时空协调的电力系统广域监测分析保护控制系统、第一套基于国际标准的OPEN—3000电网调度自动化集成系统、第一套拥有自主知识产权的轨道交通综合监控系统、第一套具有自主知识产权的600MW及1000MW汽轮发电机励磁系统、700MW水轮发电机励磁系统等。风光储联合发电控制系统、风光储全景一体化监控系统、分布式发电/储能及微电网接入控制系统为光伏和风电等新能源发展提供了强有力技术支持。

上海电气集团是世界级的综合性高端装备制造企业，聚焦智慧能源、智能制造、智能基础设施三大业务领域，为客户提供工业级的绿色智能系统解决方案。上海电气对于太阳能发电、风电、核电等能源装备也均有涉猎。开发的太阳能光伏发电逆变器（PCS）可实现1000kW的单机容量，并依靠新功率转换技术，将变频器输出的PWM波形中含有的高次谐波成分减少一半，进而降低过滤器损耗，实现高达98.5%的世界最高频率（DC1000 V产品）。

浙江南都电源动力股份有限公司长期专注于储能技术、产品开发与应用。在面向新型储能和工业储能领域，公司提供以锂电为主、铅电为辅的产品、系统集成及服务，并已打通从锂电池制造、系统集成、运营服务到锂资源回收的全产业链，形成了围绕储能业务的一体化布局，构筑了储能全产业生态体系。已成为国家高新技术企业及国家技术创新示范企业，拥有国家认可实验室、博士后工作站、院士工作站和浙江省装备电子研究院等创新平台。在电池电源新材料、新技术、新结构等方面拥有核心技术专利，主导和参与了多项国际、国家和行业标准的制定，并连续多年成为中国轻工行业及电子信息行业百强企业。公司曾出色完成了512V数据中心专用高压锂电池、长循环储能锂电池、ALABC铅炭储能电池调峰调频测试、核电4000Ah电池老化鉴定等重大实验任务。

（4）长三角区域内科技中介机构的创新

科技中介机构是指面向社会开展技术扩散、成果转化、科技评估、创新资源配置、创新决策和管理咨询等专业化服务的机构，属于知识密集型服务业，是国家创新体系的重要组成部分。科技中介机构从功能上大体可划分为三类：一是直接参与服务对象技术创新过程的机构，包括生产力促进中心、创业服务中心、工程技术研究中心等；二是主要利用技术、管理和市场等方面的知识为创新主体提供咨询服务的机构，包括科技评估中心、科技招投标机构、情报信息中心、知识产权事务中心和各类科技咨询机构等；三是主要为科技资源有效流动、合理配置提供服务的机构，包括常设的技术市场、人才中介市场、科技条件市场、技术产权交易机构等。

科技中介机构是新型储能创新链的重要组成部分，是人才支撑体系中的一支重要力量。科技中介机构活跃于技术需求者与持有者之间，沟通大学、研究机构和企业间的技术流动，促进创新体系内各参与主体间互动，并通过技术搜寻、评估和传播，实现创新体系内在的有效联系，是各类创新主体的黏接剂和创新活动的催化剂[98]。科技中介机构在有效降低创新创业风险、加速科技成果产业化进程中，发挥着不可替代的关键作用。图3.9为科技中介机构的功能结构图。

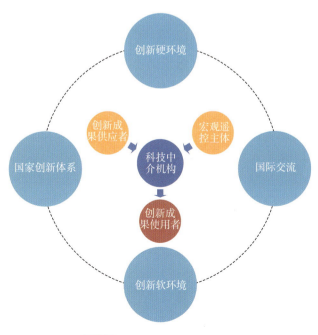

图3.9 科技中介机构功能结构图

据中华全国专利代理人协会关于各地区中介代理机构的数据和国家知识产权局的专利代理年报统计结果显示，截至2015年末，以注册地统计，上海、江苏、浙江、安徽的知识产权中介服务机构数量分别为103家、86家、57家、23家，国内排名分居第3名、第4名、第5名、第12名，占全国比例分别为8.49%、7.09%、4.70%、1.90%；长三角合计知识产权中介服务机构数量269家，占全国比例为22.18%。据《中国创业风险投资发展报告》统计发现，截至2014年底，长三角地区科技创新投资机构数量为779个，其中江苏拥有459家，浙江拥有223家，安徽和上海各有57家和40家[99]。表3.8为2022年新型储能十大城市，表3.9为2022年新型储能十大园区。

表3.8 2022年新型储能十大城市

排名	城市名称	所属省份
1	长沙	湖南省
2	宁波	浙江省
3	广州	广东省
4	杭州	浙江省
5	常州	江苏省
6	西安	陕西省
7	南通	江苏省
8	合肥	安徽省
9	宜春	江西省
10	东莞	广东省

表3.9 2022年新型储能十大园区

排名	园区名称	所属省份
1	宁波高新区	浙江省
2	广州经开区	广东省
3	宁乡高新区	湖南省
4	余杭经开区	浙江省
5	启东经开区	江苏省
6	宜春经开区	江西省
7	武进高新区	江苏省
8	合肥新站高新区	安徽省
9	西咸新区	陕西省
10	松山湖高新区	广东省

3.3.3　长三角区域新型储能创新链剖析

在"双碳"目标背景下，长三角区域正处于能源结构转型、新型能源发展的关键时期，从长三角区域新型储能创新链的系统主体来看，三省一市政府出台的储能相关政策互相支持，为长三角区域新型储能创新链的发展提供有力的支撑和明确的指导方向；长三角区域的高校与科研机构也在积极深入研究储能技术与理论，发表了系列高质量高水平的文章，攻克了新型储能技术难关。

然而，长三角地区适应新型能源市场需求、真正能够为创新创业提供支撑性服务的科技中介机构还很缺乏。已有的科技中介机构在发展模式、功能定位、业务专长等方面也大多处于不断探索和创新阶段。加快这支力量的合作，对于全面提高国家和区域的创新能力，促进产业结构优化升级和国民经济的持续健康发展，具有十分重要的意义。以浙江省为例，由于大院大所较少、中小企业居多，提高研发能力需要较长时间的努力，而发展科技中介机构则能尽快提高创新资源的整合水平，进而提高整体创新能力。对于市、县（市、区）来说，高校、科研院所、大中型企业更少，更需要加快科技中介机构的发展和合作。换言之，越是到基层，科技中介机构的培育发展和互动就越重要，作用价值也越大[100]。所以，培育壮大科技中介服务队伍，开展科技中介机构合作与互动，对于开创"一呼百应"、万马奔腾的科技工作新局面具有十分重要的意义[101]。

3.4 长三角区域新型储能产业链结构分析

3.4.1 产业链的内涵以及结构

产业链是产业经济学中的一个概念，是各个产业部门之间基于一定的技术经济联系，并依据特定的时空布局关系和逻辑关系而客观形成的链条式关联系统。该系统由价值链、供应链、空间链、产品链、技术链、知识链等维度构成，各个维度在相互对接和协调过程中，共同决定着产业链的演化和产业链能力的发挥，进而促进产业链升级[102]。表3.10为产业链的理论系统。

表3.10 产业链的理论系统

产业链的理论维度	含 义
供应链	研究企业之间满足彼此供需的契约关系
价值链	研究原料到制造、产成品和服务的过程中产生的价值传递和价值增值，关注价值的增值和分配问题
空间链	产业链的地理空间分布特征，关注产业空间分布（产业集群理论）
产品链	原料到最终产品或服务的功能完成过程，是资源加工深度和产品功能形成的表达
技术链	关注技术的交流、合作、创新，目标是形成产业链的主导核心技术
知识链	关注产业链上企业内部、企业之间的知识更新、整合、共享、应用

产业链中存在着上下游关系和相互价值的交换，上游环节向下游环节输送产品或服务，下游环节向上游环节反馈信息[103]。新型储能产业链是指与新型能源产品密切相关的，由上中下游各功能环节所组成的全过程。因此对于新型能源企业而言，主要划分为以下三个方面的内容：产业链上游主要为原材料的提取以及处理，许多重要的基础性原料的提取与处理有着一定的技术壁垒，具有垄断性与不可替代性，这一环节具有较高的生产成本并制约着新型储能产业链中、下游的供给与需求；产业链中游为新型储能装备的制造以及系统集成的环节，是利润较为丰厚的环节；产业链下游则为新型储能产品的应用，主要包括与用户端的集成、安装、运营以及维护等，它是新型储能产业连接企业、市场与社会的桥梁，最终实现新型储能产业链的价值[104]。图3.10为新型储能产业链结构示意图。

图3.10 新型储能产业链结构示意图

3.4.2　长三角区域新型储能产业链结构现状

长三角区域新型储能产业链，是产业链和区域新型储能企业群有机结合的产物。长三角地区是我国经济发展最活跃、开放程度最高、创新能力最强的区域之一。作为储能产业发展基础最坚实、要素最集聚的区域之一，具备了建设世界级先进储能产业集群的优势。该区域的锂电材料、储能电池、系统集成、安装运维已形成一定规模。特别是上海、南京在储能产业相关的服务业（金融业）和研发测试环节起到领导和辐射作用；江苏全域推进供给侧改革，苏锡常地区发展成为储能系统（光伏、锂电池、电动车等）的生产制造基地；浙江在清洁能源利用、分布式电网和微电网方面形成示范基地，为整合储能系统、形成智能电网奠定了基础；安徽拥有丰富的资源优势，具有战略性新兴产业后发优势。

（1）长三角区域储能电池行业产业链结构现状

在储能电池行业中，锂电池储能是当前技术最为成熟、装机规模最大的电化学储能技术。锂离子电池储能产业链相对来说已经比较成熟。在整个系统中，电池成本占比最高。

产业链上游：资源及原材料和零部件生产。主要的原材料包括磷酸铁锂、六氟磷酸铁锂、锂盐等。主要的零部件包括电子元器件、结构件、机壳等。长三角区域内原材料代表企业有天力锂能、恩捷股份、星源材质、国轩高科、杉杉股份、天齐锂业等公司；零部件生产设备商有无锡金杨、先导智能、上海华虹等企业。其中位于江苏张家港的天齐锂业，专注于生产高品质电池级碳酸锂。无锡先导卷绕设备、叠片设备以及锂电池全类型整线设备的制备行业领先。上海华虹宏力是全球领先的200mm纯晶圆代工厂，月产能16万片。

产业链中游：设备及储能系统集成。长三角区域内电池组制造的代表企业有国轩高科、中创新航、派能科技等；电池管理系统制造代表企业有阳光电源、高特电子、科列电气等；储能变流器制造代表企业有阳光电源、上能电器、南瑞继保等；能量管理系统制造代表企业有派能科技、国电南瑞、阳光电源、杉杉股份等；储能系统集成代表企业有阳光电源、南都电源、电气国轩、南瑞继保等；温控消防系统代表企业有黑盾等[105]。其中，江苏中创新航推出One-Stop电池技术与产品，通过超薄壳壁、多维壳体成型、多功能复合封装、原位无尘装配集成等技术，使电池结构重量降低40%、零部件数量减少25%、生产效率提升100%。位于浙江杭州的高特电子是行业内首家推出直流1500V主动均衡BMS系统的企业。位于江苏的上能电气可以提供全场景的储能系统解决方案，具备集中式、组串式多种技术路线的1000V/1500V全系列储能变流器及系统集成产品，面向发电侧、电网侧、用户侧、微电网等多场景应用。位于安徽的阳光电源产品覆盖光伏逆变器、风电变流器、储能系统、水面光伏系统、新能源汽车驱动系统、充电设备、可再生能源制氢系统、智慧能源运维服务等，致力于提供全球一流的清洁能源全生命周期解决方案。位于浙江宁波的杉杉股份，其现有业务覆盖锂离子电池材料、电池系统集成（包括锂离子电容、动力电池PACK）、能源管理服务和充电桩建设及新能源汽车运营等新能源业务。上海派能科技专注锂电池储能产品开发和应用，提供领先的锂电池储能系统综合解决方案。公司垂直整合储能锂电池研发生产、BMS研发、系统集成三大核心环节，以高性能储能锂电池和先进BMS

技术为核心，以市场需求为导向，为用户提供先进储能产品。

产业链下游：电网系统与储能系统。储能系统安装代表企业有正泰电器、中国电建、中国能建等。电网系统安装代表企业主要有国家能源、国投电力、中国华能、中核集团等。图3.11为锂离子电池储能产业链。

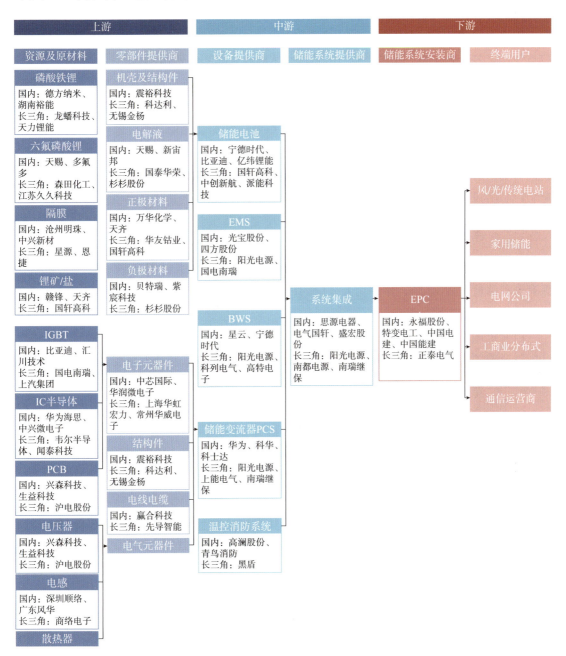

图3.11 锂离子电池储能产业链

从总体上来看，长三角区域的企业集中度较高，目前拥有规模以上（注册资本1亿元以上）企业超30家，如中航锂电（江苏）有限公司（注册资本69亿元）、万向一二三股份公司（注册资本27.8亿元）、时代上汽动力电池有限公司（注册资本20亿元）、中天储能科技有限公司（注册资本12.8亿元）、上海蔚来新能源汽车有限公司（注册资本12.8亿元）等，产业链相对完善。从代表性企业分布情况来看，江苏省代表性企业较多，企业竞争力强，覆盖电池全产业链。

（2）长三角区域压缩空气储能行业产业链结构现状

压缩空气储能系统是一种能够实现大容量、长时间电能储蓄的电力储能系统。通过压缩空气存储多余的电能，在需要时，将高压气体释放到膨胀机做功发电。

产业链上游：设备、资源供应。核心设备包括空气压缩机、透平膨胀机、蓄热换热系统等，此外还需要储气盐穴资源等。长三角区域内设备制造的主要参与企业包括金通灵、杭氧股份、上海电气等；拥有盐穴资源的主要企业包括苏盐井神等。江苏金通灵拥有空气压缩机、膨胀机等相关设备的技术、装备制造优势。浙江杭氧压缩机已有四十多年的设计制造历史，对空分配套的氧压机、氮压机、空压机、增压机均有系列产品，空压机已有配套4万空分的业绩，循环增压机最高排压可做到6.0MPa，而氧气透平压缩机目前可以做到最大流量10m^3/h、最高压力4.0MPa。此外，对于小流量高压力的气体产品，杭氧开发的往复式压缩机，适用于氧气、氮气、氩气、氢气、天然气、二氧化碳，最高压力可达20MPa，其中氧气压缩机满足API标准且已销往欧美国家[106]。江苏苏盐井神拥有8个井矿盐采矿权，保有资源储量逾120亿吨，年许可开采量约1200万吨，盐及盐资源加工产品年总产量800余万吨，位居全国盐行业前列。

产业链中游：技术提供与项目建设。目前国内压缩空气储能的技术积累与项目建设已做到全球领先。长三角区域技术提供企业有南京科远智慧以及各大高校。项目建设的参与企业则包括中国能建、中国电建等施工单位。南京科远智慧具备领先的智慧工业解决方案，是中国工业自动化与信息化规模与品牌价值前三强，其已为金坛盐穴压缩空气储能国家试验示范项目提供分散控制系统解决方案。

产业链下游：电网系统。压缩空气储能电站接入电网系统，服务于工业用电、商业用电、居民用电等部门，起到调峰、填谷、调频、调相、储能、事故备用等关键作用。图3.12为压缩空气储能产业链。

压缩空气储能技术的核心设备主要是空气压缩机、透平膨胀机、蓄热换热系统。目前长三角区域内都具有核心设备的供应商，例如生产空气压缩机的杭氧股份集团有限公司，生产透平膨胀机的金通灵科技集团股份有限公司，设计蓄热换热系统的南京科远智慧科技集团股份有限公司。江苏省还拥有丰富的储气盐穴资源，为能源资源提供有力的后备支持。对于整个压缩空气储能系统的设计、安装、运营及维护，上海电气集团具有丰富的经验与项目运营实例。从总体上来看，长三角区域已经掌握了压缩空气储能的核心技术，并且已经可以形成较为完整的产业链。

（3）长三角区域熔盐储热行业产业链结构现状

熔盐储热是大规模中高温储热的主流技术方向。储热技术可分为显热储热、相变储热和热化学储热三类。目前，显热储热技术成熟度最高，价格较低，应用较为广泛；潜热储

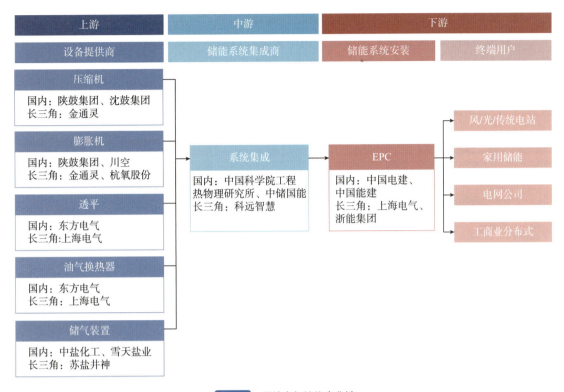

图3.12 压缩空气储能产业链

热正处于实验室到商业化过渡阶段[101];而热化学储热则是当前研究热点,技术成熟度相对较低。其中,熔盐为常用的中高温显热储热介质,具备较宽的液体温度范围,储热温差大,储热密度高,适合大规模中高温储热项目。熔盐的主要成分为硝酸钠、硝酸钾盐,是较为常见的化学材料,目前国内熔盐供应和化盐服务较为成熟。此外,熔盐储热系统中还需配备熔盐泵、熔盐罐、蒸汽发生器、保温材料、玻璃等关键设备及材料,以防止熔盐冻堵,因此一次性投资规模较大[107]。

产业链上游:资源与原材料。主要是熔盐与玻璃,长三角区域内资源的代表供应商有浙江联大化工股份有限公司、浙江阿斯克建材科技股份有限公司等。浙江联大化工股份有限公司的产品有结晶硝酸钾、颗粒硝酸钾、硝酸钠、亚硝酸钠、氢氧化镁、太阳能储热熔盐等,其自主研发的颗粒状硝酸钾产品填补了国内空白。

产业链中游:设备与储能系统集成。主要包括熔盐罐、熔盐泵和蒸汽发生器以及系统集成。长三角区域内设备制造主要参与的企业有西子清洁、上海锅炉、江苏千里机械、飞跃机泵等。较为成熟的系统集成商有上海电气集团与江苏联储能源科技有限公司等。江苏飞跃机泵GY系列较替代产品RY型熔盐泵产品系列更完善,使用寿命更长,并从单一的熔盐输送,转化为除熔盐外,同时可作为高温化工物料的输送,介质使用温度≤540℃。上海锅炉设计完成了申能平山二期1350MW二次再热超超临界塔式炉,该项目是世界在建单机容量最大的高参数二次再热燃煤电站项目,实现我国火力发电技术上的突破,将引领行业技术发展的方向。江苏联储能源科技是国内领先的熔盐热储能、特高温余热回收解决方案供应商，公司拥有国内首座20MWt熔盐储能系统示范平台。

产业链下游：主要是在工业园区。用于火电厂改造，熔盐储能利用机组锅炉蒸汽，可以增强火电深度调峰能力；还可与光热电站耦合发电，使得光热发电具有可储热、可调峰、可连续发电的能力；或者直接用于供热，为工业领域提供蒸汽以及为居民区域提供热水。图3.13为熔盐储热产业链。

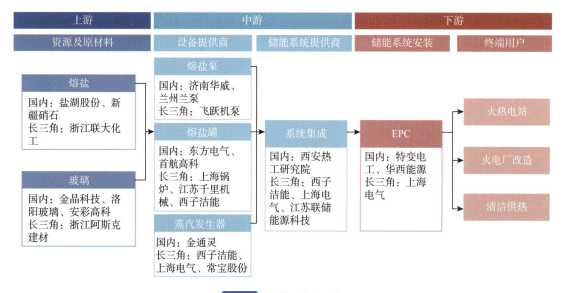

图3.13 熔盐储热产业链

长三角地区的熔盐等原材料资源并不富裕，但是熔盐储能技术发展十分成熟，且熔盐储热系统中的关键设备（熔盐泵、熔盐罐、蒸汽发生器、保温材料、玻璃等）在长三角区域均有可靠的供应商，如江苏飞跃机泵、西子清洁能源装备制造股份有限公司、金通灵等等。上海电气集团对于储能系统的集成、安装具有专业的团队支持，成功完成多次EPC项目。

（4）长三角区域氢能行业产业链结构现状

氢能是指氢在物理与化学变化过程中释放的能量，可用于储能、发电、各种交通工具用燃料、家用燃料等。氢能是最理想的新能源，最有希望成为能源的终极解决方案，源于氢能相比于其他能源方案具有显著优势。首先是其储量大、污染小、效率高。氢元素是宇宙储量最丰富的元素，构成了宇宙质量的75%，大储量保证其作为能源供给的充足性。此外，氢元素主要以水的形式存在，原料获取非常容易；氢气的供能方式主要是和氧气反应生成水释放化学能，其产物除了水无其他中间产物，整个供能过程无浪费、零污染[108]。氢气的比能量高（单位质量所蕴含的能量高），可达到120MJ/kg，几乎是汽油的三倍。氢能源生产和使用可形成循环闭环，进而实现绿色可持续发展。近年来，随着燃料电池的迅速发展，氢能作为最适宜的燃料也随之进入一个高速发展阶段。

产业链上游：氢气制取、氢气储运及加氢站。氢气制取是氢能产业链中的重要一环，按照制取技术来分，可以分为化石能源制氢、工业副产制氢和电解水制氢。长三角区域主要的制氢企业有东华能源、嘉化能源、阳光电源、苏州竞立等。氢气储运是制约我国氢能产业发展的关键环节，包括氢的储存和运输两方面，一种储氢方式对应着一种运氢方法。储运氢的方式主要有四种，分别是高压气态储运、低温液氢储运、有机液体储运、固体储运。主要的氢气储运企业有中材科技、中泰股份、天沃科技、南京晨光等。加氢站的主要部件包括加氢机、氢气压缩机、储氢瓶组等，其中氢气压缩机占总成本比例较高，约30%。目前设备制造的发展方向是加速氢气压缩机的国产化进程，进而降低加氢站的建设成本。长三角区域主要的设备供应商有国富氢能、上海舜华新能源、江苏恒久机械等。苏州竞立是国内最具影响力的电解水制氢设备研发制造商和主要的相关设备供应商，目前设备最大制氢能力可达1000m³/h。浙江嘉化能源可以制备99.999%的高纯氢，而且建造了常熟的第一座商用加氢站，其加氢能力为100kg/d。江苏国富氢能是国内领先的一站式氢能装备整体解决方案提供商，年产3万支高压氢瓶，具备液氢工厂、液氢储罐、高压加氢站等系列装备制造实力，累计为国内客户提供五十余套加氢站成套装备，其中90%为日加氢量超过500kg的商业化加氢站，产品市场占有率达50%以上，"QN35集装箱式增压加氢装置与氢气加气机"获江苏省首台（套）重大装备认定[109]。上海舜华新能源掌握高压氢气处理核心技术，业务领域涵盖氢能、核能和分布式能源，并在制氢（风电光伏的余电制氢EPC业务）方面积极探索。

产业链中游：燃料电池、氢燃气轮机和氢内燃机。其中燃料电池占据市场份额较大，燃料电池是将氢气和氧气的化学能直接转换成电能的发电装置，其基本原理是电解水的逆反应：把氢和氧分别供给阳极和阴极，氢通过阳极向外扩散和电解质发生反应，放出的电子通过外部的负载到达阴极[110]。在氢能领域，工信部将燃料电池电堆、双极板、膜电极、质子交换膜、催化剂、气体扩散层、空压机和氢气循环泵列为燃料电池的八大关键部件，这也是我国发展氢能产业需要重点攻克的环节。长三角区域内燃料电池制造企业主要有威孚高科、龙蟠科技、上海唐锋、上海神力、江苏科润、上海电力等。氢燃气轮机和氢内燃机的市场规模较小，目前国内还处于技术攻关阶段。江苏龙蟠科技的产品有燃料电池催化剂和70兆帕Ⅳ型储氢瓶等。上海唐锋能源自主创新的高性能低铂膜电极，1kW铂载量<0.25g，具有载量低、性能高、使用寿命长等特点，是国内第一款批量交付的合金催化剂膜电极产品，技术指标达到世界先进、国内领先水平。江苏科润新材料生产的全氟磺酸质子交换膜采用全新流延法工艺制造，由于流延法工艺可以与掺杂技术相结合，因而制造的膜不仅具有拉伸强度大、各向同性、电导率高、化学性能好等优势，还具有自增湿的效果。同等厚度和尺寸下，其机械强度超过传统进口膜30%，同时溶胀率低、含水率高。上汽旗下捷氢科技推出了完全自主设计开发的捷氢启源M4H燃料电池电堆和捷氢启源P4H、P4L燃料电池系统，在电堆功率、电堆功率密度、系统功率等核心技术指标方面均处于国际顶尖水平。

产业链下游：交通、发电、储能、工业等几大场景。其中交通是氢能消费重要的突破口。在交通领域，大力发展的是燃料电池汽车处于政策引导的区域市场模式，即由"短期示范——公交、物流领域示范运行——城市群示范"，逐步迈入商业化推广阶段。长三角区域内主要的燃料电池汽车研发企业有开沃新能源、苏州金龙、杭叉集团、上汽集团等。开沃新能源在燃料电池应用技术、存储技术、加注与安全防控技术等领域取得了突破，与全国十余家燃料电池发动机企业建立了良好的合作关系，燃料电池客车产品覆8.5～12m公交系列，是国内开发燃料电池车型及配套应用最多的企业之一。苏州金龙采用国际先进的燃料电池技术，燃料电池客车可在–30℃低温下可靠启动；研发出多款低能耗、长寿命的氢燃料电池客车，相关技术指标均达到国际先进水平：燃料电池额定功率≥80kW、0～50km/h加速时间≤15s、百公里氢气消耗≤3.5kg、氢燃料电池系统无严重故障里程≥15000km。上汽是全球行业中唯一一家实现多品种燃料电池商业化落地的企业，已经推出轿车、MPV、轻客、大客车、轻卡、重卡等多款产品，在全国多个城市实现商业化运营。2022年8月，上汽大通MAXUS MIFA氢燃料电池MPV、上汽红岩氢燃料电池重卡、上汽轻卡燃料电池冷链物流车"集合出征"，共计410辆上汽燃料电池车正式投入商业化运营；2022年11月，上汽红岩49T燃料电池牵引车也在上海投入运营。此外，上汽旗下移动出行战略品牌享道出行也于不久前完成"氢能源"试运营，上线了上汽大通MAXUS旗下氢能源MPV车型"MIFA 氢"。图3.14为氢能产业链。

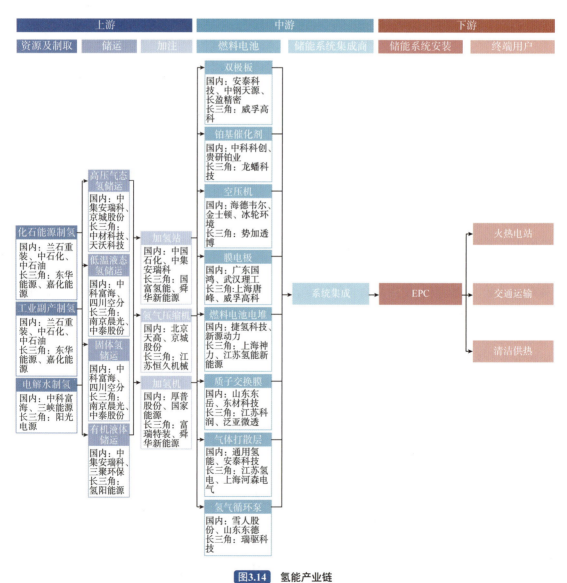

图3.14　氢能产业链

从氢能产业的市场主体方面来看，我国发展十分迅速，目前氢能全产业链规模以上工业企业已经超过了300家。当前，长三角区域氢能产业呈现了"集群化"的发展态势，氢能相关产业处于同步协调发展阶段。国家也十分重视长三角区域氢能产业的发展，2022年11月江苏省无锡市江阴临港氢能产业园暨重点氢能项目集中签约仪式举行，项目落地达产后将助力江阴市打造具有全省乃至全国影响力的氢能产业新高地。

3.4.3 长三角区域新型储能产业链结构剖析

目前，长三角区域已经实现了"服务业和研发机构-电动车市场-储能系统制造（光伏、锂电池、电动车等）-分布式电网和微电网建设-可再生能源开发"一体化的能源产业链布局。从地域上来看，上海、南京在储能产业相关的服务业（金融业）和研发测试环节起到领导和辐射作用，上海形成了较高水平的新能源汽车设计中心；江苏全域推进供给侧改革，苏锡常地区发展成为储能系统（光伏、锂电池、电动车等）的生产制造基地，苏州工业园成为"外资高地"，偏重于消费电子市场和动力电池市场[111]；浙江已经在清洁能源利用、分布式电网和微电网方面形成示范基地，为整合储能系统、形成智能电网奠定了基础；安徽拥有丰富的土地和人才资源，具有战略性新兴产业后发优势，安徽合肥与上海张江同为综合性国家科学中心。此外，江苏省在风电领域正积极部署，亚洲最大海上风电项目在江苏如东已经竣工投产。由于研发和生产在空间分布上相对集中，技术溢出较容易，长三角区域储能产业链与创新链相辅相成。长三角区域储能产业链的不足在于储能系统的标准化检测尚未形成体系、电池回收产业不成熟以及智能电网环节薄弱。江苏省和浙江省产业同构明显也逐渐成为制约长三角储能产业快速发展的瓶颈。

其次，还需要关注跨国公司对本土服务业和研发测试机构的挤出效应。随着长三角区域制造业的结构转型，跨国公司纷纷在此设立研发中心加强技术垄断。咨询、法律、营销等商务服务FDI纷纷进驻长三角。以研发机构为例，仅仅苏州工业园，外商设立的研发机构就超过50家，与储能相关的如松下电气研究开发有限公司、爱默生环境优化技术研发有限公司、三星半导体研究开发有限公司等，这些研发机构限制了本土高级服务业的发展。强化储能产业链中服务和研发测试环节的本土化是实现企业自主创新的关键，需要政府和企业的共同努力。

最后，"专精特新"的中小微企业是长三角区域储能产业链中的"隐形冠军"。这些企业规模不大，但高度专业化，是拥有核心技术、关键部件和特殊材料的中间投入品供应商。2017年，浙江公布了23家"隐形冠军"企业和260家培育企业名单，着眼促进"专精特新"的中小微企业的发展。2018年，江苏公布了173家"专精特新小巨人"企业名单，其中"专精特新"产品70个，"科技小巨人"企业60家，"隐形冠军"企业27家，"隐形小巨人"企业16家。

对长三角区域储能产业链结构进一步梳理：

（1）长三角区域储能电池行业产业链结构

发展最为完善的是锂电池储能行业，整个锂电池储能生产链上中下游均有能力强劲的中大型企业，全国范围内产值较高。但是对于钠离子电池等其他储能电池行业企业较少，例如钠离子电池，其与锂离子电池的工作原理类似，但与锂资源相比，钠资源储量非常丰富。因此，在大规模应用的场景下，钠离子电池没有明显的资源约束。此外，钠离子电池的正极材料、集流体材料的理论成本比锂电更低，在完成产业化降本之后，其初始投资成本有望较锂电更低。钠离子电池与锂离子电池的产业链也极为相似，可利用现有锂离子电池产业链，加速产业化发展。

（2）长三角区域压缩空气储能行业产业链结构

压缩空气储能行业产业链相对完整，虽然核心设备压缩机与膨胀机在长三角区域均有设备制造商，但是先进技术依然掌握在陕鼓集团、沈鼓集团手中，处于产业链中游的系统集成主要技术提供方是中国科学院热物理研究所下属的中储国能和清华大学等高校。为占据市场份额，长三角地区企业还需加快脚步进行核心技术的研发与市场拓宽。

（3）长三角区域熔盐储热行业产业链结构

对于熔盐储热行业产业链，长三角区域的企业主要集中在中下游，熔盐储能装备制造技术较为成熟。由于长三角地区熔盐资源不够丰富，并且国内熔盐供应和化盐服务已经较为成熟，所以中下游企业在产业链上游可以选择投资，进而保证可靠的原材料来源。

（4）长三角区域氢能行业产业链结构

对于氢能产业链，长三角区域的企业在产业链上、中、下游都只参与了部分环节，尚未形成相对完整的产业链。氢能作为最清洁的能源，也是我国目前想要迫切发展的新型能源之一。现阶段长三角区域氢能产业呈现出"集群化"的发展态势，氢能相关产业处于同步协调发展阶段，该区域未来有望成为我国具有代表性的氢能产业发展高地之一。

3.5 长三角区域内龙头企业分析

3.5.1 电化学储能龙头企业

（1）安徽国轩高科动力能源有限公司

合肥国轩高科动力能源有限公司成立于2006年，是国内最早从事新能源汽车动力电池自主研发、生产和销售的企业之一，在磷酸铁锂行业深耕数十年，目前在国内磷酸铁锂市场排第3，仅次于宁德时代和比亚迪。公司主要产品为磷酸铁锂材料及电芯、三元材料及电芯、动力电池组、电池管理系统及储能型电池组。产品广泛应用于纯电动乘用车、商用车、专用车、轻型车等新能源汽车领域，同时为储能电站、通信基站等提供系统解决方案。公司先后通过ISO 9000等"三标一体"认证和TS 16949质量体系认证，被评为国家CNAS认可检测中心，储能实验室被授予目击实验资质（WMTC）；产品通过多项国内及国际认证。表3.11为主流电池厂商技术对比。

表3.11 主流电池厂商技术对比

电池厂商	制造价格/(元/Wh)	独家电池工艺	技术优势	能量密度
宁德时代	0.8 左右	CTP 技术	利用率提升 15%~20%；零部件数量减少 40%；成本下降 15% 左右	CTP 电池包：200Wh/kg
国轩高科	0.6 左右	JIM 技术	直接用卷芯放在模组内，一次完成制作；省去电芯组装过程，成本接近铅酸电池	电芯：210Wh/kg 电池包：200Wh/kg
比亚迪	0.588 左右	刀片电池	利用率提升 50%；成本下降 15% 左右；体积能量密度上升 30%	电池包：180Wh/kg
普通电池	0.5~0.6	—		160~185Wh/kg

在技术方面，国轩高科磷酸铁锂电池产品性能已经达到行业最高水平，目前电芯单体能量密度已经突破210Wh/kg，系统能量密度高达160Wh/kg，循环寿命3000周。公司在电池结构上也进行持续的创新，目前已经实现大圆柱、JTM等新型电池结构，可以提高电池的体积比能量密度，降低生产成本。在负极材料上，公司较早涉及硅基材料，对下一代负极材料的布局较早，具备自给优势；同时公司已掌握预锂化技术，可以缓解首次充电时的锂损耗问题。国轩高科高镍三元811电池单体能量密度突破302Wh/kg，系统能量密度突破200Wh/kg并成功实现规模化量产。目前该款电池已搭载多款中高端车型，包括长安欧尚、科尚EV、北汽EX3等，是公司覆盖车型最广、出货量最大的高能量密度电池产品。产业链布局方面，国轩高科先后投资了上游锂矿资源、正极材料、正极前驱体（中冶瑞木）、负极材料、隔膜（合肥星源）、电解液、铜箔（铜冠铜箔）等产业链关键环节，目前已形成从材料端到产品端的产业链垂直布局。

在市场表现方面，2020年公司动力电池总装机量3.27GWh，在国内排名第5，市场占有率约为5.2%（见图3.15）。2020年公司磷酸铁锂电池装机量2.9GWh，排名全国第3。图3.16为2021年全球动力电池市占率。

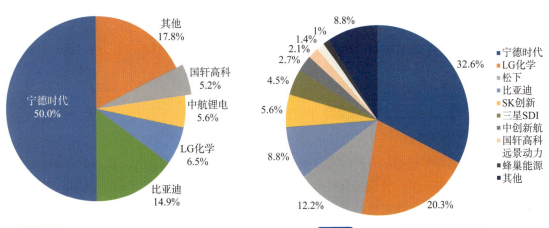

图3.15 2020年中国动力电池出货量占比

图3.16 2021年全球动力电池市占率

国轩高科2025年产能规划300GWh，按照1GWh产能对应碳酸锂500吨，折算得碳酸锂总需求量为15万吨。如碳酸锂布局计划全部达产，届时公司将拥有13.1万吨碳酸锂资源量，理论覆盖率将达到87.3%，叠加公司在回收端布局，整体领先业内其余电池厂，基本实现碳酸锂自供。自2021年起，公司瞄准云母提锂较大的市场空间，率先布局宜春科丰、奉新国轩、宜丰国轩三个碳酸锂项目，累计年产能规划12.5万吨。此外，国轩高科还携手阿根廷矿业投资公司，海外盐湖锂矿布局逐渐落地。2022年，国轩高科与阿根廷胡胡伊省一家政府控制的矿业投资公司JEMSE签署了《关于在阿根廷开展锂矿业务合作的谅解备忘录》，就阿根廷胡胡伊省的盐湖锂矿展开战略合作，提供勘查面积约17000公顷的潜在锂矿产资源探矿及采矿权。

目前，国轩高科在国内合肥肥东、合肥经开区、合肥新站、庐江、南京、青岛、唐山、南通、柳州、宜春等地共建有10大生产基地，公司产能2021年底将达到50GWh，2022年底将突破100GWh，2025年将突破300GWh。安徽省合肥市庐江县首个百亿产值项目国轩科宏高端正极材料投产，桐城国轩新能源有限公司年产40GWh动力电池项目分三期建设，一期年产10GWh，二期规划产能20GWh，三期规划产能10GWh。项目全部建成达产后，预计年销售收入不低于400亿元，将定向出口至美国、印度等国家[112]。图3.17为桐城电池生产基地。国轩高科还与越南VinGroup集团旗下VinES共同投资越南河静工厂，其中国轩高科持股51%，VinES持股49%。该工厂占地210亩，项目规划年产能5GWh，预计2023年底完成建设并投产。

图3.17　国轩高科桐城电池生产基地

（2）上海派能科技

上海派能能源科技股份有限公司专注锂电池储能产品开发和应用，提供领先的锂电池储能系统综合解决方案。公司垂直整合储能锂电池研发生产、BMS研发、系统集成三大核心环节，以高性能储能锂电池和先进BMS技术（动力电池管理系统）为核心，以市场需求为导向，为用户提供先进储能产品。储能产品已获得中国、欧盟、北美、澳洲、日本等国际地区的认证，广泛应用于几十个国家和地区，市场占有率行业领先。

在技术方面，派能科技储能产品采用软包铁锂路线，是国内少数可以实现自主研发与供应电芯+PACK的储能厂商，可提供5～1500 V全系列电压等级全场景储能系统及定制化解决方案，覆盖新能源发电、电网辅助服务、微电网、工商业园区、充电桩、数据中心、通信基站等各种场景储能应用。公司在保证能量密度不低于175Wh/kg基础上，可将产品循环寿命提升至12000次，预计未来将突破15000次，使用寿命超过20年。

在市场表现方面，派能科技是行业领先的储能电池系统提供商，在长三角地区2021年度全球市场储能电池出货量排名第一。与国内其他储能企业相比，2021年其户用储能全球排名第二。在境外市场，公司基于自身技术和产品优势，以海外家用储能市场为切入点，主攻户用光伏领域，先后拓展了欧洲最大储能系统集成商Sonnen、欧洲领先的光伏提供商Krannich Solar、英国最大光伏提供商Segen、西班牙领先的光伏和储能提供商Solar Rocket等大型优质客户。2020年，派能科技来自境外的主营业务收入金额为9.43亿元，占主营业务收入的88.42%。在境内市场中，公司产品主要销往中兴康讯。2020年，派能科技已形成年产1GWh电芯产能和年产1.15GWh电池系统产能。同时，公司募投项目规划了新增4GWh锂离子电芯产能和5GWh储能锂电池系统产能。预计派能科技2022/2023年储电芯出货量为3.5GWh/8.0GWh，同比增长127%/129%。2022年10月12日上午，派能科技10GWh锂电池研发制造基地项目开工（见图3.18）。项目总投资50亿元，达产后年产值可达100亿。该项目主要建设10GWh电芯和系统组装生产线、电池制造和系统组装厂房、研发中心及配套设施。该基地建成以后，将成为派能公司工序最齐全、产能最大的基地。

图3.18　派能科技10GWh锂电池研发制造基地项目

（3）上海电气

上海电气长期致力于电化学储能业务的技术研发、工程应用和市场开拓，可实现从电芯到储能系统的全产业链覆盖。公司现有两大生产基地，南通生产基地规划年产10GWh，一期建设5GWh，已于2020年9月正式达产，该基地集研发、试验、生产为一体，是华东地区最先进且具有规模化锂离子电池储能系统的产业基地；昆山基地年产500MWh，经过不断升级改造，目前生产电芯的能量密度已达到行业先进水平。

在技术方面，上海电气已分阶段、分领域布局锂电池、液流电池、燃料电池和退役电池系统四个领域。公司投建了国内首个市场化运营的电网侧共享锂电储能电站，是探索储能商业化模式的一大举措，同时通过收购赢合科技进一步深入锂电池产业链。上海电气已推出兆瓦级全钒液流电池，可实现分布式、集中式全覆盖调峰调频。公司自主研发制造的1MW/1MWh全钒液流电池储能电站在广东汕头市濠江区风电产业园顺利通过验收，该储能电站与风力发电机组、屋顶光伏电站、厂区负荷等共同组成"风光荷储一体化"上海电气汕头智慧能源示范项目。在燃料电池领域，聚焦电堆和膜电极技术和产品，已推出第二代60kW燃料电池发动机系统，并完成强检测试，具备商业装车条件。此外，上海电气在国内退役电池储能领域已完成10余个示范项目。

在市场表现方面，上海电气是国内退役电池储能领域行业龙头和能源装备领先企业。公司自主研发的兆瓦级集装箱式全钒液流电池储能系统成功中标450MW风电场配套液流电池储能项目。上海电气格尔木储能电站示范项目（见图3.19）于2020年12月28日正式商业运行，成为国内首个双边协商市场化交易的储能电站，实现电网单边调用和市场化双边交易并行的多元化运营。

图3.19 格尔木仓储式储能电站

上海电气闵行工业园区智慧能源示范项目储能系统通过优化园区用电结构，储能充放电效率达到将近87%，降低峰值用电量1400MWh。通过该项目，工业园工厂在高峰时段的用电量占比从35%降至27%，峰段用电和平谷用电比例从57%降至38%。英国REP1&2储能项目是上海电气电站集团首个海外大型储能项目，同时也是太平洋绿色技术公司首个自主开发储能项目。该储能项目总容量为100MW/100MWh，上海电气国轩作为储能集成商提供全套储能系统解决方案。上海电气国轩成功中标安徽地区宣州区沈村50MW风电场和谯城区亳永50MW风电项目（二期）配套的储能系统合同，储能系统设计容量均为10MW/10MWh（见图3.20）。该项目是安徽省首批风电配套储能项目。

图3.20　10MW/10MWh安徽沈村/亳永风电配套储能项目

2MW/8MWh江苏昆山用户侧储能项目（见图3.21）是江苏首批用户侧储能项目，采用仓储式设计。储能系统监测厂区实时负荷，在满足配电变压器容量限制前提下进行负荷需量控制，通过削峰填谷运行策略降低厂区需量电费；同时，基于当地电价差在峰谷电价时段进行储能系统充放电控制，降低厂区用电费用，获得直接经济收益。

图3.21　2MW/8MWh江苏昆山用户侧储能项目

500kW/1157kWh迪拜光储柴微电网项目（见图3.22）是上海电气电站集团为在建的迪拜四期光热光伏项目现场办公室配建的一套"光伏+储能"集成示范电站，是上海电气海外首个光伏、储能试验验证样板点。

图3.22　500kW/1157kWh迪拜光储柴微电网项目

（4）江苏海基能源股份有限公司

海基能源专业从事储能用磷酸铁锂电池、电池组以及系统的研发、生产、销售和服务。公司产品定位于"泛储能"应用领域，下游应用覆盖至大型集装箱式储能系统、工商业储能产品、户用储能以及通信备电等多个应用领域。自成立以来，海基陆续实施了大量储能项目，累计出货量超1.5GWh，涵盖全方位应用场景。

在技术方面，海基新建了完整的PACK产线，迭代了储能标准模组的设计，是国内首批通过锂电储能国标GB/T 36276的企业之一。海基新能源提供从单体电芯到系统的各个层级储能产品，产品包括各种规格的磷酸铁锂电芯、标准储能模组、标准储能电池簇、集装箱储能系统、工商业储能系统、户用储能系统等。产品已通过GB/T 36276、IEC62619、UL1973、UL9540A等测试。

在市场表现方面，海基新能源2019年新增装机量排名第二，仅次于宁德时代。公司目前产能为1GW，年底有望新增1.5GW产能。新能源发电配置储能应用有乌兰察布风电基地一期600万千瓦示范项目（全球陆上单体最大风电项目，见图3.23）、5MW/10MWh山东滕州储能项目、青海格尔木2MW/2MWh储能项目、山东星球企业孵化60MWh（三期30MWh）配套储能项目、高唐40MWh农光互补配套储能项目（1500V）、莱州6MW/12MWh（一期）光储融合项目、雄州电厂10MW/10MWh储能辅助AGC调频项目（国内首个高压级联+1C电源侧项目）、蒙能杭锦电厂9MW/4.5MWh储能辅助AGC调频项目（见图3.24）等。2019年海基全年储能电芯出货量228MWh，累计出货量超过340MWh。截至2020年，海基电芯产品中标国内外45个项目，广泛应用于新能源消纳、电网侧储能、用户侧储能等领域。

图3.23 乌兰察布风电基地600万千瓦示范项目

图3.24 蒙能杭锦电厂9MW/4.5MWh储能辅助AGC调频项目

（5）浙江南都电源动力股份有限公司

南都电源是国家高新技术企业及国家技术创新示范企业，拥有国家认可实验室、博士后工作站、院士工作站和浙江省装备电子研究院等创新平台。在电池电源新材料、新技术、新结构等方面拥有核心技术专利，主导和参与了多项国际、国家和行业的标准制定，并连续多年成为中国轻工行业及电子信息行业百强企业。公司采用国际先进的储能技术，为全球用户提供安全、可靠的储能系统产品和服务。经过多年的探索和积淀，在用户侧、电网侧、新能源发电侧均已实现大规模应用。

在技术方面，南都电源具备从储能产品及系统的研发生产、系统集成到运营服务的系统解决方案的能力。提供以锂离子电池和铅电池为核心的产品、系统集成及服务，同时打造了"铅电池循环产业链"和"锂电池循环产业链"两大产业闭环。南都电源锂离子电池产品涵盖磷酸铁锂、三元锂电池系列产品及系统集成产品，锂离子电池及系统主要包括电芯、模组及电池包等。南都电源铅蓄电池产品主要包括高温型节能环保产品、高功率电池、核级阀控式电池、新型铅炭电池产品、高端石墨烯电池等。

在市场表现方面，公司产品及系统在国内外储能项目中得到大规模应用；全球储能装机规模超过3GWh，年投运规模全球第二、全国第一；南都电源与A公司合作的调频服务储能系统项目，已建成投运45MW，项目运行情况良好，效益显著，获得多项全球大奖。图3.25为南都电源德国45MW/75MWh项目。

图3.25 南都电源德国45MW/75MWh项目

此外，南都能源中标多个国内电网侧锂电储能项目，建成投运长沙榔梨储能电站、杭州余杭未来科技城锂电储能等多个项目，在意大利、澳大利亚分别建成投运当地首个大规模锂电调频储能项目。图3.26为南都电源无锡20MW/160MWh项目。

图3.26 南都电源无锡20MW/160MWh项目

3.5.2 储热储冷龙头企业

（1）杭州西子清洁能源装备制造股份有限公司

西子清洁能源装备制造股份有限公司成立于1955年，隶属于中国企业500强西子联合控股。西子洁能秉持"新能源+储能"的发展战略，将在熔盐储能等物理储热、储能领域的实践基础上，全方位布局储电、光伏、太阳能发电、氢能、风电等新能源领域，从余热利用的领导者向清洁能源的制造者转型。

在技术方面，2009年，西子洁能开始太阳能光热发电的技术研发，选择塔式热发电为主要方向，兼顾熔盐、导热油的换热与储热技术。投资参建中国首座规模化运行光热储能电站，所应用的储能技术入围国家2021年度能源领域首台（套）重大技术装备项目；旗下电极锅炉技术荣获欧盟及中国核电标准认可。图3.27为西子航空厂区内安装的储盐罐。

图3.27 西子航空厂区内安装的储盐罐

在市场表现方面，由西子洁能设计制造的熔盐吸热器、熔盐-蒸汽发生系统等已服务于中控太阳能德令哈10MW塔式项目、中控太阳能德令哈50MW塔式光热项目、中电建青海共和50MW塔式光热项目、鲁能海西州多能互补50MW塔式光热项目、中广核吉西鲁固直流100MW光热发电项目等多个项目。2021年11月19日，西子洁能首个也是浙江省内首个零碳工厂示范项目——西子航空零碳工厂成功投运，实现了园区能源供给的零碳目标，成为浙江首个"光伏+熔盐储热+液流储电"示范项目。该项目集熔盐储热技术、液流电池储电技术、分布式光伏发电技术、氢燃料电池技术等多种新能源发电和新型储能技术于一体，其中光伏装机总容量6MW，年发电量约5300MWh，可以满足西子航空5000MWh的年度用电量；每年节约标煤5018吨，减排二氧化碳1.25万吨、二氧化硫89吨、氮氧化物28吨、烟尘19吨。2022年3月，公司与绍兴绿电能源有限公司签署了《绿电熔盐储能示范项目承包合同》。该项目是浙江省"十四五"第一批新型储能示范项目，也是全国首个大规模用户侧谷电熔盐储热供能项目。该绿电熔盐储能示范项目可消纳风光绿电，通过熔盐储能供热系统及汽轮发电系统实现对园区供热、供电，并可全负荷顶峰满足电网需求响应。项目建成后，利用绿电与熔盐储能技术，每年可发电65GWh，供蒸汽量84万吨；每年节约标煤10.5万吨，减排二氧化碳30万吨。

（2）上海贺迈新能源科技有限公司

贺迈新能源成立于2016年，是一家致力于高效相变储能材料、产品及整体解决方案研发、生产与销售的高新技术企业，其生产中心位于上海青浦区，可月产相变材料近2000吨，热池1000台。贺迈新能源基于高效相变储能材料开发的产品及解决方案可以广泛应用于清洁供暖、新鲜热水、工业用热、冷链、电子器件控温、绿色建材、纺织、家电等众多领域。当前，贺迈新能源已有200多个清洁供热项目在西北、华北、东北、华中、华东等地运行，每年消纳谷电约70GWh，减排二氧化碳约10万吨、二氧化硫约280吨、氮氧化物约260吨、烟尘约6600吨。

2021年6月，国网宁夏电力有限公司与银川市金凤区教育局共同实施的宁夏首个"光伏+储能+电采暖"项目正式并网运行，其中，储能部分使用了贺迈新能源的相变储能热池及智能控制系统。该项目新建两座142.5千瓦分布式光伏电站，使用了16台贺迈新能源相变储能热池，完成金凤区曼新小学、奕龙小学6800平方米"煤改电"供热改造，建成"光伏+储能+电采暖"清洁供暖系统，预计年发电量34.08万千瓦时。图3.28为金凤区曼新小学"光伏+储能+电采暖"项目。

图3.28　金凤区曼新小学"光伏+储能+电采暖"项目

2022年8月4日，上海贺迈新能源科技有限公司、中车城市交通有限公司子公司冷链魔方（上海）科技有限公司与扬州红人实业股份有限公司三方签署了《战略采购合作协议》，三方携手标志蓄冷式集装箱总装集成项目正式落户扬州江都区，将带动冷链高端装备制造业的转型升级。

（3）浙江可胜技术股份有限公司

浙江可胜技术股份有限公司（原浙江中控太阳能技术有限公司）成立于2010年，是全球领先的熔盐储能光热发电解决方案提供商，专注于塔式光热发电与熔盐储能的技术研究、装备研制与工程化应用，深度聚焦光热发电及多能互补发电业务，并积极布局以熔盐储能为核心的综合能源应用领域，致力于通过先进、高效的可再生能源利用技术，为人类社会提供高品质、低成本的绿色清洁能源。

在技术方面，通过多年的技术攻关及工程实践，可胜技术已成功掌握从聚光、集热、储热到发电的全流程塔式光热发电核心技术，并建立起光热发电全产业链，实现了核心装备的产业化、国产化。同时，可胜技术开发了一整套高温熔盐储能解决方案，形成了一系列涵盖工艺包设计、关键设备研发、工程设计及建设管理、储能调试及运维等专有技术，并已实现熔盐储能相关产品的规模化生产。储换热系统包括储热与换热系统，储热系统将加热后的介质（熔盐）进行储存，换热系统在需要发电时利用高温熔盐与水进行热交换，以产生高温高压的蒸汽。熔盐储换热系统是光热发电高品质电力输出的保证，该系统包括高温熔盐储罐、低温熔盐储罐、换热器、配套管道、仪表、电伴热、保温等辅助系统。

在市场表现方面，可胜技术在2013年参与青海中控德令哈10MW塔式光热电站并网发电，这是我国首座实现商业化运营的光热电站，全球第六座投运的塔式光热电站。2016年青海中控德令哈10MW塔式光热电站熔盐吸热、储热、换热系统成功投运，成为我国首座、全球第三座投运的具备规模化储能系统的塔式光热电站[113]。2018年承建的我国首批光热发电示范项目之一——青海中控德令哈50MW塔式熔盐储能光热电站并网发电。2019年作为主要技术提供方与聚光集热系统供货方参与建设的中电建青海共和50MW塔式熔盐储能光热电站并网发电。同年，与中国能建葛洲坝国际集团组成的联合体签订希腊MINOS 50MW光热发电项目EPC合同。图3.29为青海中控德令哈10MW+50MW光热电站。

图3.29 青海中控德令哈10MW+50MW光热电站

（4）江苏金合能源科技有限公司

金合能源是一家致力于储热/冷材料研究和开发，提供清洁供热和冷链应用解决方案的高新技术企业。目前，公司已经开发出数十种复合相变储热/冷材料，应用温度范围可覆盖−150℃到1000℃，具有储热密度高、导热性能好、体积变化小、使用寿命长等特点。基于先进的材料技术，已成功研制出可用于替代燃煤锅炉实现清洁供暖的电热储能产品——蓄热式电锅炉和蓄热式电暖器，以及可应用于冷链领域的高性能储冷材料及装置。目前产品已通过国家机构认证和检测，并在市场得到广泛的推广及应用，产品性能明显优于同类产品。

近年来，金合能源先后荣获国际储能创新大赛应用创新典范TOP10、国际创蓝奖入围奖、2018年度中国储能产业最佳热储能示范项目、英国化学工程师学会2019年度化学工程全球杰出成就奖、全球能源奖和优秀研究项目奖、2019年度江苏省小巨人企业（创新类)、2020年辽宁省科技进步一等奖等荣誉。金合能源一直以技术研发和创新作为推动发展的核心驱动力,并致力于推动国家和行业标准的建立,目前已获得50余项专利授权,作为唯一中国企业参与了美国ASME标准《High temperature TES》(高温储热技术)的制定工作,牵头编写《热能储存通用技术规范》标准,同时参编了《蓄热型电加热装置》、《无内置热源相变蓄热装置》《电蓄热设备用储热材料》《蓄热用高温固体储热砖》《相变式储热装置储热性能衰减试验规程》等多项行业标准。图3.30为蓄热式电锅炉产品。

图3.30 蓄热式电锅炉产品

金合能源承担过国家级清洁能源示范项目——中广核新疆阿勒泰市风电可再生能源消纳项目。该项目总供暖面积约57000m^2,采用两台3MW蓄热式电锅炉供热。设备依托当地10kV风电网络供电,总设计电加热功率6000kV,总设计供热负荷2972kW、总蓄热量35000kWh,年消纳风电859.96万千瓦时。图3.31为中广核新疆阿勒泰市风电清洁供暖热力站。

图3.31 中广核新疆阿勒泰市风电清洁供暖热力站

此外，公司还承担了国电投黄河公司海南州贵南源网荷储清洁示范项目（见图3.32）。该项目总供暖面积为21100m²，采用两台1.3MW蓄热式电锅炉，助力青海省清洁电力消纳，总功率2600kW，热负荷可达1600kW，总蓄热量16000kWh，极寒天气时加热不超过8h就可满足当天供暖需求，年消纳光伏、风电396万千瓦时。

图3.32 海南州贵南源网荷储清洁示范项目

3.5.3 新型机械储能龙头企业

（1）江苏苏盐井神股份有限公司

江苏苏盐井神股份有限公司成立于2009年12月，下辖13个（分）子公司和11个职能部门，是集科研、生产、配送、销售于一体的全国大型盐及盐化工企业。

2021年12月22日，苏盐集团与中国科学院工程热物理研究所、中储国能公司在南京举行战略合作协议签约仪式，共同建设国际首个400MW盐穴压缩空气储能示范项目（见图3.33，含一个100MW系统、一个国际首套300MW系统），携手推进能源综合利用新技术的研发与共享，深入开展平台建设、技术应用、股权融资以及知识产权等全方位战略合作，打造绿色低碳循环发展"示范样本"，致力于服务国家能源战略和江苏用能安全。全球规模最大的中储国能参与合作的淮安465MW/2600MWh盐穴压缩空气储能项目，该项目于2022年7月14日在北京顺利通过专家评审，将进入工程实施阶段，建成后实

图3.33 国际首个400MW盐穴压缩空气储能示范项目

现年发电8.5亿度，标志盐穴空气储能已进入大规模商用阶段。

（2）南京科远智慧科技集团股份有限公司

南京科远智慧科技集团股份有限公司是我国领先的智慧工业解决方案供应商及建设先行者、中国工业自动化与信息化规模与品牌价值前三强，多次被工信部授予"专精特新小巨人"和"工业互联网示范单位"，掌握了水电、光伏、风电、太阳能热发电、盐穴压缩空气储能、水电站储能等智慧一体化管控平台解决方案，并在光热发电、超临界发电、热电、智慧光伏、储能电站、电力机器人领域处于国内领先。2021年9月30日，由科远智慧提供分散控制系统解决方案的世界首座60MW非补燃压缩空气储能电站——金坛盐穴压缩空气储能国家试验示范项目成功并网。工程共分4期完成200MW盐穴储能中心建设，最终规模将达1000MW以上。一期建设1套60MW盐穴非补燃压缩空气储能系统，发电年利用小时数约为1660小时，电换电效率为60%，发电全过程无燃料消耗，系统所有技术和设备均实现完全国产化。图3.34为金坛盐穴储气库项目施工现场。

图3.34 金坛盐穴储气库项目施工现场

（3）张家港广大特材股份有限公司

张家港广大特材股份有限公司成立于2006年，是一家以高品质特种合金材料为核心业务的高新技术企业。自成立以来，公司一直致力于成为高端装备用先进基础材料及制品行业领先制造商。目前，产品广泛应用于新能源风电、轨道交通、机械装备、航空航天、新能源电力、燃气轮机、海洋石化、半导体芯片装备等高端装备制造业[114]。目前，公司正在进行大功率真空磁悬浮飞轮储能转子关键部件技术研发，以达到单个转子储电量超过200kWh、储能密度超过20Wh/kg、系统安全使用寿命超过20年的要求。

3.6 长三角区域新型储能示范项目

"十三五"以来,长三角区域积极推动新型储能示范项目建设,以示范项目创新为引领,助力储能产业健康快速发展。2018年7月,全国功率最高、容量最大的电网侧电池储能项目就在江苏镇江全面建成;2020年6月,安徽省首个风电储能一体化示范项目(淮北13MWh光储充一体化国家示范项目)正式并网投运;2020年11月,用户侧宁波旭升光储一体项目验收,这标志着浙江省首个客户侧兆瓦级光储一体站建成投运,通过源网荷储灵活互动,以峰谷差价空间维持正常运营;2020年12月,国家能源集团启动国内首个海上风电场储能项目——国家能源集团华竹根沙海上风电10MW/20MWh储能工程并于2021年8月进入储能交付阶段;2022年5月,金坛盐穴压缩空气储能国家试验示范项目举行投产仪式,标志着世界首座非补燃压缩空气储能电站、国内首座压缩空气储能工业电站正式投入商业运行;2022年7月,国内首座兆瓦级氢能综合利用示范站在安徽六安投运,这是国内首次实现兆瓦级制氢-储氢-氢能发电的全链条技术贯通;2022年10月,国内最大规模钠离子电池项目落地安徽阜阳,规模300MW/600MWh,也是目前华东区域最大的电网侧电化学储能项目。表3.12为长三角区域新型储能典型示范项目。

表3.12 长三角区域新型储能典型示范项目

时间	项目名称	地位	省份/城市
2018.7	江苏镇江电网储能电站	国内功率最高、容量最大的电网侧电池储能	江苏镇江
2020.4	华能淮阴第二发电厂储能辅助AGC调频工程	国内首例储能调频项目	江苏淮安
2020.5	江苏用户侧储能自动需求响应项目	国内首个用户侧储能自动需求响应项目	江苏镇江
2020.6	淮北13 MWh光储充一体化国家示范项目	安徽省首个风电储能一体化示范项目	安徽淮北
2020.11	宁波用户侧旭升光储一体项目	浙江省首个客户侧兆瓦级光储一体项目	浙江宁波
2020.12	国家能源集团华竹根沙海上风电10MW/20MWh储能项目	国内首个海上风电场储能项目	江苏盐城
2022.5	金坛盐穴压缩空气储能国家试验示范项目	世界首座非补燃压缩空气储能电站、国内首座压缩空气储能工业电站	江苏镇江
2022.6	浙江东福山新能源储能项目	国内第一个规模化应用储能项目	浙江舟山
2022.7	安徽六安兆瓦级氢能综合利用示范站	国内首座兆瓦级氢能综合利用示范站	安徽六安
2022.8	浙能乐电1、2号机组电化学储能调频项目	浙江省"十四五"期间首个电源侧新型储能示范项目	浙江温州
2022.10	安徽阜阳南部风光储基地项目	国内最大规模钠离子电池项目	安徽阜阳

第 4 章 长三角区域新型储能产业发展问题分析与区域对标

4.1 长三角区域新型储能产业发展问题分析

4.1.1 资源优势不明显

长三角地区矿产资源匮乏，使得资源依赖型的上游产业链相对较弱。以锂离子电池产业链为例，目前锂离子电池涉及的金属元素原材料有锂、镍、钴，而这些元素在国内的地理分布处于极不均匀的状态，且采矿和冶炼这些金属基本上被几家大公司垄断。

国内的锂资源储量主要集中在西藏、青海、新疆、四川、湖北、湖南和江西等省区。矿物型锂矿主要分布在新疆、四川、湖南和江西，盐湖卤水锂矿主要集中在青海、西藏和湖北三省区[115]。国内镍资源的特点是非常集中，全国镍矿区共有93处，镍资源分布于19个省区，70%的镍矿资源集中在甘肃，其次27%的分布在新疆、云南、吉林、四川、陕西、青海和湖北等7个省区[116]。国内钴矿资源不多，独立钴矿床尤少，主要作为伴生矿产与铁、镍、铜等其他矿产一道产出。已知钴矿产地150处，分布于24个省区，以甘肃省储量最多，约占全国总储量的30%。生产储能关键材料需要上游矿石资源提供保障，长三角地区资源短缺是长三角区域储能产业发展的一大不足。

4.1.2 电力市场不够成熟

新型储能收益主要来源于电能量转换与辅助服务，储能的诸多市场和价格规则仍有待落地；储能商业模式不稳定，回报机制不清晰，政策变动对收益影响较大。储能参与中长期交易、现货交易等的市场规则还不完善，存在储能获得市场准入少、辅助服务市场补偿低等问题。只有15%的在运新型储能电站获得辅助服务市场准入资格，大部分储能电站没有成本回收渠道。浙江省是我国电力现货市场建设试点之一，电力体制改革步伐走在全国前列。但由于不同利益群体意见不统一，浙江现货市场的试运营计划面临着延期的风险。江苏省既没有建立现货市场，也没有建立辅助服务市场。同时，新型储能作用在辅助服务价格机制中未充分体现，即便参与辅助服务，也只能勉强实现盈亏平衡或微利。构建区域电力市场，推进跨省、跨区市场化交易任重道远。

储能项目面临的营收困境具有普遍性，盈利模式模糊、储能利用率较低等问题明显，新型储能的价值没有得到充分的市场表达。目前与储能有关的行业政策大多还只停留在宏观规划层面，缺乏实施细则，尚未营造出有利于储能行业发展的外部市场环境。相对于储能的重要性，对于储能行业的补贴和税收激励措施还远远不够。中电联发布的《适应新型电力系统的电价机制研究报告》也指出，在经济方面新能源配储能政策存在诸多问题。辅助服务补偿力度小、补偿机制不合理；成本向用户侧疏导不畅，辅助服务费用主要由发电企业分摊，无法将成本压力传导到用户。储能利用率方面，现行《电化学储能系统接入电网技术规定》中关于动态响应特性、故障穿越能力等指标低于电网运行要求，储能电站的设计、施工、验收等环节没有形成有效的安全和并网技术标准体系，导致新型储能电站平均等效利用系数普遍较低。需要厘清储能在发、输、配、用各个环节的应用价值，通过开放的电力市场和灵活的市场化价格机制去体现储能的商业化价值。

4.1.3 一流能源科技支撑性不足

经过多年发展，长三角能源科技创新取得了重要阶段性进展，但"双碳"目标下的能源结构、生产生活方式都将发生颠覆性变革，现有技术体系还难以支撑。不同新型储能技术都存在一定局限性，各类新型储能技术在配置灵活性、服役寿命、建设周期、能量密度、功率响应、转换效率等方面存在短板效应。电化学储能功率等级较低、持续放电时间短、服役年限较短，且部分技术存在环境污染风险；传统压缩空气储能技术对储气洞穴选址有较高要求，技术效率低，运维成本较高；飞轮储能放电时间短，且由于轴承的磨损和空气的阻力，具有一定自放电现象。除了需要突破各领域众多关键技术，更需要破除各能源种类及各能源相关行业之间的壁垒。跨领域突破多能融合互补及相关重点行业工业流程再造的关键瓶颈及核心技术，加强能源技术体系创新，重构能源及相关工业体系，是长三角新型储能乃至能源体系构建和相关产业转型升级的重点方向和难点[117]。

就新型储能产业的内在要求而言，储能技术的创新有待进一步突破，储能技术安全性、稳定性、高效性的提升仍然需要在研发和市场的检验中寻求发展。长三角地区乃至全国真正具有"领跑"意义的先进技术还不多，对能量转化的相关机理、技术及系统的研究还不足够成熟，对储能的基础性和关键共性技术研究不足，尤其在设计软件、设计标准与理念方面缺少话语权。同时，产业的部分技术来源并非本土科研成果转化，而是国外引进，从整体上看创新能力与世界的差距较大。提高电网运行安全和系统供给侧稳定性的关键性储能技术亟缺，具有自主知识产权的储能技术进步迫在眉睫。

4.1.4 高端装备制造业待升级

长三角制造业最大的问题在于核心、基础和关键零部件对外依赖度高。近年来，除了加大自主开发力度，企业并购也成为获取关键技术的常见途径。若仅停留在技术授权和转让，最重要的制造业功能升级将被牢牢限制。长三角区域包含大量的中小民营企业，这些企业主要集中于一些高耗能、高污染、低附加值、低科技含量的传统储能领域，从事高新技术的民营企业数量相对偏少，技术创新意识滞后、技术创新投入不足、技术创新管理薄弱，这些因素制约着长三角区域装备制造业的发展。完善的产业配套体系和能够适应技发展的高端能源装备制造业必须得到发展，在能源采集、能源转化、能源输运、能源存储和能源消费等多个环节，全面推动先进能源技术的落地应用。

同时，日益频发的储能电站安全事故使得各界对储能相关生产制造实体的信任度下降，制约产业健康发展。锂离子电池热失控安全风险突出，其他类型电池也存在一定安全风险。据不完全统计，近五年全球具有较大影响的储能电站起火爆炸事故就超过70起，表4.1汇总了具有代表性的典型事故。

表4.1 近年储能电站典型安全事故

事故日期	国家/地区	容量/MWh	用途	事故原因
2021.04.06	韩国大田	三元锂电池	太阳能	储能单元内部起火
2021.04.16	中国北京	磷酸铁锂电池	需求管理	电池内短路故障引发热失控起火，易燃易爆组分扩散爆炸
2021.07.30	澳大利亚维多利亚	450 磷酸铁锂电池	需求管理	液体冷却剂内泄漏导致电池单元短路热失控，且24h监控系统失能
2021.09.04	美国加利福尼亚	1200 动力电池	需求管理	电池模块过热停运
2022.02.13	美国加利福尼亚	1200 动力电池	需求管理	喷水降温系统部分软管及接头故障，水喷到电池架上导致电池短路
2022.02.23	尼日利亚阿布贾	—	用户侧	电池逆变器发生火灾并引起连锁爆炸反应
2022.04.21	美国亚利桑那	40 锂电池	需求管理	技术缺陷

在部分强制配储项目中，业主选择性能较差、投资成本较低的储能产品，增加了安全隐患。从国内情况看，储能电站建设管理还存在技术标准规范不完善、安全技术不成熟、安全管理机制不健全等问题，生产安全风险防控是新型储能发展中必须高度重视的问题。新型储能装备生产制造相关标准不够完善，全流程规范化管理有待提升。现行的《电化学储能电站设计规范》未对建筑物及设备防火等级、可燃气体探测器配置等要求作出明确规定；《电化学储能系统接入电网技术规定》中关于动态响应特性、故障穿越能力等指标低于电网运行要求，储能电站设计、施工、验收等环节没有形成有效的安全和并网技术标准体系，导致新型储能电站平均等效利用系数普遍较低，"配而不用，配而难用"问题突出，没有充分发挥其提升电力系统灵活性的作用。

4.1.5　部分关键性政策缺失

对储能产业起到鼓励作用的诸多政策仅停留在宏观指导阶段，而缺乏实质有力的支持。同时，政策时效性不足、区域发展不均衡也是制约新型储能产业的潜在因素。表4.2中汇总了长三角地区部分市县的储能补贴、强制配储政策，可以看到利好主要集中在经济发达地区，而并没有省级乃至区域级别的通规政策。经济补贴存在年限限制或逐年阶梯减补，企业在入场时更加谨慎，超出补贴年限后的实际利润成为能否长期生产运营的评估标准。若利润减少幅度高于市场预期,企业或于补贴年限后退出市场,或根本无法入市,补贴政策的引资效果能真正发挥几成,有待商榷。同样地,税收减免和土地、厂房租赁价格的优惠力度存在类似问题,在无法营造出能长期稳定盈利的市场环境的前提下,即使项目可以匆忙上马,政策时效性的问题始终无法回避,最终必然会危害到产业积极性乃至地方财政安全。

表4.2 长三角地区部分市县的储能补贴、强制配储政策

发布单位	储能补贴标准	政策描述
江苏苏州	0.3 元/kWh	苏州园区内的储能项目,补贴 0.3 元/kWh,补贴 3 年
江苏苏州吴江	0.9 元/kWh	苏州市吴江区分布式光伏规模化开发实施方案提出:对运营的储能项目补贴 0.9 元/kWh,补贴 2 年
浙江	200 元/kW、180 元/kW、170 元/kW	新型储能项目,2021 年起,逐年退坡补贴
浙江义乌	0.25 元/kWh	峰段实际放电量给予储能运营主体 0.25 元/kWh 的补贴,补贴两年
浙江温州	0.8 元/kWh	2021—2023 年的储能项目
浙江绍兴柯桥区	一次性 200 元/kWh	2021 年 1 月 1 日至 2025 年 12 月 31 日期间的储能项目
安徽合肥	0.3 元/kWh	1MWh 及以上新型储能补贴 0.3 元/kWh,连补 2 年,同一公司最高 300 万元

目前"可再生能源+储能"成本主要由新能源开发商来支付,获得收益存在局限性。按照"谁受益、谁付费"原则,新能源企业并不是唯一的受益主体,权责并不对等,储能低价恶性竞争激烈。虽然各地出台了一些辅助服务政策,但交易品种单一,难以覆盖储能投资成本。地方政策没有长效机制,甚至"朝令夕改",储能投资面临较大风险,不利于行业长远发展。部分地区要求光伏强制配备储能,但电网公司并没有明确储能如何参与调度,以及调度频次、充放电次数、放电深度多少算合格,标准缺位造成了当前储能系统门槛不一的局面。

4.2 长三角区域新型储能产业发展区域对标

截至2021年底,广东、山东、青海、河北省的新型储能累计装机规模分别达到819.6MW、705.7MW、459.6MW、197.3MW,位居全国第二、第三、第四和第九位,新型储能产业发展走在全国前列。

4.2.1 广东

新型储能关键技术和装备研发投入力度大,《东莞市加快新型储能产业高质量发展若干措施》[118]提出,对开展具有重大创新性和突破性的关键技术、关键零部件、关键材料和重大装备研发的项目,按不超过项目总投入的25%给予最高500万元资助,同时新型储能企业研发投入力度大,2022年比亚迪研发投入占其总收入4.7%,达200多亿元;新型储能产业

链较完整且产业集聚度高，广东是国内储能电池产业发展最早、产业覆盖最全、最成熟的地区，覆盖了电池材料、设备、电芯、储能变流器、储能系统及电池回收利用等产业链各环节。为进一步加快储能电池产业规模化发展，还提出打造新型储能产业发展集聚区，即以深圳、佛山、韶关等地市为依托打造新型储能材料生产集聚区，在广州、深圳、珠海等地市打造新型储能电池生产集聚区，在广州、深圳、惠州、东莞等地布局储能系统及装备生产集聚区，在深圳、珠海、佛山、东莞、肇庆建设电池综合利用集聚区[119]。

4.2.2 山东

国内首次出台电力现货市场储能支持政策，山东省发展改革委、山东省能源局、国家能源局山东监管办公室联合印发《关于促进我省新型储能示范项目健康发展的若干措施》（简称《若干措施》），《若干措施》明确指出，新型储能示范项目进入电力现货市场后，充电时为市场用户从电力现货市场直接购电；放电时为发电企业在现货市场直接售电[120]。该措施对推动新型储能市场化发展起到积极的促进作用；合理规划全省新型储能发展布局，山东省能源局印发《山东省新型储能工程发展行动方案》，围绕加快规划建设新型能源体系，着力构建"一带、两城、三区、N基地"发展格局，即打造"海上新能源+储能"应用带、济南、青岛两个储能应用示范城市，构建鲁北、鲁西南、鲁中储能多场景应用重点区域，培育一批特色鲜明的产业基地。该方案有利于推动山东新型储能规模化高质量发展[121]。

4.2.3 青海

国内率先开启新能源配储能补贴，青海省发改委、科技厅、工信厅、能源局联合下发《关于印发支持储能产业发展若干措施（施行）的通知》，对"新能源+储能""水电+新能源+储能"项目中自发自储设施所发售的省内电网电量，给予每千瓦时0.10元运营补贴，同时，经省工业和信息化厅认定使用本省产储能电池60%以上的项目，在上述补贴基础上，再增加每千瓦时0.05元补贴；储能产业技术研发科研投入力度大，针对储能科研项目开辟申报绿色通道，积极筹建先进储能技术国家重点实验室和储能实证基地，开展多种储能技术、不同储能方式及系统集成等关键技术研究[122, 123]。

4.2.4 河北

通过（国家）示范项目推动储能产业高质量发展，建成国际首套百兆瓦先进压缩空气储能国家示范项目——张北100兆瓦先进压缩空气储能项目，世界规模最大的风光储综合利用示范项目——国网冀北电力公司张北风光储输示范工程[124]，京津冀地区首个"火电+储能"调频应用示范项目——华润丰润电厂9MW/4.5MWh储能调频项目[125]。统筹布局新型储能工程，推动规模化发展，重点构建省内新型储能"一核、一区、两带"发展格局，即以雄安新区为核心打造新型储能研发创新高地，打造张承地区"风电光伏基地+储能"大规模综合应用示范区，打造太行山脉"光伏+储能"规模化应用和装备制造示范带，打造沿海

"新能源+储能"和"工业大用户+储能"多元化应用示范带。

表4.3为长三角区域新型储能产业发展区域对标。

表4.3　长三角区域新型储能产业发展区域对标

区域	规模/MW	龙头企业	重大示范项目	借鉴经验
广东	819.6	易事特、南网储能、智光电气、融捷集团、比亚迪、欣旺达、纳诺新材料、巨湾技研、新能安、赣锋锂电、首航新能源	—	①政府和企业资金投入力度大；②产业链完善，且产业集聚
山东	705.7	瑞福锂业、天能锂电、比亚迪、宁德时代、欣旺达、山东电力工程咨询院	山东肥城10MW先进压缩空气储能示范项目（全球首台）	①储能参与电力现货市场和容量补偿政策较为完善；②合理规划省内新型储能发展布局
青海	459.6	青海格尔木鲁能新能源、青海盐湖工业股份	青海黄河上游水电开发有限责任公司国家光伏发电试验测试基地配套20MW储能电站项目（首批科技创新储能试点）	①率先开启新能源配储补贴模式；②储能项目补贴力度大
河北	197.3	北方奥钛、河北银隆、宁德时代、保定风帆、亿华通	①张北风光储示范工程（世界规模最大）；②张北100兆瓦先进压缩空气储能项目（国际首套百兆瓦）	①国家示范项目推动产业发展；②统筹省内新型储能发展格局

4.3　分析结论

通过对标广东、山东、青海、河北四省的新型储能产业发展特色，长三角新型储能产业发展还存在资源优势不足、储能产业未统筹布局、电力市场不成熟、政府资金和企业研发投入较弱等问题。

为推动长三角新型储能产业更好更快发展，还需加强以下方面：①统一规划布局区域新型储能发展，涵盖材料生产、装置研发、系统集成及应用示范；②建立跨区域合作，以弥补区域内上游产业链资源短缺的不足；③制定区域内储能参与电力现货市场和容量补偿政策和措施，强化新型储能市场地位；④进一步加大政府政策和资金支持，鼓励企业提高对新型储能的研发投入。

第 5 章 推动长三角区域新型储能产业高质量发展的战略任务和建议

5.1 总体思路

以习近平新时代中国特色社会主义思想为指导，全面贯彻党的二十大精神，完整、准确、全面贯彻新发展理念，服务和融入新发展格局，以"碳达峰、碳中和"为目标，按照党中央、国务院决策部署，深入落实"四个革命、一个合作"能源安全新战略，抢抓新型储能发展战略机遇，以技术创新为内生动力、以市场机制为根本依托、以政策环境为有力保障，积极开创技术、市场、政策多轮驱动的良好局面，推动长三角地区新型储能高质量、规模化、集成式发展，打造国内一流的新型储能产业群，为建设新型能源体系、服务我国能源发展战略贡献长三角区域力量。

5.2 基本原则

（1）统筹布局，协调发展。加强统筹规划，优化储能项目布局，促进能源网络一体化发展。储能应用是一项系统性工程，将储能作为电力系统的重要组成部分，加强电网规划与储能发展的统筹，促进网源荷储协调发展。重视上下游协调发展，优化从材料、部件、系统、运营到回收再利用的完整产业链。

（2）市场主导，政策引导。基于长三角电力一体化中存在的问题，挖掘需求，以市场为导向，发挥长三角经济活力强的优势，建立成熟的商业与盈利模式。强化政策导向作用，政府在前期整合资源过程中应予以政策等支持，引导发展。支持社会资本进入储能领域，鼓励主体独立、公平参与市场竞争，建立完善的电力市场化交易价格形成机制，共同推动储能技术、机制及商业模式创新。

（3）创新引领，示范先行。大力支持新技术研究应用，推进储能技术应用示范工程的先行先试，加强共性关键问题研究和关键技术装备研发攻关，推进新型储能技术革新和产业升级，为储能发展提供可借鉴、可复制的模式。

（4）规范管理，保障安全。建立健全储能技术、设备安全、检测认证体系，明确新型储能安全要求，敦促企业重视风险控制，加大地方政府安全指导和监管力度，保障新型储能项目建设运行全过程安全。

（5）服务社会，创建平台。将储能技术应用于解决社会痛点领域，提升储能经济服务社会的能力。探索基于储能技术的经济模式，发展储能型经济。建立配套的人才引进机制，以储能产业引人，以储能技术平台聚人，以储能生态留人。

5.3 发展目标

到2025年，新型储能由商业化初期步入规模化发展阶段，具备大规模商业化应用条件，龙头骨干企业规模实力不断壮大，产业综合竞争力明显提升。储能技术创新能力显著提高，核心技术装备自主可控水平大幅提升，电化学储能技术性能进一步提升，新型储能技术多元化发展。产业标准体系基本完善，产业体系日趋完备，参与电力市场机制基本健全，市场环境和商业模式基本成熟。表5.1为长三角区域新型储能发展目标。

表5.1 长三角区域新型储能发展目标

地区	目标	文件
上海市	① 到2025年，能源供应能力按照力争1.35亿吨标准煤配置，全社会用电量预计1850亿千瓦时以上； ② 到2025年，可再生能源和本地可再生能源占社会用电量比重分别达到36%左右和8%左右； ③ 支持低成本、高安全和长寿命的储能技术发展	上海市能源发展"十四五"规划
江苏省	① 到2025年，新型储能由商业化初期步入规模化发展阶段，具备大规模商业化应用条件； ② 新型储能装机规模达到260万千瓦左右，为新型电力系统提供容量支撑和灵活调节能力，促进能源清洁低碳转型，实现新型储能技术多元化发展	江苏省"十四五"新型储能发展实施方案
浙江省	① 到2025年，新型储能技术创新能力显著提高，核心技术装备自主可控水平大幅提升，标准体系完善，产业体系日趋完备，商业模式基本成熟，参与电力市场机制基本健全； ② "十四五"期间，建成新型储能装机规模300万千瓦左右	浙江省"十四五"新型储能发展规划
安徽省	① "十四五"期间，新型储能设施发展以电化学储能为主，积极推动新能源制氢、压缩空气、机械飞轮等新型储能技术研究和应用； ② 到2025年，实现新型储能从商业化初期向规模化发展转变，新型储能装机规模达到300万千瓦以上	安徽省新型储能发展规划（2022—2025年）

5.4 重点方向

（1）实现新型储能技术的多元化发展。推动多种形式储能技术的发展进步；着力推动电化学储能、压缩空气储能、机械储能等新型储能技术性能进一步提升，开展氢储能、超导电磁储能等储能技术的基础研究；推动热化学储能、超级电容器等储能技术的应用示范；加快锂离子电池储能、压缩空气储能等储能技术的提升及商业化应用。

（2）推动新型储能技术规模化应用。加快发展电源侧新型储能，因地制宜布局一批新型储能电站；有序发展电网侧新型储能；灵活发展用户侧新型储能，探索储能融合发展新场景。集合系统需求，推动多种技术联合应用，开展复合型储能试点示范。

（3）加快构建新型电力系统。开展服务能源大规模、高比例接入电网，加快实施大规模、高安全可靠性、长寿命、低成本储能技术攻关、应用示范和产业化推广。重点突破基于储热的大规模电力储能系统的卡诺电池储能技术，实现低成本、不受地域限制的中等到大型规模的电能存储。

（4）打造新型储能发展良好生态。探索新型储能商业模式，积极支持各类主体开展共享储能、云储能等创新商业模式应用示范，鼓励发电企业、独立储能运营商联合投资新型储能项目，营造开放、合作有序的新型储能发展生态。

5.5 战略任务

5.5.1 深化技术攻关，创建国家级储能创新平台

全面提升长三角地区新型储能创新能力，加快创建国家级长三角储能产业研发中心，以应用需求为牵引，持续开展关键应用技术攻关和前瞻技术开发。

① 布局建设新型储能创新载体。充分发挥长三角储能产业优势，依托国网电力、南瑞等国企，阳光电源、杉杉股份、远景能源等民企，整合高校、研究院等创新资源，创建国家级长三角储能产业研发中心，支持重点企业牵头建设制造业创新中心、产业创新中心、技术创新中心，加快构建一批细分领域、专业化研发平台。完善区域专利保护机制，加快构建储能产业知识产权联盟，开展知识产权数据库建设、专利池组建等工作。

② 突破新型储能关键应用技术。完善关键核心技术攻关"揭榜挂帅"制度，动态编制"新型储能创新技术指导目录"，支持以应用需求为牵引，开展新型储能电池产业化技术攻关，重点突破超长寿命高安全性电池体系、大规模大容量高效储能、交通工具移动储能等关键技术；推动固态锂电池、钠离子电池、氢储能/燃料电池等先进电池产品规模化生产；推广智能化生产工艺与装备、先进集成及制造技术、性能测试和评估技术。

③ 深化前瞻技术研发攻关。研发新型环保、长寿命、低成本铅炭电池，开发新型空气电池、固态电池、镁（锌）离子电池等新型电池技术。开展长时储能关键技术攻关和设备研制。发展低成本、高能量密度、安全环保的液流电池。突破氨氢转化技术，推动电催化、生物催化、光催化、电磁催化等技术研发及示范。推动超级电容器、飞轮储能、压缩空气等其他新型储能技术装备研发。依托长三角海洋资源，探索波浪能、海洋风能、海洋热能等储冷储热储能技术产品开发。

5.5.2 推动成果转化，促进新型储能应用示范

加快推动新型储能重大工程项目示范建设，发展新能源+储能、微电网+储能等新型应用模式，开发新型储能多元化应用场景。

① 实施一批重点工程项目。加快构建顺畅高效的技术研发、示范和推广应用体系，加强共性技术平台建设，大力推动应用场景和公共资源开放共享，打造一批"风光水储"一体化基地。深入研究支撑可再生能源大规模接入的智能电网技术，加强新型储能技术攻关、示范和产业化应用。推广园区能源梯级利用等节能低碳技术，鼓励重点地区加快储能设施建设，创建近零碳未来城（园）。探索建设一批兼具天然气、储能、氢能、快速充换电等功能的综合站点。开展智慧综合能源服务。

② 拓展"新能源+新型储能"应用。按照"多能互补、协调发展、扩大消纳、提高效

益"原则，推动增量新能源项目同步建设储能设施，积极开展"新能源+储能"示范应用，鼓励海上风电、集中式光伏电站综合新能源特性、系统消纳空间、调节性能和经济性等实际因素，建设或购买新型储能（服务），推动新能源与储能联合开发和互补融合。有序扩大电源侧、电网侧、用户侧新型储能商业应用，优先在新能源产业与资源富集地区建设电网区域性共享储能设施。

③ 开发多元化应用场景。支持在电网调节支撑能力不足的关键节点合理配置电网侧储能，提高电网供电保障能力。推动煤电合理配置新型储能，探索利用新型储能配合调峰调频，提升系统灵活性。支持利用退役火电机组厂房原址及既有设施改建新型储能。推动工商业企业和产业园区配置用户侧新型储能。支持精密制造、公用事业、通信服务等供电可靠性和电能质量要求高的重要电力用户配置新型储能。推动源网荷储一体化试点示范，促进储能多元化协同发展。

5.5.3　坚持育强培优，组建新型储能优质企业雁阵

聚焦新型储能产业关键环节，构建产业梯度培育体系，打造链主企业引领、单项冠军企业攻坚、专精特新企业铸基的世界一流新型储能企业群。

① 培育新型储能产业龙头企业。全面推行"链长制"，支持企业间战略合作和跨行业、跨区域兼并重组，提高规模化、集约化经营水平。聚焦具有核心竞争优势、发展前景广阔、产业链带动作用明显的重点企业，实施"一企一策"，建立长效服务工作机制，在产业促进、产业空间、工业投资、技术改造、技术创新、金融服务、土地和人才保障、承担国家重大专项等领域，依规予以重点支持。

② 培育高成长性企业。充分激发中小企业创新创业活力，着力构建创新型中小企业—专精特新中小企业—专精特新"小巨人"企业—制造业单项冠军的新型储能产业梯度培育体系，加快培育一批专注细分市场、聚焦主营业务、创新能力突出、成长潜力较高的优质中小企业。加强动态管理，针对固态电池、钠离子电池等储能前沿领域或锂电池隔膜等产业链"卡脖子""掉链子"关键环节，做好跟踪监测，实施重点企业精准培育，探索建立长三角地区优质中小企业培育专用通道。

③ 深化大中小企业融通。鼓励新型储能产业链上下游企业强强联合，大力提升产业链整合能力，开展储能产业链供应链生态体系建设试点，推动龙头企业和专精特新企业围绕新产品协同开发、核心零部件协同验证、供应链要素协同保障等建立战略合作机制。引导产业链龙头企业将配套中小企业纳入共同的供应链、质量、标准、认证体系，培育价值共享、互促共进的产业链新型伙伴关系，实现协同发展。

5.5.4　实施强链延链，打造新型储能全生命周期产业链

依托长三角区域发展基础，推进产业强链工程，做强锂电材料、储能电池等优势领域，延伸产业链条，培育回收再利用、安全管理等储能配套产业，打造全生命周期产业链。

① 推动新型储能优势产业链建设。发挥长三角地区新能源产业发展优势基础，实施新型储能产业强链工程，推动锂电材料、储能电池、系统集成、安装运维等优势领域做大做强。培育储能产业增量市场，推动高性能磷酸铁锂电芯、电解水制氢装备、钠硫电池等区域内国内领先技术率先应用转化。逐步构建创新引领、优势突出、两业融合、多元互补的长三角区域新型储能产业强链。

② 延伸发展储能配套产业链。全力支持储能装备产业可持续发展，鼓励企业从单纯设备制造商向综合服务商转型，拓展设备监理、维护、修理、运行、升级改造等全生命周期服务。推动安全高效、绿色环保的新型电化学储能产业发展，构建退役动力电池回收及储能再利用产业链。强化氢能产业链上游制氢优势，培育可再生能源制氢产业，延伸发展氢能储运及加注产业。支持发展主体多元化、领域多样化、服务专业化的综合服务产业，鼓励大型装备制造企业和重点用能企业提供节能服务。推进新型储能产业国际贸易，拓展能源进出口代理、贸易金融、运输保险服务等。

③ 完善全过程安全管理服务链。加快培育一批覆盖规划设计、设备选型、项目准入、质量监督、运行维护、应急管理、梯次利用、回收利用等新型储能全过程安全管理的服务机构。围绕设备制造、安装、运营等重点领域，加快建立完善产业安全技术标准，发布一批符合市场创新需求的团体标准。完善储能产品质量监督体系，对储能设备的核心部件实行严格管理。加强储能电站专业技术监督，提高设备安全可靠性。

5.5.5 推进集中集聚，畅通新型储能产业资源要素

加快打造产业集聚生态，布局一批特色鲜明、优势突出的先进储能产业特色园区，梯度招引储能产业多层次人才，推动金融资本向新型储能产业倾斜。

① 加快建设新型储能重点集聚区。优化区域空间布局，结合长三角各地资源禀赋、技术优势、产业基础、人力资源等条件，重点在宁波、杭州、南通、合肥、常州等地区布局一批先进储能产业园，支持各园区分工协作、错位竞争，加快创建国家级储能产业高新技术产业化基地、国家特色产业园，重点打造江苏新型储能材料及装备生产制造、浙江新型储能微电子、上海新型储能运维服务、安徽便携式储能等储能产业创新集群。

② 梯度培育新型储能人才。充分开展区域调研，加快绘制长三角地区人才热力图，推动实施双聘制、周末工程师等柔性人才制度，面向全球引进新型储能产业高层次人才。发挥长三角地区教育资源集聚优势，加快储能和氢能相关学科专业建设，推动高校加快储能和氢能领域人才培养。深化新型储能职业教育，鼓励企业联合高校定制职业人才，组织"新型储能工程师培训班"。实施储能产业交叉学科人才培养专项计划，鼓励跨学科、跨行业组建科研和人才培养团队，以大团队、大平台、大项目支撑新型储能多层次人才培养。

③ 推动金融资本向新型储能产业倾斜。加快设立新型储能相关产业专项基金，重点向新型储能龙头企业、关键领域"补短板"项目、"卡脖子"核心技术攻关项目倾斜。鼓励金融机构围绕新型储能产业链龙头企业，开展配套中小企业供应链融资行动，支持企业以

知识产权、应收账款、项目合同等进行融资。鼓励金融机构针对新型储能企业在海外投资建设的储能电站项目定制专属金融服务方案，为新型储能产业链企业提供外汇和跨境人民币资金结算优惠。举办专场资本市场论坛、融资培训会等，为新型储能企业上市提供"零距离"服务。

5.5.6 深化协同协作，共创新型储能产业长三角一体化

充分发挥三省一市优势基础，推动长三角新型储能产业规划衔接、产业链耦合、资源共享，建立协同联动产业发展模式。

① 统筹顶层规划设计联动机制。在下一步制定储能产业发展规划时充分设计区域分工和规划衔接，重点发挥江苏储能制造、浙江微电网、上海运维服务、安徽新能源汽车等优势产业基础和资源禀赋，探索建立项目联合开发、协商、研判、共享机制，统筹新型储能产业重大项目布局，加快创新链、产业链、资金链、政策链、人才链深度融合。

② 推进长三角储能产业链耦合。区域内统筹考虑新能源量价，共同争取增加外来电，探索建立一致行动的工作联络机制。加强区域内产业交流合作和产业链配套协作，完善产业链协作配套体系。持续召开长三角储能产业链供应链对接活动，鼓励区域内产业链上下游企业积极开展业务联系、精准供需对接，探索"研发创新在上海，生产制造在江浙，应用推广在安徽"的产业链协同新模式。

③ 深化区域创新资源共享。加快成立长三角新型储能产业发展联盟，采取"统一聚焦领域、统一征集需求、统一组织对接、统一开展评审、统一组织立项、统一拨付经费"的"六统一"模式，联合开展科技攻关、共建创新平台、共享科技资源，围绕企业和产业需求，构建常态化合作科研模式，聚焦难点堵点专项攻破。持续开展"长江经济带科技资源e路行"等科创活动，充分利用长三角科研院所联盟、科交会、长三角科技资源共享平台 等平台，在标准制定、应用示范、产业链对接、人员互访交流等方面全面深化合作，促进长三角新型储能产业协同发展和新型储能技术多元化发展。

④ 推动区域储能基础设施共建。统筹考虑省际、区域内能源资源互惠互利，以长三角生态绿色一体化发展示范区为试点载体，着力共建长三角绿色储能示范基地，推进协调协同的设施共享保障体系、互联互通的能源供给保障体系、共建共享的储能电站建设体系、共商共管的应用管理体系，并加快在长三角全域推广。

5.5.7 强化资源互补，构建新型储能跨区域合作新格局

持续开展跨区域合作，重点推动与青海、甘肃、新疆等能源资源富集省份共建新能源+储能电站，鼓励新型储能企业参与国际储能重大项目建设，推动储能产品走出去。

① 加强与能源资源富集省（区）合作。落实国家东西部协作、对口支援、对口合作战略，以消纳可再生能源为重点，开展与青海、甘肃、新疆、陕西、吉林等能源资源富集省份的合作。积极争取与广东、福建、辽宁等地开展核电+储能应用合作。推进跨区域储能输送。鼓励区域内能源企业到输电通道送出端省（区）及其他资源富集地开发可再生能源，

共建储能电站，探索开发跨区域、跨季节的能源输送技术，积极推动跨区域电力通道建设，探索西部地区通过储能技术长距离输送可再生能源电力到长三角用电高峰地区。

② 持续开展国际能源合作。鼓励新型储能企业参与国际能源加工生产、能源装备制造、能源服务等"一带一路"能源合作，积极参与国外大型光储一体化、独立储能电站、构网型储能项目建设。聚焦欧洲、北美、东南亚、非洲等市场用能需求，重点开发"家用光伏+储能"、便携式储能产品等用户侧创新产品，积极拓展海外数据中心备用、特种车辆移动储能等新型储能细分领域市场，持续扩大国际市场贸易份额。支持龙头企业带动产业链上下游企业组团出海，强化国际能源技术交流，积极参与亚太经济合作组织等能源国际合作研究、技术转让等活动，推动长三角储能产品、技术、标准、品牌和服务走出去。

5.6 推动长三角区域新型储能产业高质量发展的建议

5.6.1 加大政策支持，加强统筹协调监管

鼓励各地根据实际情况，加大财政、金融、税收和土地等政策支持力度。支持设立储能发展基金，加大对储能应用领域的绿色金融支持，健全社会资本融资手段。各省发展改革能源（部门）联合相关部门，制定新型储能项目管理办法，加强新型储能项目监测管理，引导新型储能企业合理投资、有序建设。新能源项目配建的新型储能项目与主体项目同步确定规模、同步规划、同步设计、同步管理。支持符合条件的新型储能电站项目纳入省级重点建设项目库，推动新型储能电站项目尽快开工建设、尽早投产见效。加强政策实施效果评估，密切跟踪执行情况，适时开展新型储能设施建设规划评估工作，对出现的新情况新问题及时研究解决，促进产业健康发展。

5.6.2 打造新型科技研发机构，加快技术攻关

加强下一代储能技术的基础创新研究，加强储能领域核心技术的知识产权布局，提高长三角储能技术在国内和国际上的竞争力。围绕构建新型电力系统，服务新能源大规模、高比例接入电网，加快实施高安全可靠性、长寿命、低成本储能技术攻关，加强储能电站安全集成技术研究及应用，超前布局固态电池、新型水电解液电池等技术领域。在重点推动现有储能技术产业化的同时，鼓励和支持新型变革性储能技术开发。进一步加大对储能技术基础研究的投入，鼓励原始创新，掌握自主知识产权。

汇集国内外科研机构、高校、企业等的创新资源，建设国家级储能技术创新平台，引领储能技术快速发展，抢占储能技术发展制高点，引领并带动长三角储能产业发展。目前已建立或筹建的储能研发机构和服务平台包括浙江清华长三角研究院、天目湖先进储能技术研究院、长三角科技资源共享服务平台、中科国联湖州质检研究院有限公司、国家动力电池检测中心、如皋长三角氢能检测中心、嘉兴中科检测技术服务有限公司等。通过国家级储能技术创新平台，开展相关储能技术的工程化应用研究，突破共性关键技术和产业前沿技术；坚持"产、学、研、用"的创新合作机制，快速实现技术转移和成果转化，推动

储能产业的发展。

5.6.3 加强人才队伍建设，保障人才待遇

因储能技术的多元化特征，储能人才的专业知识涉及动力学、机械学、电力电子等多学科领域，需要精通电气工程、材料工程、化学工程等的复合型人才，但目前高校毕业生对口专业人才少，知识储备不足。储能人才存在结构紧缺的特征，结构上缺少高质量的复合型人才。核心技术开发类的人才一般要求硕士或博士，培养周期长。对于企业来说，高校培养的专业人才与企业所需的实际工作匹配度不够，企业需要对招收的储能相关专业的人才进行二次培养，成本较高。如何吸引并留住人才，是长三角地区新型储能产业高质量发展的先决条件和后继动力。

政府和企业在引进国内外优秀行业人才的同时，要做好人才一体化的整体规划，完善区域人力资源协调发展机制。系统控制区域内人才开发的各个环节与整体进程，制定长三角地区储能产业人才的整体开发战略，努力做好与人才密切相关的各种具体规划。加快创新机制和贯通市场，为区域内人才交流合作创造条件。探索企业人才在各地落地的产业税收分成政策，打通企业、机构、人才资源落地的制度性障碍。鼓励长三角各高校、科研院所和企业联合开展重大新型储能技术攻关，联合申报国家重点项目，联合推动科研成果转化。整体考虑区域未来人才需求总量，确立人才开发的重心、统筹考虑人才引进、培养的分工协作，实现人才结构的错位布局。继续推进社保制度改革，逐步实现公共服务一体化。长三角地区各地方政府要协同推进户籍制度、其他社会保障制度改革，以更好地为区域内人才合理流动提供制度保障。

5.6.4 扩大新型储能产业集群，强化示范作用

围绕不同应用场景，积极开展示范项目建设，激发各方积极性，培育可复制、可推广的新型储能应用新模式，扩大新型储能应用范围，积累关键数据和运行经验，推动新型储能产业升级。依托示范项目，通过储能产业全流程标准化提升储能发展水平。以电网系统枢纽平台为基础，开展统一规划、统一建设、统一调度、统一运营的"四统一"储能建设模式，确保储能运行的公平及效率，促进新型储能源网荷多元化发展。

上海市印发的《上海打造未来产业创新高地发展壮大未来产业集群行动方案》提出，到2030年，在未来健康、未来智能、未来能源、未来空间、未来材料等领域涌现一批具有世界影响力的硬核成果、创新企业和领军人才。其中针对未来能源领域提到：推动开展战略性储能技术研发，推动压缩空气、液流电池等长时储能技术商业化，促进"光储充"新型储能站落地，加快飞轮储能、钠离子电池等技术试验，推动固态电池电解质技术攻关。作为我国三大国际科创中心之一，上海的科技创新综合水平不仅在国内，甚至在全球创新型城市的前列，这为储能等这类知识、科技密集型产业的发展奠定了良好的环境基础。目前，全球电池三巨头——特斯拉、宁德时代、比亚迪均在上海建有研发及生产基地，这为上海储能各项技术的研发提供了较好的产业基础。同时产业链应向长三角其他城市延展，

建设建成资源、技术、装备等深度协同发展的规模化产业集群，积极打造多方共赢、可持续发展的产业链、供应链发展环境。

5.6.5 完善标准体系，提高行业话语权

提升新型储能标准与科技创新、管理创新的耦合力度。围绕新型电力系统需求，在储能电站设计、设备技术要求、施工及验收、运行维护、设备检修、安全及风险防控等方面，加快标准制修订工作，实现标准引领。国家发改委与国家能源局联合印发的《"十四五"新型储能发展实施方案》提出，"十四五"时期我国新型储能将从商业化步入规模化发展时期，行业的快速发展为标准制定工作提出了更多挑战。要尽快将储能充分纳入国家能源体系，制定国家层面的储能产业发展战略与实施路线图。标准是技术实现产业化的基础，也是支持行业健康发展的重要因素。国内外新型储能方面的标准尚处于探索阶段，标准数量很少，标准体系的建立刚刚起步。必须加快储能标准的制定工作，紧跟国际标准的步伐，在国际标准和行业标准中争取更多话语权，争取将技术、示范项目技术成果纳入标准中，避免出现标准滞后于市场的现象。加强新型储能产业标准的引领性和前瞻性研究，制定完善产业标准和技术规范，推动长三角标准同国家标准、国际标准高效对接。

5.6.6 加快电力体制改革，完善新型储能电力市场体系

加快完善电力市场，明确源网荷各侧储能市场主体定位，完善市场准入标准和投资备案管理程序，在交易申报、交易出清、调度调用环节同其他市场主体享有同等权利。支持建立以电力"中长期+现货交易"为主体的省级电力市场体系，构建完善新型储能参与中长期、现货等各类电力市场的准入条件、交易机制、技术标准和价格形成机制。推动新型储能与新能源打捆参与中长期交易，鼓励签订尖峰和低谷时段市场合约。完善新型储能市场价格机制，完善海上风电价格形成机制，推动建立电网侧独立储能电站容量电价机制，探索将电网替代型储能设施成本收益纳入输配电价回收。独立储能电站向电网送电的，其相应充电电量不承担输配电价和政府性基金及附加。根据电力供需实际情况动态调整峰谷电价，合理设置电力中长期市场、现货市场上下限价格，为用户侧储能发展创造空间。创新和完善辅助服务市场化机制，支持新型储能以虚拟电厂、储能聚合方、独立电站等多种形式参与辅助服务，充分发挥其调峰、调频等辅助服务作用，丰富惯量、爬坡等辅助服务交易品种，加快推动电力辅助服务成本向用户侧合理疏导，完善储能等系统调节服务电价形成机制与成本疏导机制。

第6章 江苏新型储能产业发展案例分析及建议

6.1 江苏新型储能技术发展现状分析

6.1.1 江苏新型储能技术发展基础条件分析

近年来,在国家战略部署指导下,在省委、省政府的高度重视下,江苏依托自身工业基础和优势,大力推进新型储能产业创新发展,在龙头企业培育、核心技术攻关、产品应用等方面取得突破性进展,形成了比较完备的产业体系,成为我国新型储能产业重要的集聚区。

① 新型储能产业发展扎实推进。为全面落实国家"碳达峰,碳中和"战略,抢抓新一轮能源革命赛道,江苏积极布局新型储能产业,储能装机规模大幅攀升,新型储能产业发展持续走在全国前列。2021年江苏新增新型储能装机容量376MW,位居全国第二,拥有江苏省电力设计院、江苏时代、南瑞继保、蜂巢能源、中创新航、远景能源、中天储能等一批储能龙头企业,形成覆盖锂电材料、储能电池、储能变流器、能源管理系统的全产业链布局。

② 技术创新水平稳步提升。江苏围绕储能电池产业创新发展需求,深入实施创新驱动发展战略,加快突破关键核心技术,依托重点骨干企业和高校院所打造包括江苏省高效电化学储能技术重点实验室、省动力及储能电池制造业创新中心、天目湖先进储能技术研究院等在内的重点研发创新平台和共性技术服务平台,加快技术从基础研究向产业化转移,部分新型储能装备技术走到全国乃至世界前列。中创新航长寿命三元电芯、蜂巢能源高性能磷酸铁锂电芯等均已实现国内领先,清陶能源固态电池、中科海纳钠离子电池、天目先导硅碳负极等企业的新体系电池及关键材料已填补国内空白并实现产业引领。首创了基于通信的逆变器动态无功快速控制技术,使系统动态无功响应时间在国际上首次达到30毫秒以内,有效减少了无功资源的重复配置,使综合成本和电网网损大幅降低,该项目成果目前在江苏淮安、扬州、镇江等地取得应用[126]。

③ 典型示范效应逐步增强。江苏省注重加快推动新型储能市场化和商业化发展进程,通过政策引领和典型引路,加大示范推广力度,世界首个"非补燃"压缩空气储能电站、全球首例储能调频项目——华能淮阴第二发电厂储能辅助AGC调频工程、全国首个用户侧储能自动需求响应项目、国内首个海上风电场储能项目——国家能源集团国华竹根沙海上

风电10MW/20MWh储能工程等一系列重大工程在江苏建成投产。早在2018年7月，全国功率最高、容量最大的电网侧电池储能项目就在江苏镇江全面建成；2020年，江苏地区开展了首例储能调频项目——华能淮阴第二发电厂储能辅助AGC调频工程；2020年5月，全国首个用户侧储能自动需求响应项目在江苏镇江投运。2020年12月，国家能源集团启动国内首个海上风电场储能项目——国家能源集团国华竹根沙海上风电10MW/20MWh储能工程并于2021年8月进入储能交付阶段。2022年5月，金坛盐穴压缩空气储能国家试验示范项目举行投产仪式，标志着世界首座非补燃压缩空气储能电站、国内首座压缩空气储能工业电站正式投入商业运行。2022年8月，南通沃太新能源储能系统项目主体封顶，项目建成后年产500~1000MWh储能锂电池、30000~50000套新能源储能系统，发展前景巨大。

④ 项目建设加快推进。截至2022年6月，全省共有电化学储能项目132个，功率/总容量为728MW/2140MWh。其中电网侧储能项目18个，总功率/容量为491MW/920MWh；用户侧储能项目111个，总功率/容量为237MW/1219MWh。按投运状态统计，江苏地区储能项目在建18个、在运59个、停运55个，其中电网企业投资储能项目在建3个、在运1个、停运19个，非电网企业投资储能项目在建15个、在运58个、停运36个。2022年1~9月，江苏省备案、在建、拟建、投运新型储能项目22个。其中，投运新型储能项目10个，居全国第一，新增装机规模242.2MW，同比增加63%，储能容量669.9MWh；在建、拟建新型储能项目9个，装机功率192.5MW，储能容量649.84MWh。从项目领域分布看，新型储能在电源侧、用户侧、电网侧分布相对均衡，22个项目中电源侧项目8个，电网侧项目8个，用户侧项目6个。

⑤ 政策服务体系初步完善。2018年6月，江苏省发改委发布了《关于转发〈关于促进储能技术与产业发展的指导意见〉的通知》，明确功率1万千瓦及以上的用户侧储能项目纳入设区市的地区配网规划，功率5万千瓦及以上的用户侧储能项目纳入省级电网规划。随后，《江苏省电力需求响应实施细则》《江苏电力辅助服务（调峰）市场启停交易补充规则》《智慧江苏建设三年行动计划（2018—2020年）》等政策相继出台，为江苏储能产业发展提供了有力保障。2022年，制定并实施《江苏省"十四五"新型储能发展实施方案》等文件，为企业推进新型储能发展提供原则导向，引导新型储能科学布局，着力推动新型储能高质量、规模化发展。此外，为进一步推进用户侧、电网侧、发电侧储能项目协同发展，我省成立省电力设计院、南瑞公司、江苏时代、国轩电池、远景能源、双登集团、中天储能、孚能科技、天合储能、蜂巢能源等100多家有关企业组成的储能行业协会。先后成立省动力及储能电池产业创新联盟、省动力及储能电池制造业创新中心、省动力及储能电池标准化技术委员会，推动全省储能产业创新发展，积极构建产业协同创新生态体系，加强动力及储能电池标准的引领性和前瞻性方向研究，制定完善产业标准和技术规范，加强行业和企业间合作交流，促进全产业链"抱团发展"。表6.1为江苏省级新型储能产业相关政策。

表6.1 江苏省级新型储能产业相关政策

时　间	政策文件名称	发布单位
2022年10月	《江苏省碳达峰实施方案》	江苏省人民政府
2022年8月	《江苏省"十四五"新型储能发展实施方案》	江苏省发改委
2018年9月	《智慧江苏建设三年行动计划（2018—2020年）》	江苏省人民政府办公厅
2018年6月	《关于转发〈关于促进储能技术与产业发展的指导意见〉的通知》	江苏省发改委
2019年9月	《江苏电力辅助服务（调峰）市场启停交易补充规则》	国家能源局江苏监管办公室、江苏省发改委
2022年10月	《江苏省电力需求响应实施细则（修订征求意见稿）》	江苏省发改委
2022年8月	《江苏电力并网运行管理实施细则》《江苏电力辅助服务管理实施细则》	国家能源局江苏监管办公室

6.1.2　江苏新型储能产业结构与空间分析

6.1.2.1　江苏新型储能产业链情况分析

（1）电化学储能产业链

电化学储能是指各种二次电池储能，是利用化学元素作储能介质，充放电过程伴随储能介质的化学反应或者变化，主要包括铅酸电池、液流电池、钠硫电池、锂离子电池等储能电池，目前以锂电池和铅蓄电池为主。近年来，江苏充分发挥省领导挂钩联系产业链机制的作用，研究制定动力电池产业链条图、区域分布图等"五图六清单"，全省动力电池产业实现快速发展，产量占全国比重超过40%，规模保持全国第一，已成为全国乃至全世界最大的动力电池生产基地，并形成以常州、南京为两大核心，盐城、苏州、无锡等多点支撑的产业集群，产业区域集聚效应愈发凸显。2021年全省动力电池产业总产值约1636亿元，同比实现翻番，集聚动力电池及关键材料装备企业160余家，形成了包含电芯、系统、正负极材料、电解液、隔膜、制造装备等关键环节的完整产业链条。其中，电芯产值约958亿元，同比增长112%；配套材料及装备产值约678亿元，同比增长94%。其中，39家电芯企业已建产能超210GWh，总产销（含出口）分别为132.8GWh和127.0GWh，同比增长147%和143%，国内占比达44.7%和46.5%，稳居全国首位。图6.1为电化学储能产业链图。

储能电池产业链上游主要包括正极材料、负极材料、隔膜、电解液等关键材料和功能辅材、结构件、制造装备等。关键材料代表企业有当升科技、贝特瑞、卓高科技、星源材质、新宙邦等。结构件代表企业有科达利等，制造装备代表企业有无锡先导、百利锂电等。其中，无锡先导卷绕设备、叠片设备以及锂电池全类型整线设备的制备行业领先。贝特瑞（江苏）高镍正极材料、常州星源超薄涂敷隔膜、国泰华荣高温高电压电解液、新宙邦高能量密度高安全性电解液等已赶超国际先进水平。当升科技NCM811正极材料实现量产，并开发高镍正极材料，镍含量达88%；卓高新材料独创陶瓷涂覆技术制备高性能涂覆隔膜；贝特瑞高性能硅碳复合负极材料自主突破。

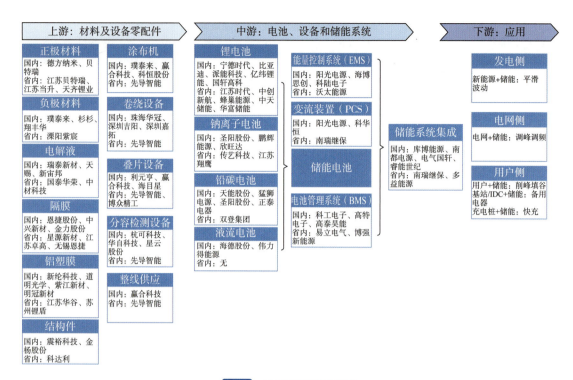

图6.1 电化学储能产业链图

产业链中游主要为锂电池、钠离子电池等储能电池和储能系统集成。储能电池代表企业有江苏时代、中创新航、蜂巢能源、南京国轩、双登集团等；储能变流器制造代表企业有南瑞继保等；能量控制系统制造代表企业有国电南瑞、沃太能源、中天科技等；储能系统集成代表企业有南瑞继保、中天科技等。其中，中创新航推出One-Stop电池技术与产品，通过超薄壳壁、多维壳体成型、多功能复合封装、原位无尘装配集成等技术，使电池结构重量降低40%、零部件数量减少25%、生产效率提升100%。蜂巢能源锂电全固态电池实验室在国内率先完成20Ah级硫系全固态原型电芯的研发，其采用的硫化物技术路线已具备固态电解质材料的公斤级自主合成、固态电解质膜连续化制备、全固态软包电芯组装以及新设备开发等自主研发能力。沃太能源是中国首家推出户用储能系统产品的公司，自主研发的新能源锂电储能系统、并离网储能逆变器、锂电池管理系统和Alpha Cloud云平台技术处于国际先进水平。南瑞继保储能系统集成解决方案基于全套自主研制的储能核心设备，涵盖电网友好的能量和功率管理系统（EMS+PMS）、快速高效的储能变流器（PCS）、安全智能的电池管理系统（BMS），构建了协同优化的储能"4S"一体化方案，能够实现快速灵活的功率控制，主动或受控参与电网调节，有效拓宽了储能项目的收益途径，支撑了以新能源为主体的电网安全稳定运行。

产业链下游为电网系统与储能系统等终端用户应用，江苏代表企业主要包括江苏省电力设计院、南瑞继保、国电南瑞、国电南自等。

（2）机械储能产业链

机械储能包括压缩空气储能、飞轮储能等。压缩空气储能系统是以高压空气压力能作为能量储存形式，并在需要时通过高压空气膨胀做功来发电的系统，是储能量级可与抽水蓄能相媲美的大规模储能，功率达到百兆瓦级，且建设周期只需要12～18个月，具有能量密度高、日常运营成本低、自放电率低等优势，技术正越来越受到青睐。飞轮储能是电能将一个放在真空外壳内的转子加速，从而将电能以动能的形式储存起来，利用大转轮所储存的惯性能量储存电能。飞轮储能具有响应速度快、功率密度高、不受充放电次数限制等特点，响应时间可以达到毫秒级，同时飞轮储能系统是一种物理储能装置，因此不会产生环境污染，飞轮储能单机功率可达2000～3000kW，可实现储能0.5～100kWh。

江苏持续加快机械储能项目示范应用，机械储能发展迈出坚实步伐。截至2022年10月，我国已投运的压缩空气储能电站共7个，共计182.5MW；在建/筹建项目共19个，装机量共计6.3GW。2013年，国家电网在江苏投运了国网江苏同里500kW液态空气储能示范项目；2022年5月，金坛盐穴压缩空气储能国家试验示范项目举行投产仪式，这标志着世界首个非补燃压缩空气储能电站正式投用，实现并网发电。该项目是我国压缩空气储能领域唯一国家示范项目和首个商业电站项目[127]，是由中国华能、中盐集团、清华大学等多家产学研单位合作建设，项目一期储能装机60MW，储能容量300MWh，远期规划建设规模1000MW，转化率为60%。2021年12月，苏盐集团与中国科学院工程热物理研究所、中储国能公司在南京举行战略合作签约仪式，共同建设国际首个400MW盐穴压缩空气储能示范项目；2022年7月，江苏淮安465MW/2600MWh盐穴压缩空气储能项目通过专家评审，进入工程实施阶段。图6.2为机械储能产业链图。

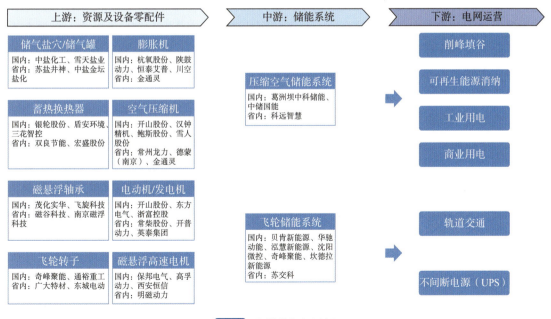

图6.2　机械储能产业链图

机械储能产业链上游主要包括储气盐穴资源和核心设备。核心设备包括空气压缩机、透平膨胀机、蓄热换热系统、电动机/发电机、飞轮转子等设备。储气盐穴代表企业主要有苏盐井神、中盐金坛盐化等；空气压缩机代表企业主要有常州龙力、德蒙（南京）压缩机械、金通灵等；膨胀机代表企业有金通灵；换热器代表企业包括双良节能、宏盛股份等；飞轮转子代表企业主要有广大特材、东城电动等；电动机/发电机代表企业主要有常柴股份、开普动力、英泰集团等。苏盐井神拥有8个井矿盐采矿权，保有资源储量逾120亿吨，年许可开采量约1200万吨，盐及盐资源加工产品年总产量800余万吨，位居全国盐行业前列。广大特材低成本的新材料160度磁悬浮飞轮转子已完成试制并装机调试，能量型系统单体储能最大达到50kWh，功率型系统单体储能功率最大达到500kW。目前正在进行大功率真空磁悬浮飞轮储能转子关键部件技术研发，以达到单个转子储电量超过200kWh、储能密度超过20Wh/kg、系统安全使用寿命超过20年的要求。金通灵拥有空气压缩机、膨胀机等相关设备的技术、装备制造优势。

产业链中游为储能系统。目前国内压缩空气储能的技术积累与项目建设已做到全球领先。主要的技术提供方是中国科学院热物理研究所下属的中储国能，以及清华大学等高校，项目建设的参与企业包括中国能建、中国电建等施工单位。省内代表企业主要有苏交科、科远智慧。苏交科子公司交科能源拥有飞轮储能多项技术专利和运用经验，目前第二代飞轮储能电池已完成迭代设计，正在试产。科远智慧是国内领先的自动化信息化智能化技术、产品、解决方案供应商，公司已为金坛盐穴压缩空气储能国家试验示范项目提供分散控制系统解决方案。

产业链下游为电网系统。压缩空气储能电站接入电网系统，服务于工业用电、商业用电、居民用电等部门，起到调峰、填谷、调频、调相、储能、事故备用等关键作用。

（3）熔盐储热产业链

熔盐储热通过储热介质的温度变化、相态变化或化学反应，实现热能的储存与释放。熔融盐为常用的中高温显热储热介质，具备较宽的液体温度范围，储热温差大，储热密度高，适合大规模中高温储热项目。熔盐储热蓄热时采用智能互补系统将风电、光伏、夜间低谷电作为熔盐电加热器的电源，通过熔盐电加热器加热熔盐，储存热量；放热时在换热系统中高温熔盐与水进行换热，释放热量。熔盐储热具有规模大、时间长、安全环保等优点，是大规模中高温储热的主流技术方向，具备单日10小时储热能力，且储能规模可达几百兆瓦。熔盐储热可以将弃风/弃光电、低谷电等电能储存起来，在需要的时候释放，减少用户用能成本；同时可以为火电电厂减小供热机组热负荷，或增大供热机组发电出力调节范围，提高电厂的运行灵活性。根据CNESA全球储能项目库，截至2021年底，熔盐储热占我国储能市场1.2%，熔盐储热规模达到0.5GW，主要应用在光电发热方面，特点是将储热和传热介质合为一体。未来熔盐储热在清洁供热、火电灵活性改造上有很大发展空间。图6.3为熔盐储热产业链图。

熔盐储热产业链上游主要包括资源、原材料和配件。主要是熔盐、玻璃、保温材料、加热器等，熔盐的主要成分为硝酸钠、硝酸钾盐，是较为常见的化学材料，目前国内熔盐供应和化盐服务较为成熟。江苏省内代表企业主要有南京紫阳、东方电热、众众电热等。东方电热熔盐加热器及其控制系统结构设计合理、性能稳定、高效，技术水平目前处于国内领先地位。众众电热是生产电加热设备、PTC加热器、液氨蒸发器、空调电加热器、成套热处理设备的专业化科技公司。

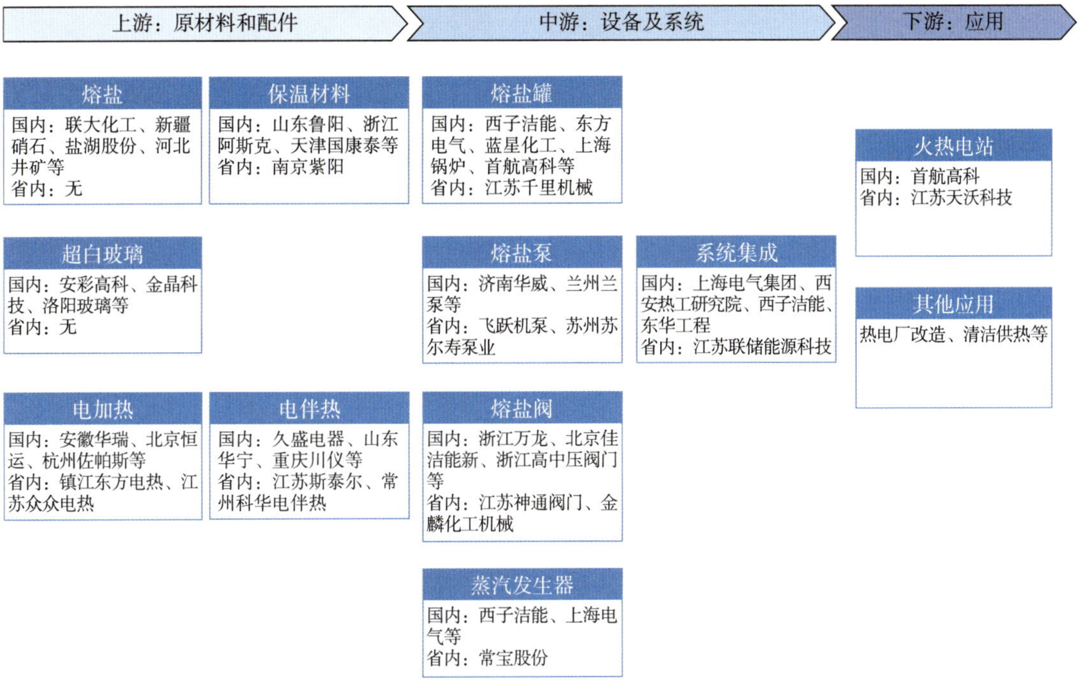

| 上游：原材料和配件 | 中游：设备及系统 | 下游：应用 |

熔盐
国内：联大化工、新疆硝石、盐湖股份、河北井矿等
省内：无

保温材料
国内：山东鲁阳、浙江阿斯克、天津国康泰等
省内：南京紫阳

熔盐罐
国内：西子洁能、东方电气、蓝星化工、上海锅炉、首航高科等
省内：江苏千里机械

火热电站
国内：首航高科
省内：江苏天沃科技

超白玻璃
国内：安彩高科、金晶科技、洛阳玻璃等
省内：无

熔盐泵
国内：济南华威、兰州兰泵等
省内：飞跃机泵、苏州苏尔寿泵业

系统集成
国内：上海电气集团、西安热工研究院、西子洁能、东华工程
省内：江苏联储能源科技

其他应用
热电厂改造、清洁供热等

电加热
国内：安徽华瑞、北京恒运、杭州佐帕斯等
省内：镇江东方电热、江苏众众电热

电伴热
国内：久盛电器、山东华宁、重庆川仪等
省内：江苏斯泰尔、常州科华电伴热

熔盐阀
国内：浙江万龙、北京佳能新、浙江高中压阀门等
省内：江苏神通阀门、金麟化工机械

蒸汽发生器
国内：西子洁能、上海电气等
省内：常宝股份

图6.3 熔盐储热产业链图

产业链中游主要包括熔盐罐、熔盐泵、熔盐阀以及蒸汽发生器等设备与储能系统集成。省内设备制造主要企业有千里机械、飞跃机泵、苏尔寿泵业、神通阀门、常宝股份等。飞跃机泵GY系列较替代产品RY型熔盐泵产品系列更完善，使用寿命更长，并从单一的熔盐输送，转化为除熔盐外，同时可进行高温化工物料的输送，介质使用温度≤540℃。储能系统集成商有联储能源科技等。联储能源科技是国内领先的熔盐热储能、特高温余热回收解决方案供应商，公司拥有国内首座20MWt熔融盐储能系统示范平台。

产业链下游主要为产业应用，包括用于火电厂改造，熔盐储能利用机组锅炉蒸汽，可以增强火电深度调峰能力；与光热电站耦合发电，使得光热发电具有可储热、可调峰、可连续发电的能力；或者直接用于供热，为工业领域提供蒸汽以及为居民区域提供热水。省内代表企业有天沃科技、国信集团等。国信集团持续加大能源创新投入，加强与知名高校、大型科研院所、中央企业和产业链龙头企业的合作，联合开展新型储能技术攻关和示范应用。2022年12月，全球首套煤电机组耦合熔盐储热示范工程在江苏国信靖江发电有限公司顺利投入运行，该项目由国信靖江发电有限公司联合西安热工研究院共同研发而成，具有完全自主知识产权，核心设备全部国产化，是目前全球首个煤电耦合熔盐储热的成功范例。天沃科技产品涉及区域电厂、自备电站、热电联产项目、输变电网络、风电、光伏和光热等新能源电站，在大型火力发电、光伏光热发电、风力发电、生物质发电、输变电等电力工程总承包、咨询、设计、供货、管理以及运营等方面具备提供完善可靠系统解决方案的能力。2021年12月，公司开发的玉门鑫能50MW二次反射塔式光热发电项目聚光集热储热系统全面投运。

（4）氢能产业链

氢能是指氢在物理与化学变化过程中释放的能量，可用于储能、发电、各种交通工具用燃料、家用燃料等，涵盖氢气制备、储存、运输、加注以及氢燃料电池等终端应用的庞大产业链。我国已初步掌握氢气制备、储运、加注、燃料电池和系统集成等主要技术和生产工艺，随着氢储能及燃料电池汽车示范推进，将带动我国氢能制储运加等配套产业也获得快速提升，助推氢能产业链完善与建设。

江苏在制造业领域的积累有力支持了燃料电池产业的稳步发展，全省集聚氢能及燃料电池相关重点企业超过170家，氢能产业链条基本完整，包含氢气制备及储运、加氢站、电堆及核心零部件、关键材料、燃料电池系统以及建设运营等环节。其中，燃料电池系统、电堆及核心零部件和材料企业40余家，车载氢系统、空压机和其他BOP辅件企业30余家。图6.4为氢能产业链图。

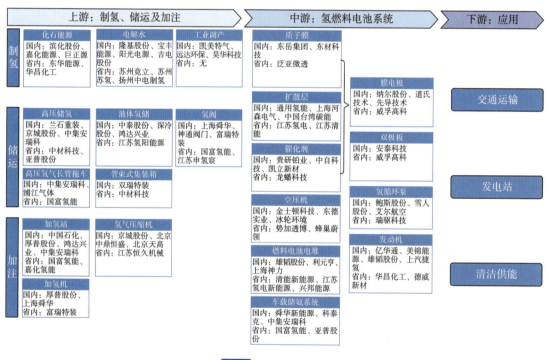

图6.4 氢能产业链图

氢能产业链上游主要包括制氢、储氢及加氢站。制氢是氢能产业链中的重要一环，按照制取技术可以分为化石能源制氢、工业副产制氢和电解水制氢。省内代表企业有华昌化工、苏州竞立、东华能源等。华昌化工是一家以煤气化为产业链源头的综合性化工企业，致力于探索氢资源能源利用及新用途，已经形成了以煤化工、盐化工、石油化工为主的产业格局。苏州竞立是国内最具影响力的电解水制氢设备研发制造商，主要的相关设备供应商，目前设备最大制氢能力可达1000m³/h。

氢气储运根据氢气状态不同可以分为高压气态储氢、低温液态储氢、有机液态储氢和固态储氢等形式。我国现阶段主要以高压气态长管拖车运输为主，高压气态长管拖车氢气储存压力为20MPa，国外已达到了50MPa的储氢压力；我国单车运载量约300公斤氢气，技术及装备制造较为成熟。省内主要的储氢企业有国富氢能、富瑞特装、中集圣达因、华昌化工、长海股份等。国富氢能是国内领先的一站式氢能装备整体解决方案提供商，年产3万支高压氢瓶，具备液氢工厂、液氢储罐、高压加氢站等系列装备制造实力。中集圣达因是国内最大的低温储罐和运输装备生产商。

加氢站设备主要包括氢气压缩机、加氢机以及储氢瓶组/储氢罐。压缩机作为加氢站内的核心设备，目前国内储氢压力45MPa的加氢站用隔膜压缩机，多个国内生产厂家的相关技术也已日趋成熟，但应用于储氢压力90MPa加氢站的压缩机，目前主要还是依赖进口。加氢机的基本部件包括加氢枪、流量计、控制系统、阀门、管件和安全系统等，其中70MPa加氢枪、高压阀门、流量计等仍需进口。加氢站省内代表企业主要有国富氢能、江苏氢枫和嘉化氢能等行业领军企业。国富氢能累计为国内客户提供五十余套加氢站成套装备，其中90%为日加氢量超过500kg的商业化加氢站，加氢站装备产品市场占有率达50%以上，"QN35集装箱式增压加氢装置与氢气加气机"获江苏省首台（套）重大装备认定。江苏氢枫主要生产隔膜压缩机、加氢机、卸气柜、顺序控制柜等加氢站核心设备，已掌握设备工艺路线、关键设备选型、工艺工装、安全防护系统、自动化控制与智能化等技术，开发实现核心关键设备的国产化并取得自主知识产权，35MPa加氢机和45MPa隔膜压缩机的性能水平与国外产品相当。

产业链中游主要包括燃料电池、氢燃气轮机和氢内燃机。燃料电池是氢能利用的主流技术之一，氢燃气轮机和氢内燃机的市场规模较小，目前国内还处于以技术攻关为主的阶段。氢燃料电池系统及电堆领域，以江苏清能、中汽创智、氢璞创能、苏州弗尔赛、江苏捷氢等企业为代表的多项产品性能国内领先，江苏清能大功率电堆达到国内领先水平，其第二代电堆单堆功率最高达150kW，采用独创的复合双极板，功率密度达到4.2kW/L，并将推出单堆达到250kW的电堆；在研VLⅢ代全金属板电堆，功率密度经TUV测试已达到6kW/L。中汽创智开发的130kW大功率超薄金属板燃料电池电堆和110kW燃料电池系统，额定体积比功率达4.5kW/L，峰值体积比功率为5.15kW/L，设计寿命15000h，冷启动温度-30℃，性能达到国内领先水平。核心零部件及关键材料领域，膜电极、双极板等核心零部件水平领先，在质子交换膜、催化剂、碳纤维等关键材料领域逐步取得技术突破。擎动科技膜电极工艺达国际先进水平，拥有全自动膜电极直接涂布和膜电极封装生产线2条，MEA年产能可达200万片；自主研发了国内首条卷对卷直接涂布法产线，是目前国际上最先进的CCM生产工艺，已为国内外几十家客户累计供货膜电极数万余片。苏州治臻建立了完整的车用燃料电池双极板自主可控技术体系，金属双极板在国内市场居于领先地位，2021年实现生产及销售80万套。南京东焱研发的DOIN系列催化剂以炭黑为载体，具有活性金属粒径小、粒径分布均匀、电化学活性面积与质量比活性高、寿命长等优点，催化剂产品已销往国内外知名氢燃料电池领域公司。

产业链下游主要包括交通、发电、储能、工业等应用场景。其中交通领域氢燃料电池汽车是氢能消费重要的突破口。江苏拥有苏州金龙、开沃新能源、上汽大通等一批优秀企业，燃料电池整车产品技术国内领先。其中，开沃新能源在燃料电池应用技术、存储技术、加注与安全防控技术等领域取得了突破，与全国十余家燃料电池发动机企业建立了良好的合作关系，燃料电池客车产品覆盖8.5～12米公交系列，是国内开发燃料电池车型及配套应用最多的企业之一。苏州金龙采用国际先进的燃料电池技术，燃料电池客车可在-30℃低温下可靠启动；研发出多款低能耗、长寿命的氢燃料电池客车，相关技术指标均达到国际先进水平，燃料电池额定功率≥80kW，0～50km/h加速时间≤15s，氢气消耗≤3.5kg/100km，氢燃料电池系统无严重故障里程≥15000km。

6.1.2.2 江苏新型储能产业空间布局

（1）常州

近年来，常州储能产业快速崛起，围绕"发电、储能、输送、应用"四个环节深化产业链布局，拥有江苏时代、中创新航、蜂巢能源、联储能源等一批龙头企业和中国科学院物理所长三角研究中心、天目湖先进储能技术研究院、中创新航研究院等重点研发平台，不断擦亮"新能源之都"的城市名片。2022年以来已有10多个新型储能项目签约投产，包括国能集团常州绿色能源基地、江苏时代12.5MW/52MWh用户侧储能项目、光伏胶膜及固态电池、盐穴压缩空气储能发电二期等。目前，常州已成为储能电池领域产能、装机量、规模全球领先城市，初步形成了具有影响力的动力电池产业集群，产业链涵盖电池材料、电池单体、电池系统、技术研发等产业链上中下游30个关键环节，汇聚相关企业60余家。2021年，常州车用动力电池装车量约占全国三分之一，全球占比近20%，以城市计位列全国第一，电芯产量占全省比重近50%。常州不仅拥有中创新航、蜂巢能源等总部型链主企业，贝特瑞、星源材质、新纶新材、科达利等国内超70%的细分领域链主企业均在常州设立制造基地和研发机构。

金坛盐穴压缩空气储能国家试验示范项目——电网侧储能项目

2022年5月26日，金坛盐穴压缩空气储能国家试验示范项目投产仪式举行，这标志着世界首个非补燃压缩空气储能电站正式投用，并网发电。该项目是我国压缩空气储能领域唯一国家示范项目和首个商业电站项目，是国家能源局和江苏省能源局重点推进的项目，也是江苏省2019年、2020年重大项目。

项目采用非补燃式压缩空气储能技术，利用水溶采盐后形成的巨大腔穴，在电网低谷时将空气压缩到盐穴中，用电高峰时再释放压缩空气发电，从而实现削峰填谷，提升电网调节能力，是构建新型电力系统，实现"碳达峰、碳中和"目标的关键技术。项目的投用，将在改善能源结构、保障长三角地区国家战略能源安全中发挥重要作用。

项目由中盐集团、中国华能和清华大学三方共同开发，由中盐集团承担地下储气库建设，中国华能承担电站建设、调试和运维，清华大学负责非补燃压缩空气储能技术研发。项目储能容量300兆瓦时，年发电量约1亿千瓦时。项目所有设备均为首台（套），项目团队先后攻克了首台"多级串联、高温高压高流量"、压缩机的安全启停、首台空气透平快速启停优化等关键技术难题。因疫情影响，建设团队全员连续3个月封闭驻守现场，完成一次调频性能、AGC功能等涉网试验，确保了试运顺利完成。

（2）苏州

苏州充分发挥装备制造业发达和应用场景丰富优势，推动新型储能技术应用和产业发展，在电化学储能、机械储能、氢能等细分领域均拥有较强竞争力。电化学储能领域，拥有力神电池、星恒电源、苏州新中能源、正力新能、苏州宇量、清陶新能源、凯博易控、捷力新能源、绿控传动、协鑫能源、江苏天鹏电源等重点企业，产业主要集中在张家港、常熟、昆山等地。捷力新能源是动力电池隔膜行业龙头企业。清陶新能源是国内固态电解质的领军企业。2023年1月，总投资306亿元的盛虹控股集团60GWh储能电池超级工厂和新能源电池研究院项目落户张家港，是张家港锂电产业的旗舰型项目。氢能领域，苏州具备良好的产业基础，已经形成了覆盖制氢、储运、加氢、燃料电池系统、氢燃料电池整车等环节的产业链，拥有相关企业超60家，培育了国富氢能、富森科技、华昌新能源、中集圣达因、擎动动力、苏州金龙等骨干企业，产业集中分布在苏州工业园、张家港、常熟和昆山。国富氢能是国内规模较大的液氢储罐、高压氢瓶、加氢站设备供应商和液氢化装置供应商，产品市场占有率在50%以上。苏州金龙与日本丰田深入合作，实现氢燃料技术迭代，百公里气耗比同行竞品低10%。此外，全市集聚了丰田汽车研发中心、南京大学昆山创新研究院、氢云新能源研究院等10余家燃料电池领域科研院所。机械储能领域，苏州起步较早，在压缩空气储能领域加快突破新型储能技术应用。国家电网在苏州市吴江区同里镇建设500kW液态空气储能示范项目，项目已于2018年10月建成投运，可为园区提供500kWh电力。

苏州昆山储能电站——电网侧储能项目

苏州昆山储能电站（110.88MW/193.6MWh）由国网平高集团投资建设，已于2020年8月22日投运。作为第二代电网侧储能电站和国内首个投运的兆瓦级储能电站，苏州昆山储能电站总投资6.37亿元，利用退役昆山220kV变电站老站址建设，占地40亩，采用半户内布置形式。该项目配置88个2.2MWh磷酸铁锂储能预制舱、176台630kW PCS、44台2800kVA升压变，采用4回35kV接入220kV新昆山变。

苏州昆山储能电站首次将细水雾技术大规模应用于储能电站消防，并集成七氟丙烷气体灭火和高压细水雾灭火两套灭火系统，有效保障储能电站安全稳定运行。电池舱内布置可燃气体、温度、烟雾探测器以及红外测温高清摄像机，当电池发生火灾事故时，七氟丙烷灭火系统率先自启，释放七氟丙烷气体，对内部的明火进行扑灭；明火扑灭后，根据舱内情况，启动高压细水雾灭火系统。此外，预制舱式储能电池之间设置防火墙，防止火灾扩散；每个储能电池预制舱附近均设置水消防系统。

2021年苏州社会用电量高达1685.28亿千瓦时，相当于三峡电站全年发电量的1.5倍，电网频率安全稳定面临着严峻挑战。苏州昆山储能电站的投运，可根据电网需要对电能进行大规模存储和快速释放，实现电能灵活调节和精确控制，最大可实现10万千瓦的毫秒级负荷响应。苏州昆山储能电站积极开展电网调峰、调频、备用、事故应急响应、黑启动等多种服务，并围绕"储能站+数据中心+N"积极探索新型运营方式，依托"能源流、数据流、业务流"融合的新型资源开发模式，同常熟任阳储能电站、张家港乐余储能电站组建苏州电网侧"储能群"，探索打造"多站合一"的能源综合服务平台。

（3）南京

南京持续推进电化学储能、压缩空气储能、氢能等新型储能技术应用，推动新能源汽车动力电池循环利用，动力电池产业链进一步完善，产业发展的动力更加强劲。电化学储能领域，全市现有南京国轩、LG、欣旺达、南瑞继保、国电南瑞等龙头企业近20家，全球装机量排名前20的动力电池企业已有3家在南京投产。2021年全市动力电池产业营业收入559.7亿元，同比增长11.1%。随着LG滨江二期、塔菲尔二期、欣旺达二期、中比新能源等一批在建和待建项目的陆续投产，南京市动力电池产能将超过130GWh，位居全国前列。2022年3月，江苏南京储能电站破土动工，标志着江苏第二批电网侧储能电站正式启动建设，江北储能电站是国内在建容量最大的电化学储能电站，也是国内首个梯次利用的电网侧储能电站。机械储能领域，南京拥有苏盐集团、苏交科、科远智慧等骨干企业，2021年12月，由苏盐集团、中国科学院工程热物理研究所和中储国能共同合作的400MW盐穴压缩空气储能示范项目正式落地南京，项目预计投资20亿元，包括一期技术已经成熟的100MW和二期国际首套300MW规模盐穴压缩空气储能示范项目。这也是全球首个400MW盐穴先进压缩空气储能示范项目，项目建成后，储能规模将达3200MWh，年发电量超10亿度，相当于节省100多万吨标准煤，将成为全球规模最大、性能最优的压缩空气储能系统，能够有效推动盐穴压缩空气储能技术的产业化进程。氢能领域，南京现有燃料电池产业相关企业近20家，主要聚焦在制氢、电堆及系统、催化剂等领域，产品多处于研发试制阶段，有待大规模产业化。南京是氢能领域全国科技创新资源与实力最为突出的地区之一，中汽创智作为国家级新能源汽车创新平台，将氢燃料动力系统作为其重点攻关方向；南京大学邹志刚院士是国内氢能研究领域的领头人；南京工程学院牵头成立了省氢燃料电池汽车产业研究中心。

南京江北储能电站——电网侧储能项目

南京江北储能电站位于江苏首个国家级新区——南京市江北新区北部，属于南京电网宁北分区，总占地68亩，采用磷酸铁锂电池和铅酸电池，功率130.88MW/容量268.6MWh，是省内规模最大的电化学储能电站，总规模位居世界前列，助力江北新区在长三角经济带打造绿色低碳、安全可靠的新型能源供应体系。南京江北储能电站分为集中式储能电站（功率110.88MW/容量193.6MWh）和梯次利用储能电站（功率20MW/容量75MWh）两部分。其中，集中式储能电站处于设备验收消缺阶段，消防备案手续预计7月中上旬获批，并于2022年下半年完成并网运行。经测算，南京江北储能电站投运后，通过消除负荷峰谷差，可显著延缓电网投资约10.45亿元。

1）集中式储能电站（110.88MW/193.6MWh）

南京江北集中式储能电站（110.88MW/193.6MWh）由平高集团作为投资建设主体单位，占地面积51.26亩，投资总额6.4亿元，采用半户内布置形式。其中，88个储能电池预制舱为户外布置，分成北区、中区、南区；176台630kW PCS、44台2800kVA10kV升压单元为户内布置，分为1号升压楼、2号升压楼、3号升压楼。储能电池预制舱通过PCS、变压器、就地配电设施等接至10kV配电室开关柜，由16回10kV线路送至220kV东大变10kV侧，另有2回10kV线路出线供全站设备用电。

南京江北集中式储能电站已取得江苏省投资项目备案证、环境影响评价备案、中电初步设计评审意见、规划许可证、施工图审查合格书、施工许可证；完成施工招标并正式开工建设、投运前质量监督检查、竣工预验收、国网南京供电公司监督验收。目前该项目正在进行部分土建施工工作，并同步开展消防备案办理工作。待取得消防备案证，即可向国网江苏省电力有限公司申请签订并网协调调度协议。南京江北集中式储能电站以增强电网可靠性和调峰、调频能力为主，将采用"两充两放"等模式实时参与电网负荷高峰期的调峰调频。投运后由江苏省电力有限公司南京供电分公司同平高集团签订储能服务合同，并向平高集团支付租赁服务费用。

2）梯次利用储能电站（20MW/75MWh）

南京江北梯次利用储能电站（20MW/75MWh）由国网江苏综合服务能源有限公司作为投资建设主体单位，采用3回电缆连接至220kV东大变10kV侧。南京江北梯次利用储能电站的工程设计严格遵守现行规程规范。针对储能安全消防，执行团体标准《预制舱式磷酸铁锂电池储能电站消防技术规范》（T/CEC 373—2020），设计标准高于国标《电化学储能电站设计规范》（GB 51048—2014）；针对磷酸铁锂电池采用"细水雾+气体灭火装置"设计方案，同近期发布的《电化学储能电站设计标准（征求意见稿）》最新要求一致。南京江北梯次利用储能电站投运后，同样采用由江苏省电力有限公司南京供电分公司同国网江苏综合服务能源有限公司签订储能服务合同并支付租赁服务费用的运营模式。

（4）无锡

无锡积极抢抓新能源产业发展机遇，在巩固光伏和风电产业优势的基础上，积极发力储能领域，招引国内一流企业，完善产业链布局，产业覆盖了电化学储能、氢能，主要分布在高新区、惠山、江阴、宜兴等区域。电化学储能领域，重点企业包括上汽大通、联动天翼、博世动力总成、无锡威孚高科、远景动力、江苏金卫星、无锡先导智能等。远景动力是全球领先的智能电池生产企业，动力电池制造项目以生产新一代高品质动力电池产品为目标，规划产能15GWh，于2023年实现量产。无锡先导智能是全球最大的锂电池装备企业，自2018年进军电池智能装备领域，是全国为数不多可以提供燃料电池生产线整体解决方案的企业。此外，远景动力高储能高安全软包装智能电池项目、联动天翼锂电储能系统项目、中华锦节电储能等多个重点项目加快布局。氢能领域，无锡拥有氢能及燃料电池相关企业近20家，覆盖制氢、加氢、关键零部件、燃料电池系统及整车生产、燃料电池生产装备等产业链关键环节，拥有上汽大通、威孚高科、博世汽车、毅合捷、蠡湖股份、贝斯特、先导智能、秋林特能、富仁高科等重点企业。无锡制定了《无锡市加快培育氢能及燃料电池汽车产业发展实施意见》，同时成立推进氢能及燃料电池汽车产业发展工作专班，全面推进氢能产业发展。

无锡新加坡工业园智能配网储能电站——用户侧储能项目

无锡新加坡工业园智能配网储能电站坐落在无锡星洲工业园内，储能电站总功率为20MW，总容量为160MWh，总面积12800m^2。该储能电站具备园区级削峰填谷、应急备用电源、需求侧响应、改善电能质量等功能。该电站是首个依照江苏省电力公司《客户侧储能系统并网管理规定》并网验收的项目。项目成功并网运行将为工商业储能应用并网破冰，促进客户侧储能设备大规模接入电网。

储能电站采用能量型铅炭电池组作为储能电源，一定程度上有助于降低电网的峰值负荷，保障电网的安全运行，实现企业的节能减排。项目安装了江苏省第一只储能用峰谷分时电价计量电表，并成为首个接入国网江苏省电力公司客户侧储能互动调度平台的大规模储能电站。南都无锡智能配网储能电站圆满完成首次收费的电力需求侧响应，为电化学储能系统进入电力市场提供了范例，对电力需求管理的市场激励机制、需求侧响应的峰谷负荷双向调控体系，具有里程碑式的重大意义。

（5）盐城

作为全省海岸线最长、海域面积最广、滩涂湿地最多、海洋资源丰富的地区，盐城积极把极为丰富的"风光"资源优势转化为产业优势，大力发展以动力电池、光伏、风能等为主的新能源，云集了国家电投、华能、国家能源、三峡、大唐、国信等一大批央企和大型国企，实施风光资源系统化、规模化、集中化开发。2022年以来，总投资30亿元的远景储能电站、投资30亿元的华美兴泰家庭储能生产基地（15GWh磷酸铁锂电池）、平高集团等投资的储能电站和产业项目纷纷落户，储能产业在盐城已经全面起势。电化学储能领域，盐城成立市动力及储能电池产业联盟，招引SK新能源、比亚迪、蜂巢能源、捷威动力等一批龙头企业落户，目前整个产业链上企业35家，随着众多电池项目落户盐城，正负极、隔膜、电解液等产业链上下游头部企业纷纷入驻，形成集聚效应和规模效应。天合光能、阿特斯、协鑫等一大批光伏龙头装备制造企业竣工投产，纷纷"加码"投资超百亿元储能项目。氢能领域，盐城是全国第五个氢燃料电池汽车示范城市，在滨海、射阳沿海规划建设绿氢生产基地，推动新能源制氢，扩大氢能应用场景，形成制氢（氢源）、氢储存和输送、氢能基础设施建设、氢燃料电池电堆、关键材料、零部件和动力系统集成、整车生产、运营与配套服务等产业集群，培育一批氢能装备制造企业、燃料电池和动力系统集成研发制造企业。

盐城大丰储能电站——用户侧储能项目

2021年3月，由国家电网平高集团有限公司投资建设的位于大丰区西团镇和南阳镇境内的2座储能电站先后建成，将进一步推进盐城新能源创新发展示范城市建设，提升电网事故应急响应能力和直流闭锁后的频率安全水平。目前，该项目正在办理并网等相关手续，有望在月底正式并网投入运行。

> 西团储能项目建设在原有35千伏西团变电站内,总投资1.5亿元,规模为22.68兆瓦/39.6兆瓦时,18个储能预制舱采用磷酸铁锂电池方案,出线以1回35千伏线路接入220千伏富强变35千伏富西间隔,新建线路长度约为2.7千米。南阳储能项目建设在原有35千伏庆生渡变电站内,总投资1.7亿元,规模为27.72兆瓦/48.4兆瓦时,22个储能预制舱采用磷酸铁锂电池方案,出线以2回10千伏线路接入110千伏通商变10千伏母线,新建10千伏线路长度约2×2千米。
>
> 项目将纳入江苏电网"源、网、荷、储"智能友好互动系统,通过电源、电网、用户与储能的相互支撑,升级"源、网、荷、储"智能互动能力,实现系统效用最大化。在区域发生极端事故时,可实现5万千瓦负荷毫秒级响应,为大电网安全运行增添一道"防火墙"。

(6)南通

南通作为全国知名的海上风电之都,充分发挥新能源产业基础优势,加快布局储能产业,积极吸引储能产业上下游企业布局。电化学储能领域,重点企业包括中天储能科技、沃太能源、星源材质、天赐材料、新宙邦、南通北新、久久科技、容汇通用锂业、南通瑞翔新材料等,产业链覆盖了储能电池、零部件制造(正负极)、电池隔膜、电解液等环节,2021年储能产业产值超200亿元。中天储能依托中天科技的资源优势,建设了国内先进的锂离子电池研发中心,现已发展为高性能锂电池制造领域的领跑者。2022年以来,总投资120亿元的懋略储能系统用锂电池项目、拓邦股份50亿元的10GWh锂电池项目、总投资30亿元的江苏亿纬林洋储能项目等一大批储能重点项目加快落户投产。机械储能领域,拥有金通灵科技、苏中集团等重点企业。金通灵科技产品包括空气压缩机、膨胀机等,同时具备系统集成、工程总包及合同能源管理能力。2022年,苏中集团与中国天楹100MWh重力储能及设备制造项目签约仪式在海安隆重举行,该项目是全球首个100MWh规模重力储能项目,也是全国首个重力储能试点项目。氢能领域,南通是省内较早涉足氢能产业的地区之一,形成了如皋、如东、崇川等集聚区,落户了百应能源、安思卓、氢枫能源、中天华氢、碧空氢能、泽禾新能源、神州碳制品、江苏清能、金通灵、上海瀚氢动力、势加透博等相关企业,逐步形成集制氢、储运、加氢、氢燃料电池、氢能产品应用"五位一体"的氢能产业链。2021年全市氢能相关产业实现营业收入50亿元。此外,南通以打造长三角地区重要的燃料电池及关键零部件产业集聚区以及"绿氢"制备和氢能装备产业发展高地为目标,出台了《南通市氢能与燃料电池汽车产业发展指导意见(2022—2025年)》,明确了氢能产业的发展目标、方向和路径。

> **懋略储能系统用锂电池项目**
>
> 2022年6月，深圳市懋略科技有限公司规划总投资120亿元的"储能系统用锂离子电池研发制造基地项目"正式落户南通市苏锡通科技产业园区，主要从事储能锂电池的研发、生产和销售。深圳懋略科技由正轩投资孵化创立，是一家专注研发制造"低成本、高可靠性、长寿命"专业储能级锂离子电池的高科技企业。核心团队由多位国内锂电行业领军人物组成，在电池材料及电化学体系设计、电池安全机理、电池系统可靠性设计、电池规模化量产及工艺品控等方面拥有丰富经验。公司已获得知名风投机构正轩投资等多家产业资本方联合投资赋能。
>
> 本次项目拟建成具备26GWh年产能的"高安全性、长寿命、低成本"储能级锂电研发制造基地。项目将分三期实施，其中一、二期将建成产能10GWh，满产后年产值将达80亿元。产品未来将广泛应用于新能源电力系统的发电侧、电网侧、用户侧及通信基站等多类重要储能场景。

（7）泰州

泰州依托新能源产业园、化学新材料产业园区等载体，大力推进产业延链、补链、强链，积极布局新型储能电池和系统集成领域，成立首只"碳中和"产业基金，支持锂电、氢能等新型储能产业发展壮大，打造光伏和锂电特色产业集群。电化学储能领域，重点推进双登富朗特锂电项目，拥有双登集团、衡川新能源、纳新新能源等一批生产企业，相继落户众钠能源、东方九天、春兰清能等锂电材料和电池制造企业，产业链环节逐步完善。其中，江苏东方九天高端锂电池外壳用预镀镍钢带项目2022年8月正式签约泰兴，总投资20.58亿元，投产后预计形成年产锂电专用外壳材料、光通信专用复合材料、LED专用精密钢带、精冲钢和邦迪管用钢带等系列产品18万吨的生产能力。氢能领域，拥有蜂巢蔚领、鑫宇精工等燃料电池BOP辅件企业，并依托光伏等新能源产业基础，鼓励探索发展"光伏制氢"。

> **泰州光伏和锂电产业集群百亿项目：盛虹集团新型储能电池及系统集成项目**
>
> 盛虹集团新能源新材料全产业链优势突出，技术水平国际领先，超高分子量聚乙烯隔膜材料、DMC电解液材料、磷酸铁锂等原材料的自给率达到65%，为储能电芯制造提供了重要的原材料。
>
> 2022年12月15日，盛虹集团新型储能电池及系统集成项目正式签约落户泰州医药高新区（高港区）化学新材料产业园区，总投资120亿元，规划产能25GWh，投产后预计可实现年销售收入约250亿元，年利税约25亿元。其中，一期将建设5GWh高性能储能锂离子电池及系统生产线，计划2023年7月底前实现投产，2023年12月底前实现量产，有望成为盛虹集团进军储能领域后第一个实现量产的基地，也将成为泰州新型储能产业发展的重要增长点。

（8）镇江

镇江利用电化学储能的特有优势，探索具有特色的"可再生能源+储能"融合发展的新路径，形成了以储能材料、储能应用为特色的储能产业链。电化学储能领域，集聚了孚能科技、力信能源、乐能电池、中天储能等储能行业内骨干企业，形成了国内规模最大的电化学储能电站（镇江电网侧储能电站群），拓展了储能调峰、调频、调压、紧急控制、新能源跟随、降损增效六类应用场景，充分发挥了储能综合效益。镇江电网侧储能电站群由8座储能电站构成，总功率为10.1万千瓦，总容量20.2万千瓦时，是国内规模最大的电池储能电站项目。2022年12月，威腾电气建设年产5GWh储能系统建设项目，总投资金额约6.5亿元，项目主要用于储能系统组件和储能集成系统两类储能产品的生产。机械储能领域，镇江积极开展荣炳盐穴压缩空气储能项目前期工作，丹徒高资与金坛盐穴国家试验示范项目区域联动发展、形成合力，全力以赴推动新型储能项目在镇江落地扎根。熔盐储热领域，镇江东方电热科技股份有限公司成功中标西安热工研究院储能调峰项目熔盐电加热器及其控制系统设备，其交付的熔盐储能加热器正处于调试阶段。

镇江分布式储能电站——电网侧储能项目

镇江分布式储能电站（101MW/202MWh）由国网江苏综合能源公司、山东电工集团、许继集团投资建设，总投资6亿元，分为8个子电站，已于2018年7月投运。作为江苏首套容量最大、功能最全面、可实现毫秒级响应的分布式"源网荷储"系统，可满足区域电网调峰、调频、调压、应急响应、黑启动等应用需求。

镇江分布式储能电站配置100个1MW/2MWh储能电池标准集装箱。每个集装箱分别通过2个位于PCS升压舱内的500kW PCS逆变后，接至同在舱内的升压分裂变压器的低压侧，升压后接至10kV/35kV配电装置实现汇流。在通信架构方面，镇江分布式储能电站采用层级式网络拓扑架构，将站内网络通信架构划分为站控层与间隔层，但在间隔层中PCS与EMS监控系统的通信方式上各站略有不同。

按照镇江地区2018年迎峰度夏季电力负荷缺口200MW进行测算，如果新建火电机组，以30～60万千瓦燃煤火电机组3500元/kWh造价计算，初始投资需7.5亿元。镇江101MW/202MWh储能电站总投资6亿元，储能投资成本不足3000元/kWh，同时可大幅改善镇江地区电网的灵活调峰、调频性能。

（9）徐州

近年来，徐州市以项目建设为抓手，以产业配套为重点，拓展壮大产业链条，不断提升产业规模，一批硅基电子材料、光电子材料、动力储能电池、氢能等新型储能产业链重点项目陆续签约投产。电化学储能领域，拥有巨电新能源、协鑫集成（徐州）等骨干企业，重点项目纷纷落户，产业链逐步完善。2022年11月，协鑫集团与徐州经开区签订了《10万吨锂电池正极材料及锂储能系统项目投资协议》，科学布局高镍多元正极材料及储能电池材料产线。2023年1月，比亚迪新能源动力电池徐州生产基地举行奠基仪式，该动力电池生产基地总投资100亿元，主要从事动力电池电芯、储能及动力电池梯次利用等产品生产，达产后动力电池预计年产能达15GWh。氢能领域，徐州大力发展氢能产业，依托氢能产业园，引入徐州铭寰、华清智能装备、华清工程技术、徐州科利尔等产业链上下游核心企业，加快构建制氢到用氢全产业链条。

海得共享储能及用户侧储能电站项目
海得共享储能及用户侧储能电站项目，由上海海得控制系统股份有限公司与徐州市铜山区共同开发，总投资约50亿元，占地面积约220亩，投资建设2000MWh共享储能电站及400MWh用户侧储能项目，目前处于规划上报阶段，项目的具体设计与实施方案需等相关部门批复。

（10）扬州

扬州推动新型储能规模应用，加大新型储能技术应用与推广，推动电源侧、电网侧及用户侧储能示范项目建设，打造分布式储能应用典型示范，压缩空气储能、飞轮储能、超导储能和超级电容、铅蓄电池、锂离子电池、钠硫电池、液流电池等储能技术和储热、储冷、储氢技术研发应用取得了一定进展。电化学储能领域，依托高邮电池产业园，引培了华富、爱力生、易事特、传艺钠电科技、风帆电池、艾诺斯电源等一批知名储能电池生产企业。氢能领域，扬州燃料电池产业发展较早，拥有燃料电池企业10余家，在整车、电堆、双极板、空气压缩机和燃料电池系统等领域均有涉足，产业链基本覆盖，主要集中在高邮市和广陵开发区等地。燃料电池电堆及系统领域具有较强竞争力，氢璞创能电堆产品技术指标国内领先；车载高压储氢系统、水热管理系统等配套领域独具优势。

扬州中远海运重工有限公司8000千瓦/32000千瓦时储能电站
储能电站由位于江都区沿江开发区的扬州中远海运重工有限公司投资4500万元建设，有16组500千瓦/2000千瓦时储能单元，变电站储能容量为8000千瓦，一次可充足储存电量32000千瓦时。该电站作为中远海运厂区内用电调峰及应急保障电源，采用"一充两放"的运行模式，每日谷期0~8时充电（每千瓦时0.2289元），峰期8~12时、17~21时放电（每千瓦时0.9647元）。利用峰谷电价差，获得投资回报。按照该公司每年330日的生产天数计算，每年充放电量约为1056万千瓦时，年效益约为777万元，大约6年即可收回投资。2020年12月，储能电站并网运行，成为扬州市建成投运的容量最大的储能电站。

（11）连云港

近年来，连云港着力发展高性能动力锂离子电池、特殊场景应用超低温电池，大力推进锂离子电池、超级电容等技术在光伏风电中的配套应用，加速风光储用产业一体化进程，探索布局氢能产业，拓展新型储能产业链条。电化学储能领域，拥有久泰电池、华富储能、海科思派等重点企业，其中海科思派是全球最大的锂离子电池电解液溶剂生产制造商,电池级碳酸乙烯酯、碳酸甲乙酯、碳酸二乙酯等产品品质达到行业领先水平。氢能领域,《连云港市"十四五"工业发展规划》明确提出,探索以炼化和化工企业副产氢净化提纯制氢为启动资源、电解水制氢为未来方式,积极布局发展氢能产业,开展PEM制氢设备研发制造、氢燃料电池等关键核心技术研发和产业发展,布局氢能运输、加氢站、储能站等产业。新型储能示范应用领域,连云港大力推动电源侧、电网侧、用户侧储能协同发展,实施了金陵神州宾馆"光储充洗"一体化充电站示范项目、300kW/1.2MWh锂电池储能系统光储充综合供能项目、35kV庙岭变岸电配套4MW/4MWh储能系统项目、徐圩新区220千伏深港输变电工程等一批储能应用项目。

连云港中核田湾200万千瓦滩涂光伏示范项目

2022年9月21日,中核田湾200万千瓦滩涂光伏示范项目在江苏省连云港市连云区举行开工仪式,是全球首个"核热光储"多能互补示范项目。该项目是江苏省重大能源建设项目、江苏省最大的储能电站(电网调峰)、绿色清洁能源创新示范项目,对探索推广"核电+新能源"发展模式具有重要里程碑意义。

中核田湾200万千瓦滩涂光伏示范项目由中核江苏新能源有限公司投资建设,计划总投资102亿元,装机容量200万千瓦。建成后,年平均上网电量约22.34亿千瓦时;每年可节省标煤68.12万吨,可减少排放温室气体177.11万吨、二氧化硫1.5万吨、氮化物0.68万吨,将成为全国最大的核电厂温排水域核光储多能互补新能源样板工程。

(12)淮安

近年来,淮安全面实施"工业强市"战略,狠抓项目引入,发挥在盐化新材料、新能源汽车等领域的积累,积极延伸拓展储能领域,引入了诸多重大产业项目,形成了自身独特的竞争优势。电化学储能领域,拥有敏安汽车、上淮动力、骏盛锂电池等重点企业。此外,淮安抢抓新能源汽车产业发展机遇,加快动力电池产业项目引入,已成功签约淮安比亚迪新能源商用车及零部件项目、投资50亿元的天鹏锂能40亿AH圆柱锂电池产业化项目、投资20亿元的金杨科技电池结构件及材料产业园项目等重点项目。此外,淮安工业园正在规划建设淮安新能源汽车产业园,总用地面积约6.8平方公里,目标打造新能源汽车制造全链条。机械储能领域,淮安积极发挥苏盐井神的地下盐穴技术,抢占空气储能发展制高点。江苏淮安465MW/2600MWh盐穴压缩空气储能项目已经于2022年7月通过专家评审进入实施阶段,电站建成后将成为国际上容量最大的压缩空气储能电站,可实现年发电量8.5亿度。熔盐储热领域,淮安利用盐穴资源建设地下储备库拓展储热储能新领域,已经签约了总投资10.2亿元的华能淮安市绿电熔盐储能示范项目等。氢能领域,淮安仍处于初期布局阶段,拥有吉电氢能源、科润氢能源、未来氢能源、淮安振达钢管等企业。其中,淮安振达钢管专注生产高压储氢用无缝钢管,在国内处于领先地位,是储氢钢管的主要供应商之一。

苏盐井神465MW/2600MWh盐穴压缩空气储能项目

2022年7月，苏盐井神465MW盐穴压缩空气储能项目可研报告评审会在北京召开。该项目依托中国科学院工程热物理研究所国际领先的先进压缩空气储能技术和苏盐集团领先的地下盐穴造腔技术，利用中储国能（北京）技术有限公司全套压缩空气储能装备研制及系统集成能力，加速推动压缩空气储能技术研发及产业化进程[128]，探索产学研用的新型合作模式，创新灵活多元的商业模式，将打造成为我国绿色低碳、循环发展的示范样本，抢占压缩空气储能国际战略新高地，释放强大的社会与产业价值。

江苏淮安465MW/2600MWh盐穴压缩空气储能项目，共分两期实施：一期单机115MW，二期单机350MW。该电站建成后，将成为国际上容量最大的压缩空气储能电站，可实现年发电量8.5亿度。

（13）宿迁

宿迁加快发展氢能、锂电等新型储能技术，鼓励新建光伏项目提高储能建设配比，鼓励储能项目多元化发展，优化项目并网备案流程，瓦特电力、燕开集团、中国电建等企业大型独立储能项目相继落户。电化学储能领域，拥有联盛科技、联拓控股、时代储能、征程电子等企业，2021年12月，联拓控股旗下公司时代储能启动国内首个生活用水有机液流电池储能项目，其中一期投资5.5亿元，建设年产2GWh电化学储能电池，二期投资4.5亿元，建设年产5GWh电化学储能电池，致力于新能源技术研发和储能设备制造。该项目的高性能膜、双极板、电堆等关键材料和完全拥有自主知识产权的成套生产设备均落地宿迁生产，技术填补了国内有机液流电池行业空白，解决了行业"卡脖子"技术难题。征程电子主要从事锂离子电池的研发、生产和销售，主要产品为异形、方形、圆柱形聚合物锂离子电池，广泛应用于各类智能穿戴、太阳能储能以及其他便携式电子设备。氢能领域，宿迁深挖新型储能模式，持续提升自主创新和绿色制造能力，着力打造智能化、精益化、清洁化、平台型企业，天能集团等行业内代表企业相继落户。天能集团（沭阳）聚焦氢燃料电池研发和生产基地，已成为国内最大的电动车用纳米高能蓄电池生产基地，其投资的20亿元的天能氢燃料电池项目已于2022年6月开工建设。

宿迁水系有机液流电池储能项目——电网侧储能项目

宿迁时代储能科技有限公司的国内首个生活用水有机液流电池储能项目，由宿迁联拓控股（集团）有限公司投资兴建，计划总投资10亿元，该项目分两期建设，致力于新能源技术研发和储能设备制造，其中一期投资5.5亿元，建成年产2GWh电化学储能电池，二期投资4.5亿元，建成年产3GWh电化学储能电池。

水系有机液流电池是最具潜力的电化学储能技术之一，其使用水作为介质，避免使用易燃的有机溶剂，可以在本质上提高储能系统的安全性，且能量密度可调、易放大，能有效解决太阳能、风能、潮汐能发电的间歇性、波动性等问题，是一种安全、可适用于大规模场景的储能技术。

在宿迁时代储能科技有限公司、中国科学技术大学杨正金教授团队和常州大学曹剑瑜、许娟教授团队等科研人员的共同努力下，经过长期攻关、反复验证，已在活性物质、离子交换膜、电解质配方等方面取得了重大突破。从目前运行数据看，水系有机液流电池电堆能量效率超过85%，电池组整体综合能量消耗较小，大幅提升了电池组的整体能量效率。

表6.2为江苏新型储能产业空间布局。

表6.2 江苏新型储能产业空间布局

地区	重点领域	重点企业	重大项目
南京	电化学储能、机械储能、熔盐储热、氢能	江苏省电力设计院、南京国轩、LG、欣旺达、南瑞继保、国电南瑞、苏盐集团、苏交科、科远智慧、中汽创智、德蒙（南京）压缩机械、国电南自、磁谷科技、国信集团、南京东焱、开沃新能源	南京江北储能电站电网侧储能项目、400MW盐穴压缩空气储能示范项目
常州	电化学储能、机械储能	江苏时代、中创新航、蜂巢能源、联储能源、贝特瑞、星源材质、新纶新材、科达利、中盐金坛盐化、常州龙力、卓高新材料、常宝股份	金坛盐穴压缩空气储能国家试验示范项目、江苏时代12.5MW/52MWh用户侧储能项目
苏州	电化学储能、氢能、机械储能	协鑫（集团）控股、广大特材、国泰华荣、苏尔寿泵业、天沃科技、国富氢能、苏州竞立、华昌化工、中集圣达因、江苏清能、擎动科技、苏州金龙、力神电池、星恒电源、新中能源、正力新能、苏州宇量、清陶新能源、凯博易控	苏州昆山储能电站（110.88MW/193.6MWh）、500kW液态空气储能示范项目
无锡	电化学储能、氢能	双良节能、宏盛股份、开普动力、海基新能源、威孚高科、远景动力、江苏金卫星、先导智能	无锡新加坡工业园智能配网储能电站
南通	电化学储能、机械储能、氢能	金通灵、沃太能源、中天科技、林洋能源、神通阀门、天赐材料、新宙邦、南通北新、久久科技、百应能源、安思卓、氢枫能源	南通沃太新能源储能系统项目、懋略储能系统用锂电池项目、江苏亿纬林洋储能项目、拓邦股份50亿元的10GWh锂电池项目
泰州	电化学储能、氢能	双登集团、衡川新能源、纳新新能源、蜂巢蔚领、鑫宇精工	盛虹集团新型储能电池及系统集成项目
盐城	电化学储能、氢能	SK新能源、比亚迪、蜂巢能源、捷威动力、天合光能、阿特斯、协鑫、千里机械	盐城大丰储能电站用户侧储能项目、智泰新能源20GWh储能电池项目、阿特斯阳光电力集团光伏储能系统项目
扬州	电化学储能、氢能	华富、爱力生、易事特、传艺钠电科技、风帆电池、艾诺斯电源、氢璞创能、英泰集团	扬州中远海运重工有限公司8000千瓦/32000千瓦时储能电站
镇江	电化学储能、机械储能、熔盐储热	东方电热、众众电热、孚能科技、力信能源、乐能电池、中天储能	镇江分布式储能电站
徐州	电化学储能、氢能	巨电新能源、协鑫集成（徐州）	海得共享储能及用户侧储能电站项目

续表

地区	重点领域	重点企业	重大项目
淮安	电化学储能、机械储能、熔盐储热、氢能	苏盐井神、敏安汽车、上淮动力、骏盛锂电池	江苏淮安 465MW/2600MWh 盐穴压缩空气储能项目、淮安红湖 40.32MW/70.4MWh 储能电站、国能龙源江苏公司盱眙 10MW/20MWh 磷酸铁锂储能电站、华能淮阴第二发电厂储能辅助 AGC 调频工程、华能淮安市绿电熔盐储能示范项目
宿迁	电化学储能、氢能	联盛科技、联拓控股、时代储能、征程电子	宿迁水系有机液流电池储能项目
连云港	电化学储能、氢能	久泰电池、华富储能、海科思派	金陵神州宾馆"光储充洗"一体化充电站示范项目、300kW/1.2MWh 锂电池储能系统光储充综合供能项目、35kV 庙岭变岸电配套 4MW/4MWh 储能系统项目、徐圩新区 220 千伏深港输变电工程等一批储能应用项目

6.1.3　江苏新型储能产业发展方向选择分析

江苏新型储能产业重点发展钠离子电池、新型锂离子电池、铅炭电池、液流电池等化学储能；加快发展压缩空气、飞轮储能等机械储能；持续推进熔盐储热等长时储能技术发展；逐步掌握氢能制取、储运、加注、燃料电池系统集成等重要技术和生产工艺。推动电储能与氢（氨）储能、热（冷）储能等储能技术多元发展、相互补充。推动超级电容器、超导储能等电磁储能新技术攻关突破。图 6.5 为储能技术体系。

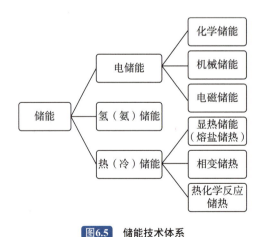

图 6.5　储能技术体系

6.1.3.1　电化学储能

关键材料方面，依托江苏贝瑞特、江苏当升、溧阳紫宸、国泰华荣、中材科技、星源新材等企业，加快发展高镍化三元正极材料、纯硅基或硅碳负极材料、双氟磺酰亚胺锂新型电解液、超高分子量聚乙烯隔膜、软包类锂电池铝塑膜等上游关键材料。电池方面，依托江苏时代、中天储能、传艺科技、双登集团等企业，重点发展高能量密度锂离子电池、全固态锂金属电池、钠硫电池、铅炭电池、低成本高功率全钒液流电池等高性能储能电池。储能系统方面，依托南瑞继保、沃太能源、易立电气、博强新能源等企业，重点发展规模化储能系统集群智能协同控制关键技术，发展高效安全变流装置（PCS）、精细化电池管理系统（BMS）、智慧化能量管理系统（EMS）。

6.1.3.2 机械储能

压缩空气储能领域，依托苏盐井神、科远智慧、常州龙力等企业，加快发展蓄热式压缩空气储能、超临界压缩空气储能等非补燃压缩空气储能及液态压缩空气储能等新型压缩空气储能系统，重点突破百兆瓦级压缩空气储能电站。飞轮储能领域，依托苏交科、磁谷科技、广大特材等企业，重点突破磁悬浮轴承及高速电机、飞轮转子等上游关键零部件，发展大功率高速磁悬浮飞轮储能，推动兆瓦级飞轮储能技术规模化应用。

6.1.3.3 熔盐储热

储热材料和配件方面，依托南京紫阳、镇江东方电热、江苏众众电热等企业，重点开发低熔点、低成本、低氯离子的新型熔盐，推动多元纳米合成熔盐等新技术应用，推动高效节能电热、伴热器件应用。储热设备及系统方面，依托飞跃机泵、苏州苏尔寿泵业、江苏神通阀门、常宝股份等企业，重点发展高耐蚀、高可靠性的熔盐泵、熔盐罐、蒸汽发生器等储热设备，加快培育储换热一体式熔盐储热系统，开发新型单罐斜温层熔盐储热系统。

6.1.3.4 氢储能

制氢，依托东华能源、华昌化工、苏州竞立等企业，推动从"灰氢"向"蓝氢""绿氢"发展，研发清洁、高效、经济的工业副产氢提纯制氢技术；重点开发大型电解水制氢装置，发展工业PEM制氢设备，推广"可再生能源+水电解制氢"；促进生物质制氢、核能高温蒸汽制氢等新技术应用。储氢，依托国富氢能、中集圣达因等企业，突破临氢、超高压、超低温以及纤维缠绕复合材料等压力容器材料，重点发展高压气态储氢、低温液态储氢容器及高压氢气长管拖车、管束式集装箱等运氢设备，推动低温液氢储运产业化应用，探索固态、深冷高压、有机液体等新型储运方式。加氢，依托国富氢能、嘉化氢能等企业，推动微通道换热器（PCHE）在加氢站应用，发展分布式氢储能电站，探索季节性氢储能和电网调峰。氢燃料电池，依托江苏清能、中汽创智、氢璞创能、苏州弗尔赛等企业，重点开发低铂/非铂催化剂、高可靠质子交换膜、高耐蚀碳纸扩散层、高功率密度石墨板电堆、长寿命金属板电堆、高速无油离心空压机、高可靠性氢气循环泵、高可靠性车载储氢系统。

6.2 江苏新型储能产业问题分析

6.2.1 龙头企业偏少，研发能力薄弱

以储能电池为例，江苏省重点动力电池电芯企业多为制造基地，研发和销售两头在外。2021年全国动力电池装机量排名前10企业均已在省内建成产业基地，其中仅中创新航、蜂巢能源2家为总部型企业并设立研发中心；配套企业中仅先导智能、国泰华荣、天奈科技等7家为总部型骨干企业。省内重点动力电池企业研发能力主要集中在生产制造环节，基础研发、前沿技术储备、新产品开发和验证能力不足，尚不具备完善的正向开发体系，部分中高端原材料、采集/通信/控制类芯片、搅拌/涂布/分切类元器件等配套环节的技术研发和产品验证相对薄弱，软包类锂电池铝塑膜、超高分子量聚乙烯（隔膜）、采集类、通信类、驱动类芯片（BMS）等依赖于进口，制约全省动力电池产业链价值链向高端攀升。

6.2.2 技术尚未成熟，处于起步阶段

目前，大多新型储能产业技术处于应用示范或规模化推广起步阶段，都存在一定局限性。电化学储能功率等级较低、持续放电时间短、服役年限较短，且部分技术存在环境污染风险；压缩空气储能虽已实现百兆瓦级示范应用，但受不同地质条件影响对储气洞穴选址有较高要求，技术效率低，运维成本较高；飞轮、超导、超级电容、固态电池、金属空气电池、储氢等新型储能尚处于技术研发试验示范阶段。

6.2.3 成本较高，应用不足

现有新型储能技术经济性不高，不能满足大规模商业应用要求，稳定、可持续的投资收益机制尚未建立。新型储能成本仍然较为昂贵，成本较高是制约其规模化发展的关键因素。以技术经济性相对较好的锂离子电池为例，得益于电动汽车规模化应用，锂离子电池成本近年来呈下降趋势，但仍高于传统灵活性资源，预计当前全寿命周期度电成本是抽水蓄能的2~3倍。由于电动汽车需求快速扩张叠加疫情对全球供应链的冲击，供应链紧张问题凸显，2021年以来碳酸锂等上游原材料价格大幅上涨，储能用磷酸铁锂电芯价格由2021年初的600元/千瓦时涨至当前的1200元/千瓦时，储能系统成本在一年间也相应上涨了约30%。全钒液流电池储能关键材料和部件还未实现大规模商业化，成本是抽水蓄能的5~6倍；飞轮储能、钠离子电池等其他类型新型储能技术产业化程度低，技术经济性尚不可比。

6.2.4 安全性有待探索

新型储能特别是电化学储能具有易燃、易爆特征，随着电池能量密度和功率密度的提高，长期运行发生事故的危险性也将增大。2017年至今，全球共发生50余起新型储能电站的安全事故，影响新型储能加快推广。此外，储能电站建设管理还存在技术标准规范不完

善、安全技术不成熟、安全管理机制不健全等问题,安全风险防控是新型储能发展中必须高度重视的问题。

6.2.5 相关扶持政策尚需完善

新型储能参与各类电力市场的机制有待进一步完善,电源侧、电网侧储能设施暂未建立成本分担与疏导机制,仍缺乏盈利模式,储能独立市场主体地位仍有待进一步破题,社会资本对新型储能投资的积极性不高。亟需加快推进电力市场体系建设,明确新型储能独立市场地位。发展新型储能可带来电力系统整体能效的优化,但单一新型储能项目却仍需要承担充放电能损耗,占用能耗指标。新型储能调度运行机制尚不健全,需进一步完善储能参与并网运行、辅助服务的相关规定,保障最大程度发挥储能作用。

6.3 江苏新型储能技术发展路径分析

6.3.1 推动江苏新型储能产业高质量发展的战略路径

(1)推动产业强链补链,培育壮大产业集群

持续推进产业强链行动计划,推动全产业链优化升级,全力推动优势企业做大做强、中小企业做精做专,提升产业集群整体竞争力。

加快新型储能产业强链补链。落实产业强链行动计划要求,加强资源、技术、装备支撑保障,支持沿江、沿海和苏北三大区域新型储能产业协同发展,深度协同共建产业集群和产业链。持续推动储能领域核心基础零部件和元器件、先进基础工艺、关键基础材料、产业技术基础领域补短板,增强产业链供应链协同性和稳定性,提升江苏省新型储能产业的竞争力和主导力。围绕产业强链补链延链固链,持续推进一批对产业链优化、产业竞争力提升有重要影响的重大项目,支持各地开展靶向招商、以商招商和产业链招商,瞄准全球产业链和价值链中高端,加快引进一批新型储能产业重大项目或重点企业。鼓励储能产业链上下游企业深化合作,贯通全产业链链条,推动下游储能应用,提升产业链上下游协作水平,促进储能产业规模化发展。鼓励企业用足用好各级各类展会,平台开展跨区域、跨领域、跨行业产品交易、技术交流、人才合作,加快融入区域产业供应体系和产业创新体系。建立健全重点产业链供应链安全保障机制,搭建供应链大数据监测平台,开展定期评估分析,积极打造多方共赢、可持续发展的产业链供应链发展环境。

建设新型储能高新技术产业基地。推动人才、技术、信息等高端要素向重点储能产业基地集聚,重点支持常州、苏州等地建设国家新型储能高新技术产业基地,着力培育和打造储能战略性新兴产业集群,推动新型储能全产业链高质量发展。支持常州以溧阳、金坛等为重点,强化完备的动力电池、关键材料与制造装备正向研发体系建设,持续推进固态锂电池、钠离子电池等关键技术和创新产品的研发应用,打造研发能力、储能应用国内领先的动力及储能电池产业集聚区。支持苏州、南京、南通等地加快氢能产业集聚集约发展,在氢能制储运、氢燃料电池等方面打造优势产业链。发挥金坛盐穴压缩空气储能项目

的示范作用，在验证技术经济性、形成完善价格机制的基础上，在常州、淮安、镇江等盐穴资源丰富地区新建一批盐穴压缩空气储能示范项目。引导连云港、盐城、南通等新能源资源丰富地区，根据长时储能的电网应用场景进行顶层设计，提前分类布局相关技术标准和管理要求，以政策要求促进长时储能布局和发展，在风光发电优势地区结合低成本储能进行火电替代试点。

培育新型储能产业骨干企业。加强政策引导和支持，建立新型储能产业骨干企业培育机制，重点支持技术水平高、市场竞争力强的电化学储能、机械储能、氢能等领域重点企业快速发展。支持省内龙头企业积极对标国际一流，加快技术创新、产品研发、兼并重组等，重点支持南瑞继保、蜂巢能源、中创新航、江苏时代等龙头骨干企业汇聚高端生产和创新要素，牵头构建涵盖应用、标准、测试、安全、服务等环节的完善产业生态，形成以"链主"企业为核心的网状产业集群结构，逐步打造具备全球竞争优势的领军企业[129]。聚焦动力电池、氢燃料电池等细分领域，支持储能领域中小企业持续开展技术迭代、工艺升级、数字化转型，加快培育一批创新能力强、质量效益优的专精特新"小巨人"企业和单项冠军企业。强化龙头企业核心引领作用，引导龙头企业围绕供应链、创新链、信息链、资金链、品牌合作等方面，主动培育一批紧密型合作伙伴，带动产业链上下游共同强链延链补链。

（2）强化企业创新主体地位，提升产业创新能力

强化企业创新主体地位，加快前瞻性、系统性、战略性储能关键技术研发，推动产学研用各环节有机融合，提升新型储能产业创新能力。

加快突破关键核心技术。实施关键核心技术（装备）攻关工程，完善揭榜挂帅支持机制，加快研究大规模储能技术，力争尽快实现重大突破。支持国电南瑞、江苏时代新能源、江苏动力及储能电池创新中心有限公司等重点企业和东南大学、天目湖先进储能技术研究院等高校院所研发攻关锂离子电池、压缩空气、飞轮储能、储氢等关键核心技术，加强钠离子电池、超导、超级电容等前瞻性储能技术布局，研发储备液态金属电池、固态锂离子电池、金属空气电池等新一代高能量密度储能技术。支持有条件的企业、高校院所主动承担国家或省部级科技项目。加大电化学储能系统安全预警、系统多级防护结构及关键材料、高效灭火及防复燃、储能电站整体安全性设计等关键技术投入力度，加快研究储能电池寿命检测和状态评估等相关技术，为新型储能全生命周期安全提供技术保障。

打造高水平产业技术创新平台。充分发挥创新联合体在整合创新资源、推动共性技术突破中的引领作用，支持重点企业牵头建设制造业创新中心、产业创新中心、技术创新中心等新型储能产业领域重大创新平台[130]。依托省动力及储能电池制造业创新中心、省高效电化学储能技术重点实验室等，积极构建产业协同创新生态体系，针对新型储能产业"卡脖子"技术和前沿技术进行研发攻关，提升产业基础领域共性技术和前瞻性技术攻关能力。加快推进新型储能重点实验室、企业技术中心、工程研究中心等创新平台建设，支持龙头骨干企业率先建设一批国家级、省级研发机构。

促进产学研用深度融合。激发江苏省科教资源创新活力，支持高校、科研机构建立

储能领域实验室，紧密对接地区产业创新需求，建设一批创新成果转化中心，推动科研平台、科技报告、科研数据进一步向企业开放[130]。强化新型储能研发创新平台、储能技术产教融合创新平台的跟踪和管理，对企业建立开放共享创新平台带动产业链上下游协同创新等给予政策支持。加强学科建设和人才培养，完善新型储能技术人才培养专业学科体系，深化新型储能专业人才和复合人才培养。发挥省储能行业协会、省动力及储能电池产业创新联盟等作用，有效联合全省储能企业，优化创新资源配置，挖掘储能市场和技术价值，助力壮大储能产业。支持相关企业、科研院所等持续开展新型储能发展重点、应用布局、商业模式、政策机制、标准体系等方面的研究工作，为全省新型储能产业发展提供有力支撑。

（3）积极推进试点示范，加快拓展应用场景

积极推进各类新型储能试点示范，鼓励多元化技术路线发展，加强示范项目跟踪评估，通过重点区域和重点示范项目带动新型储能技术进步和产业升级，完善新型储能产业链。

开展应用场景试点示范。构建"新能源+新型储能"应用场景，聚焦新型储能在电源侧、电网侧、用户侧各类应用场景，研究制定新能源配储专项政策，大力支持光伏、风力等新能源发电站配套建设新型储能设施，遴选一批新型储能示范试点项目，推动新型储能协同优化运行，保障新能源高效消纳和存储。探索用户侧储能多元发展新场景，围绕分布式新能源、微电网、大数据中心、5G基站、充电设施、工业园区等终端用户，鼓励拓展新型储能应用模式。结合新型电力系统对新型储能技术路线的实际需要，加快推动全省技术相对成熟且具备优势的锂离子电池、压缩空气储能规模化发展，支持液流电池、热储能、氢储能等技术路线试点示范。

探索新型储能商业模式。紧抓新基建建设机遇，积极推动新型储能与智慧城市、智慧交通、乡村振兴等领域融合发展，不断拓展新型储能应用模式。充分发挥新能源汽车在电化学储能体系中的重要作用，探索构建"源（新能源）—网—荷（电动汽车）—储（蓄电池）"协同运行的"互联网+"智慧能源系统。加快发展发储用一体化模式，探索开展"风电+光伏+储能""分布式+微网+储能""大电网+储能"等试点，提高电网调节响应能力。大力发展共享储能、云储能等创新模式，鼓励新能源电站以自建、租用或购买等形式配置储能，支持不间断电源、电动汽车、用户侧储能等分散式储能综合运用大数据、云计算、区块链、物联网等数字技术开展聚合利用，探索建设智能能源、虚拟电厂。

建立全省新型储能大数据平台。加快建立健全新型储能多部门协调机制，支持省发改委、省工信厅等有关部门，联合江苏电力设计院、国家电网江苏电力公司等，建设全省新型储能大数据平台，提升新型储能行业精准管理和服务信息化水平。依托全省大数据平台，重点提供产业政策信息发布、试点示范项目申报和评估、储能资源云端管理和运营调度等功能，实现新型储能产业运行状况的实时监测和分析。

（4）统筹新型储能项目布局，鼓励储能多元发展

统筹布局新型储能工程，重点发展电源侧新型储能，有序发展电网侧新型储能，灵活

发展用户侧新型储能，实现新型储能多元发展。

推动源网荷储一体化协同发展。统筹优化电力规划、建设、资源和运营，以大数据、信息化、人工智能等新技术为依托，建设一批源网荷储一体化项目，鼓励电网企业联合社会资本建设以大规模共享储能为支撑的区域性虚拟电厂。实施一批源网荷储一体化试点项目建设，优化整合电源侧、电网侧、用户侧资源，建立源网荷储一体化和多能互补项目协调运营、利益共享机制和投资回报机制，实现储能与新能源发电的深度融合。加快推动多能互补综合利用，以风能、太阳能、生物质能等可再生能源为基础，探索"风光水火储一体化"多能互补模式，合理配置各类储能，支持分布式电源开发建设和就近接入消纳。

重点发展电源侧新型储能。围绕构建"新能源+储能"机制，充分结合电力系统运行和新能源开发需求，在新能源富集地区全面推广"新能源+储能"的系统友好型新能源电站，实现储能与新能源发电的深度融合、联合运行，保障新能源高水平消纳利用。配合大型风电光伏基地开发，探索研究新型储能配置技术、合理规模和运行方式，支撑大规模新能源外送。鼓励存量新能源项目增配或购买新型储能调峰能力，提高存量新能源电站的系统友好性，增强系统对新能源电力的接纳能力。鼓励燃煤电厂合理配置新型储能，提升常规电源调频性能和运行特性。探索开展新型储能配合核电调峰调频等应用。

有序发展电网侧新型储能。在大规模新能源汇集、大容量直流馈入、系统频率和电压支撑能力不足的关键电网节点建设新型储能，提升系统抵御突发事件和故障后恢复能力；在输电走廊资源和变电站站址资源紧张地区，如负荷中心地区、临时性负荷增加地区、阶段性供电可靠性需求提高地区等，建设电网侧新型储能，延缓或替代输变电设施升级改造，降低电网基础设施综合建设成本[131]；在安全可靠前提下，适时建设一批移动式或固定式新型储能作为应急备用电源，提升系统应急供电保障能力。重点引导电网侧新型储能在苏州、淮安、泰州等特高压直流落点附近地区布局，提供紧急频率支撑，优化潮流分布。引导南京、苏州等重点城市依托坚强局部电网布局建设新型储能项目，提升重要负荷中心的应急保障能力和风险防御能力。

灵活发展用户侧新型储能。鼓励具备条件的用户配置新型储能，提高用能质量，降低用能成本，提升用能效率。鼓励企业用户充分利用分时电价政策、容量电费机制，主动削峰填谷，减少尖峰电费支出；鼓励用户侧新型储能设施聚合利用，发挥削峰填谷作用，参与辅助服务市场和需求侧响应，实现源荷双向互动。用户侧新型储能应在用户内部或邻近场地建设，接入用户内部配电系统，以市场化方式为用户提供削峰填谷、需量管理、备用电源、光储一体化运行等功能，提升用户的用电可靠性。鼓励工业、通信、金融、互联网等供电可靠性要求高的用户配置新型储能，提升用户的自平衡能力，提高对大电网的稳定性支撑。支持重要负荷用户根据用电需求自行建设移动式或固定式新型储能，提升应急供电保障能力。

（5）拓展内外开放合作空间，推动产业协同联动发展

推动新型储能技术和产业的高质量引进来和高水平走出去，深入推进新型储能领域国际合作，进一步优化空间布局，提升区域协调发展水平，拓展国际国内市场新空间。

深度融入长三角一体化。主动对接融入国家长三角一体化发展战略，积极推动以产业链为纽带、资源要素集聚的新型储能产业集群建设，加强产业交流合作和产业链配套协作，统筹新型储能产业重大项目布局，完善产业链协作配套体系。推动成立长三角新型储能产业发展联盟，搭建产学研合作平台和区域合作平台，在标准制定、应用示范、产业链对接、人员互访交流等方面全面深化合作，促进长三角新型储能产业协同发展和新型储能技术多元化发展。

促进对内开放融合。深度融入全国统一大市场，强化江苏省与国内各地区在新型储能产业链延伸、产能扩张、市场渠道开拓等方面合作，通过产业共建、对口合作等形式将部分先进生产力以及新产品新技术转移拓展至中西部地区[132]，共建一批跨省市产业合作园区，进一步延伸拓展光热技术装备、长时储能装备等产业链、供应链、价值链。借助苏陕协作、苏青合作、援藏、援疆等资源，共同建立一批"研发+产品+基地"示范项目，发展飞地经济，做大特色产业，激发受援地区内生动力。

深化产业国际合作。按照优势互补、互利共赢的原则，充分发挥政府间多、双边能源合作机制，强化与世界银行等国际金融机构合作，搭建新型储能国际合作平台，推进与重点国家新型储能领域合作[131]。在新型储能前沿领域开展科技研发国际合作，加强国际技术交流和信息共享，探索先进技术引进、产业链供应链合作的共赢机制，研究国内外企业合作新模式，推动国内先进储能技术、标准、装备"走出去"。依托省内超大规模市场，进一步扩大外资市场准入，瞄准国际产业链和价值链中高端，引进一批龙头型、旗舰型新型储能项目。支持省内企业巩固发达经济体等传统市场份额，开拓"一带一路"等多元市场，高水平建设境外经贸合作区，支持制造企业输出优势产能、资本品牌、技术标准和管理经验。

（6）规范行业管理，提升建设运行水平

加强新型储能项目管理，完善标准体系建设，强化企业主体责任，明确新型储能安全要求，推动新型储能产业持续健康安全发展。

强化项目管理机制。落实《新型储能项目管理规范（暂行）》《江苏省"十四五"新型储能发展实施方案》等相关要求，加强储能项目的运行维护，完善新能源、微电网、综合智慧能源、源网荷储一体化和多能互补等配套建设的新型储能项目管理机制。制定新型储能运行管理规范，建立重点储能项目的协调工作机制，明确接网程序，优化调度机制，协调解决项目实施过程中的重大问题。建立储能项目运行的数字化管理平台，加强对储能项目关键指标的运行监测，确保项目运行的技术指标、运行时长、电站安全等性能符合技术要求，形成新型储能从规划、备案、设计到建设、运行的闭环监管和评价机制。

完善标准体系建设。发挥省动力及储能电池标准化技术委员会、省储能行业协会等的作用，加强行业交流合作，开展标准化培训工作，加强新型储能产业标准的引领性和前瞻性研究，制定完善产业标准和技术规范，推动省内标准同国家标准、国际标准高效对接。推进储能技术创新与标准化协同发展，加强储能标准体系与现行能源电力系统标准的有效衔接，建立涵盖新型储能项目建设、生产运行全流程以及安全环保、技术管理等专业技术内容的标准体系。细化储能电站接入电网和应用场景类型，完善接入电网系统的安全设计、测试验收等标准。针对不同储能应用场景拓展，开展各类标准的制修订工作，健全电化学储能模组、系统安全设计和评测、电站安全管理、消防灭火、规模化储能调控等相关标准，统筹技术进步和标准应用的兼容度。

加强安全风险管理。针对不同技术路线的储能设施，完善相关安全标准体系，制定覆盖规划设计、设备调试、功能安全、施工安全、并网安全、检测监测、安全应急等的全方位安全标准。落实企业安全生产责任制，严格履行项目安全管理程序，规范储能电站运营维护制度，健全储能项目的防火防爆安全监测设备，完善基于安全性的检测认证和监督体系，对储能设备的核心部件实行严格管理。加强对已备案储能项目的实施监督，组织有关部门和电网企业定期对项目开工建设、投产验收、安全运行等情况进行考核，对不符合安全、技术标准要求的责令限期整改，确保储能电站安全高效运行。

6.3.2 保障措施

强化顶层设计。建立健全由省发展改革委、省工业和信息化厅、省能源局、省能监办、国网江苏省电力公司等单位组成的工作协调机制，各部门按照相关职责分工，对口抓好贯彻落实，统筹推进新型储能产业发展。发挥江苏省储能行业协会职能，加强行业自律，支持龙头企业、科研院所、创新平台参与主导新型储能领域相关标准制定。各市县相应建立新型储能发展协调推进工作机制，按年度编制新型储能产业发展实施方案，明确进度安排和考核机制，精心组织实施，科学有序推进各项任务。

加大政策支持。鼓励相关市场主体充分发挥各自优势，在构建新型储能有序发展体制机制方面积极开拓创新、先行先试，各市县可结合本地实际，优化完善和统筹协调财税、金融、土地、价格、环保、产业等相关政策，对重大项目在建设用地、环境容量、资金等要素方面给予支持，保障重大项目落地。开展改革试点，在深入探索储能技术路线、创新商业模式等基础上，研究建立合理的储能成本分担和疏导机制，及时总结可复制可推广的成功经验和做法。对于先进新型储能项目，优先列入省市重点项目计划，在符合国土空间规划和国家产业政策的前提下耕地占补平衡和用地指标予以优先保障。各级供电企业要做好电网接入服务，示范项目优先接入。

拓宽融资渠道。加强银企对接合作平台建设，加大对新型储能项目的信贷支持，积极支持符合条件的新型储能企业在科创板、创业板等注册上市融资，落实促进科技金融深度融合的政策措施，发挥新型金融工具的助推孵化作用，支持初创型、成长型新型储能企业发展。鼓励各类资本设立新型储能产业基金及创新创业基金，按照市场化原则支持新型储能创新型企业，促进科技成果转移转化。鼓励银行业金融机构按照风险可控、商业可持续性原则支持新型储能产业发展，运用科技化手段为优质企业提供精准化、差异化金融服务。鼓励社会资本投资新型储能产业，在符合政策法规的前提下允许以独资、合资、合作、项目融资、私募股权融资、上市融资等多种方式支持新型储能产业健康发展。

加强推广合作。注重引进国内外龙头企业和优秀人才，建设重点实验室、工程研究中心等创新平台,加强江苏省新型储能技术研究和装备研发,丰富积累规划、建设、运营等试点示范经验,推动新型储能项目安全高效发展。鼓励省内外骨干企业强强联合,或扩产或跨界合作,积极搭建新型储能创新平台,推动新型储能产业技术发展,对先进可靠、成熟适用、前景广阔的技术路线和商业模式积极开展推广应用。

建立考核机制。加强新型储能项目管理,强化企业主体责任,加大投资力度,严格执行安全技术标准,统筹推进项目如期投产发挥作用。加强政策实施效果评估,密切跟踪执行情况,适时开展新型储能设施建设规划评估工作,对出现的新情况新问题及时研究解决,促进产业健康发展。建立新型储能项目信息共享机制,实现相关部门和省市县三级信息高效互通、协调一致,健全常态化项目信息统计上报制度,推动新型储能项目动态信息纳入省级大数据平台,提升动态监测和行业信息化管理水平。

参考文献

［1］ 国家发展和改革委员会，国家能源局．"十四五"新型储能发展实施方案（发改能源〔2022〕209号）[R]. 2022.

［2］ 郭永海，陈晓艺．把握新型储能产业发展"风口"[N]. 群众·决策资讯，2023-06-27.

［3］ 郝宇．新型能源体系，"新"在何处?[N]. 大众日报，2023-07-25.

［4］ 常纪文，洪涛．加快规划建设新型能源体系[N]. 经济日报，2023-04-13.

［5］ 刘畅，徐玉杰，张静，等．储能经济性研究进展[J]. 储能科学与技术，2017，6（05）：1084-1093.

［6］ 中国银河证券．2021年能源互联网生态架构分析及演变途径分析报告[R]. 2021.

［7］ 信达证券．蓄势待发，能源革命[R]. 2019.

［8］ 中国新能源网．浅析储能常见运用场景及收益模式[EB/OL]. 2018. https://www.china-nengyuan.com/exhibition/exhibition_news_128003.html.

［9］ 中国储能网．储能在电力系统中的作用[EB/OL].

［10］ 田甜．燃气电站在电网调峰中的技术经济性研究[D]. 北京：华北电力大学，2015.

［11］ 郑雪冰．利用储能电池进行削峰填谷的多指标综合评价方法[D]. 北京：华北电力大学，2015.

［12］ 李佳恒．用于跟踪风电计划出力的储能控制策略综述[J]. 电工技术，2023（08）：41-44.

［13］ 张锐．混合储能在并网光伏功率波动平抑中的应用[D]. 山东：山东大学，2020.

［14］ 吴建锋，赵文静，侯丽娟，等．电池储能系统辅助电网调频过程的研究[J]. 电子器件，2022，45（06）：1403-1407.

［15］ 白桦，王正用，李晨，等．面向电网侧、新能源侧及用户侧的储能容量配置方法研究[J]. 电气技术，2021，22（01）：8-13.

［16］ 王诗铭．电网侧独立储能参与调频辅助服务市场关键问题研究[D]. 北京：华北电力大学，2023.

［17］ 刘诗宏．华东电网辅助服务实践问题的研究[D]. 上海：上海交通大学，2010.

［18］ 许高秀，邓晖，房乐，等．考虑需求侧灵活性资源参与的国内外电力辅助服务市场机制研究综述[J]. 浙江电力，2022，41（09）：3-13.

［19］ 宋栋．新电改下我国辅助服务市场机制设计研究[D]. 北京：华北电力大学，2018.

［20］ Olusola B, Zheng Z, Humphrey A, et al. Development and prospect of flywheel energy storage technology: A citespace-based visual analysis[J]. Energy Reports，2023, 9: 494-505.

［21］ 万明忠，王元媛，李峻，等．压缩空气储能技术研究进展及未来展望[J/OL]. 综合智慧能源，2023: 1-7.

［22］ 张京业，唐文冰，肖立业．超导技术在未来电网中的应用[J]. 物理，2021，50（02）：92-97.

［23］ Zhu Z, Jiang T, Ali M, et al. Rechargeable batteries for grid scale energy storage[J]. Chemical Reviews，2022，122: 16610-16751.

［24］ Wang Z, Tuo X, Zhou J, et al. Performance study of large capacity industrial lead-carbon battery for energy storage[J]. Journal of Energy Storage，2022, 55: 105391-105396.

［25］ 李泓．锂电池基础科学[M]. 北京：化学工业出版社，2021.

［26］ 胡英瑛，吴相伟，温兆银，等．储能钠电池技术发展的挑战与思考[J]. 中国工程科学，2021，23（05）：94-102.

［27］ 刘涛，葛灵，张一敏．全钒液流电池关键技术进展与发展趋势[J]. 中国冶金，2023，33（04）：1-8, 133.

［28］ 袁治章，刘宗浩，李先锋．液流电池储能技术研究进展[J]. 储能科学与技术，2022，11（09）：2944-2958.

［29］ 王含．国家电投铁-铬液流电池最新进展与展望//中国电力科技网，电力行业储能技术与应用研讨2021年会[C].

［30］ Liu Y, Xie C, Li X. Bromine assisted MnO$_2$ dissolution chemistry: Toward a hybrid flow battery with energy density of over 300 Wh L^{-1}[J]. Angewandte Chemie International Edition, 2022, 61（51）: 1-6.

［31］ Raghavendra K, Vinoth R, Zeb K. An intuitive review of supercapacitors with recent progress and novel device applications[J]. Journal of Energy Storage, 2020, 31: 101652.

［32］ 夏恒恒, 孙超, 赵重任, 等. 固态超级电容器的研究进展 [J]. 电子元件与材料, 2022, 41（12）: 1272-1285.

［33］ 汪翔, 陈海生, 徐玉杰, 等. 储热技术研究进展与趋势 [J]. 科学通报, 2017, 62（15）: 1602-1610.

［34］ 李昭, 李宝让, 陈豪志, 等. 相变储热技术研究进展 [J]. 化工进展, 2020, 39（12）: 5066-5085.

［35］ 闫霆, 王文欢, 王程遥. 化学储热技术的研究现状及进展 [J]. 化工进展, 2018, 37（12）: 4586-4595.

［36］ 曹文卓. 高比能复合金属锂电池研究 [D]. 北京: 中国科学院大学（中国科学院物理研究所）, 2022.

［37］ 卢嘉泽. 固态金属锂电池关键界面问题研究 [D]. 北京: 中国科学院大学（中国科学院物理研究所）, 2021.

［38］ Liu Y, Liu S, Li G, et al. Strategy of enhancing the volumetric energy density for lithium-sulfur batteries[J]. Advanced Materials, 2020, 33（08）: 1-23.

［39］ 闫梦蝶, 李晖, 凌敏, 等. 基于溶解沉积机制锂硫电池的研究进展简评 [J]. 储能科学与技术, 2020, 9（06）: 1606-1613.

［40］ 周权. 高功率高安全钠离子电池研究及失效分析 [D]. 北京: 中国科学院大学（中国科学院物理研究所）, 2021.

［41］ 李社栋, 宋莹莹, 边煜华, 等. 室温钠硫电池的发展现状和挑战 [J]. 储能科学与技术, 2023, 12（05）: 1315-1331.

［42］ 张斌伟, 魏子栋, 孙世刚. 室温钠硫电池硫化钠正极的发展现状与应用挑战 [J]. 储能科学与技术, 2022, 11（09）: 2811-2824.

［43］ Suo L, Borodin O, Gao T, et al. "Water-in-salt" electrolyte enables high-voltage aqueous lithium-ion chemistries[J]. Science, 2015, 350（6263）: 938-943.

［44］ Suo L, Borodin O, Sun W, et al. Advanced high-voltage aqueous lithium-ion battery enabled by "Water-in-Bisalt" electrolyte[J]. Angewandte Chemie International Edition, 2016, 55（25）: 7136-7141.

［45］ 陈晨阳, 赵永智, 李园园, 等. 高电压/宽温域水系碱金属离子电池的研究进展 [J]. 物理化学学报, 2023, 39（05）: 7-30.

［46］ 刘奇, 刘双宇, 王博, 等. 液态金属电池研究进展 [J]. 电源技术, 2019, 43（12）: 2053-2057.

［47］ 李浩秒, 周浩, 王康丽, 等. 液态金属电极的电化学储能应用 [J]. 电化学, 2020, 26（05）: 663-682.

［48］ 张玮灵, 古含, 章超, 等. 压缩空气储能技术经济特点及发展趋势 [J]. 储能科学与技术, 2023, 12（04）: 1295-1301.

［49］ Chatterjee D, Nandi A. A review on the recent advances in hybrid supercapacitors[J]. Journal of Materials Chemistry A, 2021, 9（29）: 15880-15918.

［50］ Kumar R, Joanni E, Sahoo S, et al. An overview of recent progress in nanostructured carbon-based supercapacitor electrodes: From zero to bi-dimensional materials[J]. Carbon, 2022, 193: 298-338.

［51］ 陈海生, 李泓, 徐玉杰, 等. 2022 年中国储能技术研究进展 [J]. 储能科学与技术, 2023, 12（05）: 1516-1552.

［52］ 彭海宁, 程舒玲, 杨彤, 等. 铅碳电池关键材料研究进展 [J]. 化学研究, 2021, 32（03）: 255-266.

［53］ 于琳竹, 王放放, 蒋昊轩, 等. 氨储能在新型电力系统的应用前景、挑战及发展 [J/OL]. 化工进展, 2023: 1-20.

［54］ 许传博, 刘建国. 氢储能在我国新型电力系统中的应用价值、挑战及展望 [J]. 中国工程科学, 2022, 24（03）: 89-99.

［55］ 于苏杭, 郭文勇, 滕玉平, 等. 飞轮储能轴承结构和控制策略研究综述 [J]. 储能科学与技术, 2021, 10（05）: 1631-1642.

［56］ 曹雨军, 夏芳敏, 朱红亮, 等. 超导储能在新能源电力系统中的应用与展望 [J]. 电工电气, 2021（10）: 1-6, 26.

［57］ 张华民. 全钒液流电池的技术进展、不同储能时长系统的价格分析及展望 [J]. 储能科学与技术, 2022, 11（09）:

2772-2780.

[58] 杨湛晔，王佳楠，张虎润 ."互联网+"智慧能源储能系统主动调控策略研究 [J]. 发电技术，2020，41（03）：281-287.

[59] 李晋，王青松，孔得朋，等 . 锂离子电池储能安全评价研究进展 [J]. 储能科学与技术，2023，12（07）：2282-2301.

[60] 汪毅，马小琨 . 电力储能标准化工作现状及展望 [J]. 中国电力企业管理，2022（13）：36-39.

[61] 国家发展改革委，工业和信息化部，国家能源局 . 中国制造 2025——能源装备实施方案 [J]. 中国产经，2016（06）：66-93.

[62] Ji G, Wang J, Liang Z, et al. Direct regeneration of degraded lithium-ion battery cathodes with a multifunctional organic lithium salt[J]. Nature Communications，2023，14（584）：1-11.

[63] 闫崇，陈翔，张强 . 电化学储能系统中的电位智能传感与应用 [J]. 中国科学基金，2023，37（02）：218-229.

[64] 李敬如，万志伟，宋毅，等 . 国外新型储能政策研究及对中国储能发展的启示 [J]. 中国电力，2022，55（11）：1-9.

[65] California Public Utilities Commission. CPUC approves long term plans to meet electricity reliability and climate goals[EB/OL]. 2022.

[66] The Federal Energy Regulatory Commission. FERC opens wholesale markets to distributed resources: landmark action breaks down barriers to emerging technologies，boosts competition[EB/OL]. 2020. https://www.fercgov/news-events/news/ferc-opens-wholesale-markets-distributedresources-landmark-action-breaks-down.

[67] U. S. Energy Information Administration. Battery storage in the United States: an update on market trends[R]. Washington DC，2021.

[68] 翁史烈，黄震，于立军，等 . 长三角现代化能源大系统建设战略研究 [J]. 中国工程科学，2021，23（01）：42-51.

[69] 上海市人民政府 . 上海市人民政府关于印发《上海市能源发展"十四五"规划》的通知 [EB/OL]. 上海，2022. https://english.shanghai.gov.cn/nw12344/20220515/b0a5838d0ae944619d8559fd95b66bf1.html.

[70] 刘为 . 2020 储能产业盘点——储能迈入"规模化发展"新阶段 [R]. 北京：中关村储能产业技术联盟，2021.

[71] 黎冲，王成辉，王高，等 . 电化学储能商业化及应用现状分析 [J]. 电气应用，2021，40（07）：15-22.

[72] 张旭 . 国内首个梯次利用电网侧储能电站开建 [N]. 江苏工人报，2019-03-07.

[73] 北极星储能网 . 世界首个非补燃压缩空气储能电站连续满负荷试运成功！[EB/OL]. 2022. https://news.bjx.com.cn/html/20220519/1226276.shtml.

[74] 中国储能网 . 调研第十一站：走进平高集团南京江北 110.88MW/193.6MWh 储能电站 [EB/OL]. 四川，2022. https://baijiahao.baidu.com/s?id=1740144223271618870&wfr=spider&for=pc.

[75] 苏州市人民政府 . 市政府办公室关于印发苏州市能源发展"十四五"规划的通知 [EB/OL]. 苏州，2022. https://www.suzhou.gov.cn/szsrmzf/zfbgswj/202205/c2fda710427a4ab8a5da2eb878a66953.shtml.

[76] 浙江省发展和改革委员会 . 浙江省"十四五"新型储能发展规划 [R]. 浙江，2022.

[77] 北极星储能网 . 南都电源 2022 净利润同比增长 124.18% 锂电池产能达 9.5GWh[EB/OL]. 2023. https://news.bjx.com.cn/html/20230423/1302632.shtml.

[78] 国际储能网 . 2025 年新增储能容量 21 万千瓦！浙江杭州"十四五"规划：积极推动新型储能应用 [EB/OL]. 2021. https://chuneng.in-en.com/html/chunengy-756.shtml.

[79] 温州市人民政府 . 温州电力发布《温州市域储能规划》[EB/OL]. 温州，2021. https://www.wenzhou.gov.cn/art/2021/11/4/art_1217829_59060203.html.

[80] 永嘉县人民政府 . 永嘉县人民政府办公室关于印发永嘉县工业百企节能改造行动方案（2021—2023 年）的通知 [EB/OL]. 永嘉，2022. https://www.yj.gov.cn/art/2022/4/28/art_1229154638_1998726.html.

［81］安徽省发展和改革委员会.安徽省新型储能发展规划（2022—2025年）[R].安徽，2022.
［82］郭祚刚，马溪原，雷金勇，等.压缩空气储能示范进展及商业应用场景综述[J].南方能源建设，2019，6（03）：17-26.
［83］国际储能网.国内氢储能示范工程[EB/OL].2021.https://chuneng.in-en.com/html/chunengy-5485.shtml.
［84］舟丹.我国的风能资源[J].中外能源，2019，24（07）：73.
［85］世界资源研究所.长三角地区分布式可再生能源发展潜力及愿景[R].2021.
［86］潘国栋.创新链视角下区域创新系统供需政策协同研究[D].江苏：东南大学，2020.
［87］中关村储能产业技术联盟.2021年度中国储能企业排行榜[R].北京，2022.
［88］江苏省发展和改革委员会.省发展改革委关于印发江苏省"十四五"新型储能发展实施方案的通知[EB/OL].江苏，2022.https://fzggw.jiangsu.gov.cn/art/2022/8/8/art_83783_10566543.html.
［89］王新凤，罗启轩，钟秉林.长三角地区高等教育协同发展的历史进程与发展态势[J].江苏高教，2021（09）：1-10.
［90］中国教育在线.长三角迈入"极高人类发展水平"，教育竟成短板[EB/OL].2021.https://baijiahao.baidu.com/s?id=1718365318418189983&wfr=spider&for=pc.
［91］聂开俊，龚希宾，朱泉.超级电容与锂离子电池混合储能技术的发展[J].蓄电池，2019，56（03）：101-105.
［92］韩帅.高能束流诱导制备多孔石墨烯及其超级电容器应用[D].安徽：中国科学技术大学，2022.
［93］郝宗斌.金属微纳结构骨架电极的制备及电化学应用研究[D].江苏：南京大学，2021.
［94］张汇婷.分布式小容量熔融盐储热装置模拟分析与实验研究[D].江苏：东南大学，2021.
［95］来振亚.颗粒堆积床烧结及储能特性研究[D].浙江：浙江大学，2022.
［96］复旦智库.长三角政府数据开放一体化报告[R].上海，2022.
［97］中商产业研究院.2022年中国储能行业市场前景及投资研究报告[R].北京，2022.
［98］赖俊杰.政府办（属）非营利科技中介机构管理模式研究[D].辽宁：东北大学，2012.
［99］聂有福，宋伟.长三角地区科技成果产业化的现状分析[J].中国高校科技，2017（06）：10-13.
［100］马娇.科技中介服务体系界面管理研究[D].河北：燕山大学，2010.
［101］骆光林.浙江省科技中介服务体系的构建研究[J].浙江学刊，2005（02）：213-218.
［102］袁艳平.战略性新兴产业链构建整合研究[D].四川：西南财经大学，2012.
［103］徐政健.通信运营商在移动互联网产业链中主导作用变化及其对策研究[D].浙江：宁波大学，2014.
［104］王震宇.太阳能光伏产业链的空间布局研究[D].天津：天津财经大学，2019.
［105］任智惠.2021年电化学储能产业链分析及相关上市公司发展情况[J].电气时代，2022（06）：26-29.
［106］吕挺锋，孙健，韩一松，等.杭氧在氮肥、甲醇等化工行业的整体解决方案[J].深冷技术，2017（01）：16-21.
［107］华经产业研究院.2022—2027年中国熔盐储能行业市场全景评估及发展战略规划报告[R].2022.
［108］鲍君香.太阳能制氢技术进展[J].能源与节能，2018（11）：3.
［109］张家港市人民政府.市政府办公室关于印发张家港市"十四五"氢能产业发展规划的通知[EB/OL].张家港，2021.https://www.zjg.gov.cn/zjg/c100039/202111/cde996c9398e4b7e9c1a784adbc658bb.shtml.
［110］侯焘.风-氢储能系统投资容量配置及综合效益研究[D].北京：华北电力大学，2020.
［111］"十四五"长三角储能产业一体化建议专家座谈会在京召开[N].中国电力报，2020-09-10.
［112］北极星储能网.国轩科宏高端正极材料百亿产值项目在安徽庐江投产[EB/OL].2022.https://news.bjx.com.cn/html/20221109/1267384.shtml.
［113］彭院院.考虑光热发电特性的虚拟电厂及热电联供系统优化调度研究[D].湖南：长沙理工大学，2023.
［114］中国证券报.广大特材产品应用于"华龙一号"[EB/OL].2019.https://finance.sina.com.cn/roll/2019-04-17/doc-ihvhiewr6490602.shtml.
［115］王芳.锂矿资源研究[D].北京：中国地质大学，2020.

［116］李晓明. 红土镍矿煤直接还原—磁选富集镍铁的试验研究 [D]. 辽宁：东北大学，2012.

［117］刘中民. 碳中和科技创新路径探讨 // 中国科学院山西煤炭化学研究所，第四届能源转化化学与技术研讨会摘要集 [C].

［118］东莞市发展和改革局. 东莞市加快新型储能产业高质量发展若干措施 [EB/OL]. 东莞，2023. https://dgdp.dg.gov.cn/fzgg/cyhny/zcfg/content/post_4009876.html.

［119］广东省工业和信息化厅. 关于加快推动新型储能产品高质量发展的若干措施 [EB/OL]. 广东，2023. https://gdii.gd.gov.cn/dzxx/content/post_4149234.html.

［120］山东省发展和改革委员会. 山东出台全国首个电力现货市场储能支持政策 [EB/OL]. 山东，2022. https://www.chinapower.com.cn/chuneng/dongtai1/20220902/165620.html.

［121］山东省能源局.《山东省新型储能工程发展行动方案》解读 [EB/OL]. 山东，2023. https://guangfu.bjx.com.cn/news/20230103/1280524.shtml.

［122］韩逸飞. 新能源配储能首开补贴先河 [N]. 中国能源报，2021-02-01.

［123］青海省发展和改革委员会. 关于印发支持储能产业发展若干措施（试行）的通知 [EB/OL]. 青海，2021. https://fgw.qinghai.gov.cn/zfxxgk/sdzdgknr/fgwwj/202101/t20210129_76439.html.

［124］中国科学院. 100MW 先进压缩空气储能示范项目储热子系统启动安装工作 [EB/OL]. 2021. https://www.cas.cn/syky/202104/t20210415_4784755.shtml.

［125］北极星储能网. 河北"十四五"新型储能规划：支持大基地配套储能试点示范 [EB/OL]. 2022. https://guangfu.bjx.com.cn/news/20220412/1217056.shtml.

［126］中国能源报. 创下多个国际国内第一 江苏缘何"力捧"储能？[EB/OL]. 2020. https://baijiahao.baidu.com/s?id=1677320309351738804&wfr=spider&for=pc.

［127］世界首个非补燃压缩空气储能电站金坛投用 [N]. 江苏经济报，2022-05-30.

［128］新华日报. 苏盐集团与中国科学院工程热物理研究所、中储国能携手共建 400MW 盐穴储能示范项目 [EB/OL]. 2022. https://baijiahao.baidu.com/s?id=1719836241865661167&wfr=spider&for=pc.

［129］江苏省人民政府. 省政府办公厅关于印发江苏省"十四五"新能源汽车产业发展规划的通知 [EB/OL]. 江苏，2021. https://www.jiangsu.gov.cn/art/2022/1/21/art_64797_10324243.html?gqnahi=affiy2.

［130］江苏省人民政府. 省政府办公厅关于印发江苏省"十四五"制造业高质量发展规划的通知 [EB/OL]. 江苏，2021. https://www.jiangsu.gov.cn/art/2021/11/1/art_64797_10093488.html.

［131］国家发展和改革委员会，国家能源局. 关于印发《"十四五"新型储能发展实施方案》的通知 [EB/OL]. 2022. https://www.gov.cn/zhengce/zhengceku/2022-03-22/content_5680417.htm.

［132］周权雄. 粤港澳大湾区制造业高质量发展的对策思考 [J]. 探求，2022（02）：42-50，69.

附录

附录1　长时储能技术之一：钙循环卡诺电池技术

卡诺电池	一种基于储热的大规模电力储能系统，能够低成本、不受地域限制地实现中等到大型规模的电能存储，系统储能规模可高达数百兆瓦/数吉瓦时
钙循环卡诺电池	利用氧化钙/氢氧化钙的相互转化来储存能量
钙循环卡诺电池优势	① 绿色安全：氢氧化钙、氧化钙、蒸汽（反应介质）、空气（传热介质），材料安全无污染； ② 成本低：工业级氢氧化钙/氧化钙400～800元/吨，相比其他储能介质，获得方便、成本低、适用性高； ③ 储能密度高：可达700kWh/m³，比熔融盐储能高（约150kWh/m³），远高于抽水储能（约1kWh/m³）； ④ 热损小：储能时间长、稳定，可实现长期跨季、跨区域热能存储
钙循环卡诺电池系统构成	回转分解器、合成炉、储料仓、储放热一体化钙循环系统等
钙循环卡诺电池应用场景	① 新能源领域：起到"稳压器""缓冲器"作用，将不连续、不稳定能源通过卡诺电池稳定输入电网。如5MW海上风电机组可配置5MWh钙循环储能卡诺电池储能装置，稳定风电输出，同时利用峰谷电价差提升风电效益； ② 峰谷电用电端领域：应用于峰谷电的削峰填谷，可产峰电25%，产热38%，当峰谷电价比超过3∶1时，经济效益可观； ③ 供热供汽生产领域：可储存高温废热，输出400～700℃可调节高温热能，用于发电等高温热利用，也可输出高温水蒸气用于园区或办公的供热和生产

附录2　中国部分储能相关政策汇总

序号	单位	名称	与储能相关的主要内容
1	中国电科院	《电力系统电化学储能系统通用技术条件》	完善国内电力储能技术标准体系
			成立"全国电力储能标准化技术委员会"
2	国家发改委	《国家应对气候变化规划（2014—2020年）》	将先进太阳能、风能发电及大规模可再生能源储能和并网技术列为重点低碳发展技术
3	国务院	《能源发展战略行动（2014—2020年）》	加强电源与电网统筹规划，科学安排调峰、调频、储能配套能力，切实解决弃风、弃水、弃光
4	国家能源局	《关于做好太阳能发展"十三五"规划编制工作的通知》	建立分布式光伏发电、太阳能热利用、地热能、储能以及天然气分布式利用相结合的新型能源体系

续表

序号	单位	名称	与储能相关的主要内容
5	国务院	《关于深化电力体制改革若干意见》	开放电网公平接入，建立分布式电源发展新机制
			鼓励储能技术、信息技术的应用来提高能源使用效率
6	国务院	《中国制造 2025》	智能电网成套装备创新专项，实现大容量储能装置自主化，大容量储能技术及兆瓦级储能装置满足电网调峰需要，解决可再生能源并网瓶颈
7	国务院	《国家创新驱动发展战略纲要》	加快核能、太阳能、风能、生物质能等清洁能源和新能源技术开发、装备研制及大规模应用，攻克大规模供需互动、储能和并网关键技术
8	国家制造强国建设战略咨询委员会	《中国制造 2025》重点领域技术路线图	储能系统：针对新能源并网及分布式微电网的发展需求，开发电池储能装置、高温超导储能装置及电池管理系统
9	国家能源局	《关于推进新能源微电网示范项目建设的指导意见》	每个省至少建设 1～2 个微电网示范项目，且要求具备足够容量和反应速度的储能系统，包括储电、蓄热等
			微电网内可再生能源装机功率与峰值负荷功率的比值原则上要达到 50% 以上，按照需要配置一定容量的储能装置
10	国家发改委	《电动汽车充电基础设施发展指南（2015—2020）》	到 2020 年基本建成集中充换电站 1.2 万座，分散充电桩 480 万个，随着充电站光储一体化趋势，储能市场空间潜力较大
11	国务院	《"十三五"规划纲要》	八大重点工程提及储能电站、能源储备设施
			重点提出要加快推进大规模储能等技术研发应用
12	国家能源局	《国家能源局关于推动电储能参与"三北"地区调峰辅助服务工作的通知（征求意见稿）》	积极鼓励储能设施建设，包括鼓励发电、售电企业等投资、规划新能源发电基地时配置
			在用户侧建设分布式储能设施，强调科学调度运行电储能设施
13	国家发改委、能源局	《电力发展"十三五"规划（2016—2020）》	开展大容量机电储能、熔盐蓄热储能、高效化学电池储能等多种储能示范应用
14	国家发改委、能源局	《关于同意天津市、青海省开展电力体制改革综合试点的复函》（发改经体[2016]2477 号）	同意天津市、青海省开展电力体制改革综合试点
15	国家发改委、能源局	《青海省电力体制改革综合试点方案》	在确保安全的前提下，积极发展融合先进储能技术、信息技术的微电网和智能电网技术，提高系统消纳能力和能源利用效率
16	国家发改委、能源局、工信部	《关于推进"互联网+"智慧能源发展的指导意见》	开发储电、储热、储冷、清洁燃料存储等多类型、大容量、低成本、高效率、长寿命储能产品及系统。推动在集中式新能源发电基地配置适当规模的储能电站，实现储能系统与新能源、电网的协调优化运行
			推动电动汽车废旧动力电池在储能电站等储能系统实现梯次利用
			支持直流电网、先进储能、能源转换、需求侧管理等关键技术、产品及设备的研发和应用
17	国家能源局	《国家电力示范项目管理办法》	推进电力行业高效清洁、绿色低碳发展，加强电力（含火电、电网、系统储能项目）示范项目管理

续表

序号	单位	名称	与储能相关的主要内容
18	国家发改委	《可再生能源发展"十三五"规划》	结合可再生能源发电、分布式能源、新能源微电网等项目开发和建设,开展综合性储能技术应用示范,通过各种类型储能技术与风电、太阳能等间歇性可再生能源的系统集成和互补利用,提高可再生能源系统的稳定性和电网友好性
19	国家发展改革委、工业和信息化部、科学技术、公安部等8部委	《关于促进智慧城市健康发展的指导意见》	中国将争取到2020年建成"一批特色鲜明的智慧城市",并要求加快智能电网建设
20	青海省人民政府	《青海省"十三五"规划纲要》	以储能电池为重点,扩大正负极、特种隔膜、电解液等产品产能,争取突破高能量密度、高安全性单体电池、高功率密度超级电容及电池系统集成技术,并开展规模化生产应用
21	国家发展改革委、国家能源局	《关于推进电力源网荷储一体化和多能互补发展的指导意见》	主要通过完善市场化电价机制,调动市场主体积极性,引导电源侧、电网侧、负荷侧和独立储能等主动作为、合理布局、优化运行,实现科学健康发展
22	两会	《中华人民共和国国民经济和社会发展第十四个五年规划和2035年远景目标纲要》	提高电力系统互补互济和智能调节能力,加强源网荷储衔接,提升清洁能源消纳和存储能力,提升向边远地区输配电能力,推进煤电灵活性改造,加快抽水蓄能电站建设和新型储能技术规模化应用
23	国家发展改革委	《关于"十四五"时期深化价格机制改革行动方案的通知》	持续深化燃煤发电、燃气发电、水电、核电等上网电价市场化改革,完善风电、光伏发电、抽水蓄能价格形成机制,建立新型储能价格机制
24	国家发展改革委、国家能源局	《关于加快推动新型储能发展的指导意见》	明确2025年30GW的发展目标,未来五年将实现新型储能从商业化初期向规模化转变,到2030年实现新型储能全面市场化发展,鼓励储能多元发展,进一步完善储能价格回收机制,支持共享储能发展
25	国务院	《关于完整准确全面贯彻新发展理念做好碳达峰碳中和工作的意见》	加快推进抽水蓄能和新型储能规模化应用。加快形成以储能和调峰能力为基础支撑的新增电力装机发展机制。加强电化学、压缩空气等新型储能技术攻关、示范和产业化应用
26	国务院	《2030年前碳达峰行动方案》	积极发展"新能源+储能"、源网荷储一体化和多能互补,支持分布式新能源合理配置储能系统。加快新型储能示范推广应用。优化新型基础设施用能结构,采用直流供电、分布式储能、"光伏+储能"等模式,探索多样化能源供应,提高非化石能源消费比重
27	工业和信息化部、人民银行、银保监会、证监会	《关于加强产融合作推动工业绿色发展的指导意见》	加快电子信息技术与清洁能源产业融合创新,推动新型储能电池产业突破,引导智能光伏产业高质量发展
28	工业和信息化部	《"十四五"工业绿色发展规划》	鼓励工厂、园区开展工业绿色低碳微电网建设,发展屋顶光伏、分散式风电、多元储能、高效热泵等,推进多能高效互补利用
29	国家发展改革委、中央网信办、工业和信息化部、国家能源局	《贯彻落实碳达峰碳中和目标要求推动数据中心和5G等新型基础设施绿色高质量发展实施方案》	结合储能、氢能等新技术,提升可再生能源在数据中心能源供应中的比重。支持具备条件的数据中心开展新能源电力专线供电
30	国家能源局	《电力辅助服务管理办法》	将电化学储能、压缩空气储能、飞轮等新型储能纳入并网主体管理。鼓励新型储能、可调节负荷等并网主体参与电力辅助服务

续表

序号	单位	名称	与储能相关的主要内容
31	国资委	《关于推进中央企业高质量发展做好碳达峰碳中和工作的指导意见》	多项新型储能支持措施。支持企业探索利用退役火电机组的既有厂址和相关设施建设新型储能设施。加快推进生态友好、条件成熟、指标优越的抽水蓄能电站建设,推动高安全、低成本、高可靠、长寿命的新型储能技术研发和规模化应用
32	工业和信息化部、住房和城乡建设部、交通运输部、农业农村部、国家能源局	《智能光伏产业创新发展行动计划(2021—2025年)》	发展智能光储系统。突破智能光储关键技术,平抑光伏发电波动,跟踪发电计划出力、电量时移,提升对新型电力系统的支撑能力。推动光伏电站与抽水蓄能、电化学储能、飞轮储能等融合发展,建设一批电源侧光伏储能项目,保障光伏发电高效消纳利用
33	国家发展改革委、国家能源局	《"十四五"新型储能发展实施方案》	新型储能发展目标,到2025年,新型储能由商业化初期步入规模化发展阶段,具备大规模商业化应用条件。电化学储能技术性能进一步提升,系统成本降低30%以上。到2030年,新型储能全面市场化发展
34	国家发改委、国家能源局	《"十四五"现代能源体系规划》	加快新型储能技术规模化应用。大力推进电源侧储能发展,合理配置储能规模,改善新能源场站出力特性,支持分布式新能源合理配置储能系统。优化布局电网侧储能,发挥储能消纳新能源、削峰填谷、增强电网稳定性和应急供电等多重作用。积极支持用户侧储能多元化发展,提高用户供电可靠性,鼓励电动汽车、不间断电源等用户侧储能参与系统调峰调频。拓宽储能应用场景,推动电化学储能、梯级电站储能、压缩空气储能、飞轮储能等技术多元化应用,探索储能聚合利用、共享利用等新模式新业态
35	国家发改委价格成本调查中心	《完善储能成本补偿机制助力构建以新能源为主体的新型电力系统》	聚焦储能行业面临的成本疏导不畅等共性问题,综合考虑各类储能技术的应用特点、在新型电力系统中的功能作用和提供的服务是否具有公共品属性等因素,研究提出与各类储能技术相适应,且能够体现其价值和经济学属性的成本疏导机制,为促进储能行业发展创造良好的政策环境,从而引导提升社会主动投资意愿
36	国家发改委	《电力可靠性管理办法(暂行)》	积极稳妥推动发电侧、电网侧和用户侧储能建设,合理确定建设规模,加强安全管理,推进源网荷储一体化和多能互补。建立新型储能建设需求发布机制,充分考虑各类系统灵活性调节资源的性能,允许各类储能设施参与系统运行,增强电力系统的综合调节能力
37	国家能源局	《国家能源局综合司关于加强电化学储能电站安全管理的通知》	从高度重视电化学储能电站安全管理、加强电化学储能电站规划设计安全管理、做好电化学储能电站设备选型、严格电化学储能电站施工验收、严格电化学储能电站并网验收、加强电化学储能电站运行维护安全管理、提升电化学储能电站应急消防处置能力七个方面对电化学储能电站安全提出了具体措施
38	国家发展改革委、国家能源局	《关于促进新时代新能源高质量发展实施方案》	完善调峰调频电源补偿机制,加大煤电机组灵活性改造、水电扩机、抽水蓄能和太阳能热发电项目建设力度,推动新型储能快速发展。研究储能成本回收机制。鼓励西部等光照条件好的地区使用太阳能热发电作为调峰电源
39	国家发改委、国家能源局、财政部、自然资源部、生态环境部、住房城乡建设部、农业农村部、气象局、林草局等部门	《"十四五"可再生能源发展规划》	推动新型储能规模化应用。明确新型储能独立市场主体地位,完善储能参与各类电力市场的交易机制和技术标准,发挥储能调峰调频、应急备用、容量支撑等多元功能,促进储能在电源侧、电网侧和用户侧多场景应用。创新储能发展商业模式,明确储能价格形成机制,鼓励储能为可再生能源发电和电力用户提供各类调节服务。创新协同运行模式,有序推动储能与可再生能源协同发展,提升可再生能源消纳利用水平

续表

序号	单位	名称	与储能相关的主要内容
40	国家发改委、国家能源局	《关于进一步推动新型储能参与电力市场和调度运用的通知》	要建立完善适应储能参与的市场机制,鼓励新型储能自主选择参与电力市场,坚持以市场化方式形成价格,持续完善调度运行机制,发挥储能技术优势,提升储能总体利用水平,保障储能合理收益,促进行业健康发展
41	工信部、发改委等七部门	《信息通信行业绿色低碳发展行动计划(2022—2025年)》	有序推广锂电池使用,探索氢燃料电池等应用,推进新型储能技术与供配电技术的融合应用
42	国家能源局	《能源碳达峰碳中和标准化提升行动计划》	加快完善新型储能技术标准

附录3 长三角区域部分新型储能相关政策汇总

日期	地区	部门	文件
2022.04	安徽省	安徽省能源局	《关于开展2022年第一批次风电和光伏发电项目并网规模竞争性配置工作的通知》
2022.04	安徽省	安徽省能源局	《安徽省新型储能发展规划(2022—2025)征求意见稿》
2022.04	安徽省	合肥市城乡建设局	《合肥市2021年度电动汽车充电设施运营奖补资金申报操作规程》
2022.04	江苏省	江苏省能监办	《江苏省电力辅助服务管理实施细则(征求意见稿)》
2022.04	江苏省	江苏省能监办	《江苏省电力并网运行管理实施细则(征求意见稿)》
2022.04	江苏省	江苏省发改委	《关于开展2022年光伏发电市场化并网项目开发建设工作的通知》
2022.04	浙江省	浙江省发改委	《浙江省新型储能示范项目公示》
2022.04	浙江省	嘉善县人民政府	《嘉善县人民政府关于新一轮支持分布式光伏发展的若干意见》
2022.04	浙江省	丽水市人民政府	《丽水市绿色能源发展"十四五"规划》
2022.04	浙江省	天台县人民政府	《浙江天台抽水蓄能电站项目建设征地补偿和移民安置实施办法的通知》
2022.05	安徽省	安徽省能源局	《抽水蓄能中长期发展规划(2021—2035年)安徽省实施方案》
2022.05	安徽省	华东能源监管局	《安徽电力调频辅助服务市场运营规则征求意见稿》
2022.05	安徽省	安徽省能源局	《安徽省电力源网荷储一体化和多能互补试点项目清单的通知》
2022.05	江苏省	江苏省苏州市政府	《关于进一步加快全市新能源汽车推广应用的实施意见》
2022.05	江苏省	江苏省苏州市政府	《关于加快推进全市光伏发电开发利用的工作意见(试行)》
2022.05	上海市	上海市发改委	《上海市能源发展"十四五"规划》
2022.05	浙江省	浙江省发改委	《浙江"十四五"新型电力系统试点建设方案》
2022.05	浙江省	浙江省发改委、浙江省能源局	《关于调整高耗能企业电价的通知(征求意见稿)》
2022.05	浙江省	浙江省发改委	《浙江电力现货市场基本规则(征求意见稿)》

续表

日期	地区	部门	文件
2022.05	浙江省	浙江永康市发展和改革局	《永康市整市屋顶分布式光伏开发试点实施方案(征求意见稿)》
2022.05	浙江省	浙江省诸暨市政府	《诸暨市整市推进分布式光伏规模化开发工作方案》
2022.06	安徽省	合肥市人民政府	《合肥市进一步促进光伏产业高质量发展若干政策》
2022.06	江苏省	苏州发改委	《苏州市"十四五"电动汽车公共充换电设施规划》
2022.06	上海市	上海市经济信息化委	《2022年上海市迎峰度夏有序用电方案》
2022.06	浙江省	玉环市发展和改革局	《玉环市"十四五"新能源汽车充电基础设施专项规划》
2022.06	浙江省	瑞安市发改委	《瑞安市电动汽车充电基础设施建设运营管理和补助暂行办法》
2022.06	浙江省	浙江省发改委和能源局	《浙江省"十四五"新型储能发展规划》
2022.06	浙江省	婺城区人民政府	《关于加快推动婺城区新型储能发展的实施意见》
2022.06	浙江省	诸暨市人民政府	《诸暨市整市推进分布式光伏规模化开发工作方案》
2022.07	安徽省	安徽省发改委	《支持新能源汽车和智能网联汽车产业提质扩量增效若干政策》
2022.07	安徽省	宿州市发改委	《宿州市"十四五"能源发展规划(征求意见稿)》
2022.07	江苏省	南京市交通运输局、南京市财政局	《南京市2021年度充电设施建设运营财政补贴办法》
2022.07	江苏省	昆山市人民政府	《关于加快推进分布式光伏发电项目开发建设的工作意见》
2022.07	浙江省	温岭市人民政府	《关于组织申报2022年温岭市新能源汽车充(换)电基础设施补助资金的通知》
2022.07	浙江省	衢州市发展和改革委员会、衢州市经济和信息化局、衢州市科学和技术局	《衢州市新能源汽车推广应用工作实施方案》
2022.07	浙江省	海盐县发改局	《海盐县配电网发展"十四五"规划》
2022.08	安徽省	安徽省发改委、安徽省能源局	《安徽省能源发展"十四五"规划》
2022.08	安徽省	合肥市人民政府	《合肥市"十四五"能源高质量发展规划》
2022.08	安徽省	安徽省能源局	《安徽省新型储能发展规划(2022—2025年)》
2022.08	江苏省	无锡高新区(新吴区)工信局	《关于无锡高新区(新吴区)关于节能降碳绿色发展的政策意见》
2022.08	江苏省	江苏省能源监管办	《江苏电力并网运行管理实施细则》
2022.08	江苏省	江苏省能源监管办	《江苏电力辅助服务管理实施细则》
2022.08	江苏省	江苏省发改委	《江苏省"十四五"新型储能发展实施方案》
2022.08	江苏省	苏州工业园区企业发展服务中心	《关于征集2022年苏州工业园区光伏和储能项目(第一批)的通知》
2022.08	上海市	上海市交通委员会	《上海市交通发展白皮书(2022版)(征求意见稿)》
2022.08	上海市	上海市发改委	《上海市能源电力领域碳达峰实施方案》

续表

日期	地区	部门	文件
2022.08	浙江省	浙江省商务厅	《浙江省商务厅等17部门关于进一步搞活汽车流通扩大汽车消费的通知（征求意见稿）》
2022.08	浙江省	温州市发改委、温州电力局	《温州市电力发展"十四五"规划》
2022.09	安徽省	华东能监局、安徽省能源局	《安徽省绿色电力交易试点规则》
2022.09	安徽省	安徽省发改委、安徽省能源局	《关于应急跨省购电费用分摊有关事项的通知》
2022.09	安徽省	淮南市人民政府	《淮南市"十四五"科技创新规划》
2022.09	安徽省	安徽省能源局	《关于开展2022年第二批次风电和光伏项目建设规模竞争性配置工作的通知》
2022.09	上海市	上海市发改委、住建委等部门	《上海市鼓励电动汽车充换电设施发展扶持办法》
2022.09	上海市	上海市人民政府	《关于加快本市农村寄递物流体系建设的实施意见》
2022.09	浙江省	浙江能监办	《2022年浙江省第三方独立主体参与电力辅助服务结算试运行方案（征求意见稿）》
2022.09	浙江省	永康市人民政府	《永康市整市屋顶分布式光伏开发试点实施方案》
2022.10	安徽省	滁州市工信部	《滁州市汽车及装备制造产业"十四五"发展规划（征求意见稿）》
2022.10	安徽省	芜湖市经济和信息化局	《芜湖市新能源和智能网联汽车产业发展专项规划（2022—2026年）（征求意见稿）》
2022.10	安徽省	六安市发改委	《六安市能源发展"十四五"规划》
2022.10	安徽省	合肥市经济和信息化局	《合肥市进一步促进光伏产业高质量发展若干政策实施细则》
2022.10	江苏省	吴江区人民政府	《关于印发进一步加快全区新能源汽车推广应用的实施意见的通知》
2022.10	江苏省	镇江工信局	《镇江市2021年度新能源汽车充电基础设施财政补助实施方案》
2022.10	江苏省	江苏省工业和信息化厅	《关于进一步促进电动汽车充（换）电基础设施健康发展的实施意见》
2022.10	江苏省	江苏省人民政府	《江苏省碳达峰实施方案》
2022.10	江苏省	江苏省发改委	《江苏省电力需求响应实施细则（修订征求意见稿）》
2022.10	江苏省	苏州工业园区	《关于组织园区光伏和储能项目补贴申领的通知》
2022.10	上海市	上海市人民政府	《上海打造未来产业创新高地发展壮大未来产业集群行动方案》
2022.10	上海市	上海市人民政府	《上海市"十四五"节能减排综合工作实施方案》
2022.10	浙江省	浙江省发改委	《浙江省加快新能源汽车产业发展行动方案（征求意见稿）》
2022.10	浙江省	龙港市人民政府	《关于进一步推进制造业高质量发展的若干政策》
2022.11	安徽省	合肥市经济和信息化局	《合肥市"十四五"新能源汽车产业发展规划》
2022.11	江苏省	昆山市工业和信息化局	《昆山市新能源汽车充（换）电基础设施建设运营管理实施办法（征求意见稿）》
2022.11	江苏省	南京市人民政府	《南京市新能源汽车换电模式应用试点实施方案（试行）》

续表

日期	地区	部门	文件
2022.11	上海市	上海市崇明区人民政府	《崇明世界级生态岛碳中和示范区建设实施方案（2022年版）》
2022.11	浙江省	绍兴市发展和改革委员会	《绍兴市电动汽车充电基础设施建设运营管理暂行办法（2022年修订版）》
2022.11	浙江省	宁波市能源局	《宁波市"十四五"节能减排综合工作方案（征求意见稿）》
2022.11	浙江省	海宁市经济和信息化局	《海宁市发布储能产业规划（2022—2026年）征求意见稿》
2022.11	浙江省	金华市发展和改革委员会	《金华市能源发展"十四五"规划》
2022.11	浙江省	临海市发展和改革局	《临海市能源发展"十四五"规划》
2022.11	浙江省	绍兴市发展和改革委员会	《绍兴市支持新能源汽车充电基础设施发展补充政策》
2022.11	浙江省	浙江省交通运输厅、浙江省能源局、国网浙江省电力有限公司	《浙江省加快推进公路沿线充电基础设施建设行动实施方案》
2022.11	浙江省	瓯海区人民政府	《瓯海区用户侧新型储能项目报备验收并网"一件事"办理流程（试行）》
2022.11	浙江省	杭州市人民政府	《关于加快推进绿色能源产业高质量发展的实施意见（征求意见稿）》
2022.11	浙江省	舟山市普陀区财政局	《舟山市普陀区清洁能源产业发展专项资金实施管理办法（意见征求稿）》
2022.12	安徽省	蜀山区人民政府	《蜀山区打造新能源汽车消费中心若干政策（试行）》
2022.12	浙江省	瑞安市人民政府	《瑞安市电动汽车充电基础设施建设运营管理和补助暂行办法》
2022.12	浙江省	宁波市经济和信息化局	《关于加快打造新能源汽车之城的若干意见（征求意见稿）》
2022.12	浙江省	绍兴市人民政府	《绍兴市电动汽车充电基础设施建设运营管理暂行办法（2022年修订版）》
2022.12	浙江省	浙江省发展和改革委员会、国家能源局浙江监管局、浙江省能源局	《浙江省电力中长期交易规则（2022修订版）》
2022.12	浙江省	浙江省人民政府	《浙江省完善能源绿色低碳转型体制机制和政策措施的实施意见（公开征求意见稿）》
2022.12	浙江省	瑞安市发展和改革局	《瑞安市"十四五"能源发展专项规划》
2022.12	浙江省	嘉兴市发展改革委	《嘉兴市可再生能源发展"十四五"规划》
2022.12	浙江省	舟山市普陀区财政局、舟山市普陀区发展和改革局	《舟山市普陀区清洁能源产业发展专项资金实施管理办法》
2022.12	浙江省	诸暨市发展和改革局	《诸暨市整市推进分布式光伏规模化开发工作方案（修订稿）》
2023.01	浙江省	浙江省发展和改革委员会	《浙江电力现货市场基本规则（征求意见稿）》
2023.01	安徽省	安徽省生态环境厅	《安徽省"十四五"应对气候变化规划》
2023.01	江苏省	常州市人民政府	《常州市推动新能源之都建设政策措施》
2023.01	浙江省	浙江省发改委、浙江省经信厅、浙江省科学技术厅	《浙江省加快新能源汽车产业发展行动方案》
2023.01	浙江省	金华市婺城区发展和改革局	《关于加快推动婺城区新型储能发展的实施意见》

附录4 2022年以来国内部分储能备案项目（除抽蓄）

序号	项目名称	招标人	备案日期	装机功率/MW	储能容量/MWh	项目进展	应用场景	项目地	备注
1	湘潭昌山6.6MW/13.2MWh储能电站建设项目	湘潭县汇星新能源科技有限责任公司	1月7日	6.6	13.2	完成项目备案		湖南	
2	华润五寨储能项目	华润	1月10日	200	400	完成项目备案		山西	
3	三峡能源庆云储能电站二期示范项目	三峡新能源（庆云）有限公司	1月12日	200	400	完成项目备案		山东	
4	万裕三信电子（东莞）有限公司 2MW/5MWh储能项目	东莞长园深瑞综合能源有限公司	1月12日	2	5	完成项目备案	用户侧	广东	
5	广州市来利洪饼业有限公司用户侧储能项目	广东电网能源投资有限公司	1月14日	1	2	完成项目备案	用户侧	广东	
6	繁峙阿特斯新能源储能电站项目	柏阳新能源	1月18日	50	100	完成项目备案		山西	
7	新荣经济技术开发区独立储能项目	国家电投	1月19日	50	100	完成项目备案		山西	
8	华电汇宁化学储能电站项目	广州汇宁新能源发展有限公司（宁德时代汇宁控股子公司）	1月19日	200	400	完成项目备案	电网侧	广东	
9	三峡新能源昔阳独立储能电站项目	三峡	1月21日	400	800	完成项目备案	电源侧	山西	
10	昆山用户侧储能项目	利星行能源（昆山）有限公司	1月21日	0.25	0.85	完成项目备案	用户侧	江苏	
11	广宁县高新产业园二期光伏储能项目	广东德祥实业有限公司	1月25日	—	—	完成项目备案	电源侧	广东	拟建
12	广东能源集团茂名热电厂有限公司发电机组AGC储能辅助调频项目	智光储能	1月25日	20	11.6	完成项目备案	电源侧	广东	
13	汇宁时代江门（台山）核电互补电化学储能电站	广州汇宁新能源发展有限公司（宁德时代汇宁控股子公司）、中广核电力销售有限公司	1月26日	1300	2600	完成项目备案	电源侧	广东	
14	广州盛源新能源科技有限公司10MW/20MWh分布式储能运营项目	广州智慧用电与城市照明技术有限公司	1月28日	10	20	完成项目备案	用户侧	广东	
15	水发巨野万丰100MW/200MWh储能电站项目	水发（巨野）新能源发展有限公司	2月10日	100	200	完成项目备案		山东	

续表

序号	项目名称	招标人	备案日期	装机功率/MW	储能容量/MWh	项目进展	应用场景	项目地	备注
16	水发能源100MW/200MWh储能电站项目	水发能源集团有限公司	2月11日	100	200	完成项目备案		山东	
17	恒运广州中新知识城储能电站项目	广州恒运储能科技有限公司	2月11日	50	100	完成项目备案		广东	
18	华电枣庄市中区101MW/202MWh电化学储能项目	华电国际电力股份有限公司十里泉发电厂	2月14日	101	202	完成项目备案		山东	
19	国家电投乳山202MW/404MWh储能电站项目	—	2月14日	202	404	完成项目备案		山东	
20	水发能源100MW/200MWh共享储能电站项目	国家电投集团山东能源发展有限公司	2月14日	100	200	完成项目备案		山东	
21	国家电投寿光202MW/404MWh储能电站项目	国家电投集团山东能源发展有限公司	2月15日	202	404	完成项目备案		山东	
22	潍坊坤硕安丘200MW/400MWh储能项目	潍坊坤硕新能源有限公司	2月15日	200	400	完成项目备案		山东	
23	国网时代安丘100MW/200MWh储能工程	国网时代（安丘）储能投资发展有限公司	2月15日	100	200	完成项目备案		山东	
24	国家集团国华齐河储能电站项目	山东国华时代投资发展有限公司	2月15日	—	—	完成项目备案		山东	
25	国家能源莘县2×200MWh共享储能项目	国家能源（山东）新能源有限公司	2月15日	—	200	完成项目备案		山东	
26	华润电力滨州沾化100MW/200MWh锂电池储能示范项目	华润新能源（禹城）有限公司	2月15日	100	200	完成项目备案		山东	
27	滨州北海100MW/200MWh储能电站示范项目	滨州远浚新能源有限责任公司	2月16日	100	200	完成项目备案		山东	
28	国家能源枣庄2×101MW/202MWh共享储能项目	国家能源（山东）新能源有限公司	2月16日	202	404	完成项目备案		山东	
29	山东能源集团东营2×200MWh独立共享储能电站项目	山能新能源（东营）有限公司	2月16日	—	400	完成项目备案		山东	
30	浩海东营港新材料产业园100MW/200MWh电站项目	东营浩海新能源科技有限公司	2月16日	100	200	完成项目备案		山东	
31	国家电投龙口200MW/400MWh储能电站项目	国家电投集团山东能源发展有限公司	2月16日	200	400	完成项目备案		山东	

续表

序号	项目名称	招标人	备案日期	装机功率/MW	储能容量/MWh	项目进展	应用场景	项目地	备注
32	蓬莱蓬华150MW/300MWh储能电站	烟台蓬华新能源科技有限公司	2月16日	150	300	完成项目备案		山东	
33	栖霞港华150MW/300MWh储能电站	栖霞港华新能源科技有限公司	2月16日	150	300	完成项目备案		山东	
34	华能沾化200MW/400MWh储能电站项目	华能沾化新能源	2月16日	200	400	完成项目备案		山东	
35	单县张集80MW/160MWh储能项目	单县华矿润泽土地发展有限公司	2月16日	80	160	完成项目备案		山东	
36	协合成武朔锂组合储能示范电站	山东弘朔新能源科技有限公司	2月16日	—	—	完成项目备案		山东	
37	巨野县80MW/160MWh储能项目	巨野矿润泽农业发展有限公司	2月16日	80	160	完成项目备案		山东	
38	枣庄鼎盛100MW/200MWh储能电站示范项目	山东鼎盛电气设备有限公司	2月17日	100	200	完成项目备案		山东	
39	三峡能源峄城储能电站示范项目	三峡新能源新泰发电有限公司	2月17日	—	—	完成项目备案		山东	
40	华润财金东营100MW/200MWh电化学储能项目	华润财金新能源（东营）有限公司	2月17日	100	200	完成项目备案		山东	
41	帝森铭润潍坊寿光100MW/200MWh储能项目	菏泽帝森铭润新能源有限公司	2月17日	100	200	完成项目备案		山东	
42	华能泗水储能调峰电站项目	华能山东泗水新能源有限公司	2月17日	—	—	完成项目备案		山东	
43	山东省泰安市肥城300MW/600MWh独立储能电站项目	源储（肥城）新能源科技有限公司	2月17日	300	600	完成项目备案		山东	
44	上海电力德州市德城区100MW/200MWh储能项目	国电投山东生态能源有限公司	2月17日	100	200	完成项目备案		山东	
45	国瑞能源平原储能示范一期工程	平原国顺新能源	2月17日	—	—	完成项目备案		山东	
46	山东滨州沾化200MW/400MWh锂电池储能示范项目	山东中和储能科技有限公司	2月17日	200	400	完成项目备案		山东	
47	山东氢源北海200MW/400MWh储能电站项目	山东氢源新能源有限公司	2月17日	200	400	完成项目备案		山东	
48	广州荣拓实业有限公司用户侧储能项目	广州智慧用电与城市照明技术有限公司	2月17日	1	2	完成项目备案	用户侧	广东	
49	广州丽高塑料制品有限公司用户侧储能项目	广州智慧用电与城市照明技术有限公司	2月17日	1	2	完成项目备案	用户侧	广东	

续表

序号	项目名称	招标人	备案日期	装机功率/MW	储能容量/MWh	项目进展	应用场景	项目地	备注
50	国家电投集团山东新能源有限公司100MW/200MWh储能电站项目	国家电投集团山东新能源有限公司	2月18日	100	200	完成项目备案		山东	
51	姜屯镇大杨庄村储能电站项目	山东水发浩海优发碳中和科技有限公司	2月18日	—	—	完成项目备案		山东	
52	山东省枣庄市滕州滨湖300MW/600MWh独立储能电站项目	源储（枣庄）新能源科技有限公司	2月18日	300	600	在建	电网侧	山东	
53	山东省济宁市任城区100MW/200MWh储能电站项目	水圣新能源科技（济宁）有限公司	2月21日	100	200	完成项目备案		山东	
54	上海电力日照市岚山区100MW/200MWh储能项目	国电投山东生态能源有限公司	2月21日	100	200	完成项目备案		山东	
55	山东省菏泽市牡丹区300MW/600MWh储能电站项目	菏泽圣翔新能源有限公司	2月21日	300	600	完成项目备案		山东	
56	广州普乐包装器材有限公司二期用户侧储能项目	广东电网能投资有限公司	2月21日	0.5	1	完成项目备案	用户侧	广东	
57	威海市王家瞳精品台区储能电站	国网山东省电力公司威海供电公司	2月22日	—	—	完成项目备案		山东	
58	韶关市坪石发电厂有限公司（B厂）加装储能调频系统项目	深圳电网智慧能源技术有限公司	2月22日	9	9	完成项目备案	电源侧	广东	
59	莱州公司200MW/400MWh电池储能电站	中国华电集团莱州公司	2月22日	200	400	完成项目备案	电源侧	山东	
60	烟台鑫共创新能源科技有限公司招远市100MW/200MWh储能电站项目	烟台鑫共创新能源科技有限公司	2月23日	100	200	完成项目备案		山东	
61	珠海联邦制药股份有限公司用户侧储能项目	广东电网能投资有限公司	2月23日	5.5	11	完成项目备案	用户侧	广东	
62	珠海世铝金属有限公司储能调峰项目	广东电网能投资有限公司	2月23日	2.1	4.2	完成项目备案	用户侧	广东	
63	国家电投枣庄市高新区锂电池储能项目	枣庄成康新能源有限公司	2月25日	—	—	完成项目备案		山东	
64	广东东莞长园高能电气股份有限公司0.25MW/1MWh二期储能项目	东莞长园深瑞综合能源有限公司	2月25日	0.25	1	完成项目备案	用户侧	广东	

续表

序号	项目名称	招标人	备案日期	装机功率/MW	储能容量/MWh	项目进展	应用场景	项目地	备注
65	广州大津电器制造有限公司用户侧储能项目	广东电网能源投资有限公司	2月25日	2.5	5	完成项目备案	用户侧	广东	
66	永兴绿色能源邹城中心店镇100MW/200MWh储能项目	永兴绿色能源（邹城）有限公司	3月1日	100	200	完成项目备案		山东	
67	聊城莘县观城二期101MW/204MWh电化学储能项目	菏泽市牡丹区浩风新能源有限公司	3月1日	101	204	完成项目备案		山东	
68	国家电投寿光羊口100MW/200MWh储能电站项目	国家电投集团寿光新能源发电有限公司	3月2日	100	200	完成项目备案		山东	
69	枣庄金坡100MW/200MWh储能电站示范项目	国网山东综合能源服务有限公司	3月2日	100	200	完成项目备案		山东	
70	国家电投集团诸城100MW/204MWh储能示范项目	国家电投集团诸城新能源发展有限公司	3月2日	100	204	完成项目备案		山东	
71	邹城鲁发汉星100MW/200MWh电池储能项目	济宁汉星新能源有限公司	3月2日	100	200	完成项目备案		山东	
72	营县储能调峰电站项目	山东海疆能源科技有限公司	3月2日	—	—	在建		山东	
73	山东电工电气临邑储能示范项目	山东电工电气集团有限公司	3月2日	100	200	完成项目备案		山东	
74	国能（聊城）新能源有限公司200MW/400MWh储能示范项目	国能（聊城）新能源有限公司	3月2日	200	400	完成项目备案		山东	
75	珠海鹏辉能源有限公司电化学储能系统项目	深圳电网智慧能源技术有限公司	3月3日	—	26	完成项目备案	用户侧	广东	
76	国瑞能源济南商河储能示范项目	商河水瑞新能源有限公司	3月3日	—	—	完成项目备案		山东	
77	淄博高新区卫蓝智慧共享储能电站项目	卫蓝（淄博）智慧能源有限公司	3月3日	—	—	完成项目备案		山东	
78	大唐东营发有限公司100MW/200MWh储能电站项目	大唐东营发电有限公司	3月3日	100	200	完成项目备案		山东	
79	烟台市福山区福新街道200MW/400MWh集中式（共享）储能电站	烟台市福山区广盛新能源有限公司	3月3日	200	400	完成项目备案		山东	

续表

序号	项目名称	招标人	备案日期	装机功率/MW	储能容量/MWh	项目进展	应用场景	项目地	备注
80	烟台市福山区东厅街道200MW/400MWh集中式（共享）储能电站	烟台市福山区广兴新能源有限公司	3月3日	200	400	完成项目备案		山东	
81	烟台市福山区100MW/200MWh集中式（共享）储能电站	水发清洁能源（福山）有限公司	3月3日	100	200	完成项目备案		山东	
82	泰安市新泰市200MW/400MWh集中式（共享）储能电站	新泰市光华光伏发电有限责任公司	3月3日	200	400	完成项目备案		山东	
83	水兴绿色能源邹城经开区落陵精密制造产业园100MW/200MWh储能项目	水兴绿色能源（邹城）有限公司	3月3日	100	200	完成项目备案		山东	
84	深圳电网智慧能源技术有限公司肇庆市来德利陶瓷有限公司电化学储能项目	深圳电网智慧能源技术有限公司	3月4日	5	10	完成项目备案	用户侧	广东	
85	临沂市沂水县300MW/600MWh独立储能项目	源储（沂水）新能源科技有限公司	3月4日	300	600	完成项目备案		山东	
86	济宁汶上中都街道101MW/204MWh电化学储能项目	菏泽市牡丹区浩风新能源有限公司	3月7日	101	204	完成项目备案		山东	
87	广东梅州五华河东电网侧独立电储能项目	南方电网调峰调频（广东）储能科技有限公司	3月10日	70	140	在建	电网侧	广东	
88	侯马元工独立储能项目	元工能源科技集团有限公司	3月10日	200	400	完成项目备案		山西	
89	国家能源东昌府区2×200MWh共享储能项目	国家能源（山东）新能源有限公司	3月10日	—	400	完成项目备案		山西	
90	朔城区共享储能项目	华朔能源	3月11日	400	800	完成项目备案	电源侧	山西	
91	平鲁区储能电站项目	国家电投	3月15日	100	200	完成项目备案	电源侧	山西	
92	广州发展南沙充电站500kW/1MWh储能项目	广州发展新能源股份有限公司	3月16日	0.5	1	完成项目备案	用户侧	广东	
93	广东佛山南海电网侧独立电池储能项目	南网调峰调频（广东）储能科技有限公司	3月16日	300	600	完成项目备案	电网侧	广东	

续表

序号	项目名称	招标人	备案日期	装机功率/MW	储能容量/MWh	项目进展	应用场景	项目地	备注
94	中国能建广东火电工程有限公司兴宁市独立储能新建项目	中国能建广东火电工程有限公司	3月18日	250	500	完成项目备案	电网侧	广东	
95	茶东富怡充电站内电力储能新建项目	广州市星充充电设备有限公司	3月21日	0.05	0.1	完成项目备案	用户侧	广东	
96	肇庆广仁充电站内电力储能新建项目	广州市星充充电设备有限公司	3月23日	0.05	0.1	完成项目备案	用户侧	广东	
97	广西资源县将军台风电场项目配储	资源县将军台新能源有限公司	3月24日	40	80	通过审查	电源侧	广西	
98	象州百丈风电场三期工程项目配储	中国航空工业新能源投资有限公司	3月24日	9.6	19.2	通过审查	电源侧	广西	
99	融水大岳山150MW风电、30MW储能一体化项目	揭阳远景能源科技有限公司	3月24日	30	60	通过审查	电源侧	广西	
100	广东长虹电子有限公司用户侧储能项目	四川长虹电源有限责任公司	3月28日	4	8	完成项目备案	用户侧	广东	
101	广灵县中核优蒙独立储能项目	海南正熙能源科技有限公司	3月28日	200	400	完成项目备案	电源侧	山西	
102	交城汴盛200MW熔盐储能供热和发电多能互补综合能源调峰	汴盛化工	3月28日	200	1000	完成项目备案	电网侧	山西	熔盐储能
103	古交市100MW独立储能电站综合利用示范项目	山西丰源储能科技有限公司	3月28日	50	—	完成接入系统方案审查	电网侧	山西	磷酸铁锂+全钒液流电池
104	新建独立储能项目	山西精氢新能源	3月29日	200	400	完成项目备案	电网侧	山西	
105	广东粤电大埔发电有限公司1、2号机组储能调频项目	广东粤电大埔发电有限公司	3月30日	18	9	完成项目备案	电源侧	广东	
106	繁峙阿特斯二期储能电站项目	柏阳新能源	3月30日	300	600	完成项目备案	电源侧	山西	
107	玖方古交共享储能示范项目（一期）	山西宏盛数能	3月30日	105	201.25	在建	电源侧	山西	磷酸铁锂+飞轮储能,已开工

续表

序号	项目名称	招标人	备案日期	装机功率/MW	储能容量/MWh	项目进展	应用场景	项目地	备注
108	淮安深能100MW/200MWh储能工程项目	淮安市自然资源和规划局淮阴分局	4月1日	100	200	召开独立选址论证会	电网侧	江苏	
109	湖南娄底连源电化学储能电站工程	国网湖南综合能源有限公司	4月9日	50	100	完成项目备案	电源侧	湖南	
110	惠州市电拓新能源科技有限公司迪诺雅2MW/4MWh储能电站建设项目	惠州市电拓新能源科技有限公司	4月11日	2	4	完成项目备案	用户侧	广东	
111	盂县经济技术开发区西烟循环经济产业园独立储能项目	北京弘盛通	4月13日	200	400	完成项目备案		山西	
112	敦煌光热储能+光伏一体化综合能源示范项目	国家能源集团龙源电力甘肃公司	4月14日	—	—	完成项目备案	电源侧	甘肃	
113	广州市花都区300MW/600MWh独立储能电站项目	广州冰石储能科技有限公司	4月15日	300	600	完成项目备案	电网侧	广东	
114	晋中市元工独立储能项目	元工能源科技	4月21日	200	400	完成项目备案		山西	
115	新荣合邦储能电站项目	山西合邦电力科技	4月22日	400	800	完成项目备案		山西	
116	中广核日照县200MW/400MWh储能电站项目	中广核(山东)能源服务有限公司	4月22日	200	400	完成项目备案		山东	
117	广州发展电力科技有限公司(珠江电厂#3、#4机组)加装储能调频系统项目	广州发展电力科技有限公司	4月26日	10	10	完成项目备案	电源侧	广东	
118	开普勒华南数据中心30兆瓦/60兆瓦时分布式储能系统项目	广东开普勒新能源有限公司	4月27日	30	60	完成项目备案	用户侧	广东	
119	中广核冠县清水100MW/200MWh储能电站项目	冠县中广新能源有限公司	4月27日	100	200	完成项目备案		山东	
120	广州增城联供发展有限责任公司广州供电局储能示范项目	广东电网有限责任公司广州供电局	4月28日	0.5	1	完成项目备案	用户侧	广东	
121	佛山港能智慧能源储能电站	佛山港能智慧能源有限公司	5月5日	1	1.704	完成项目备案	用户侧	广东	
122	广东威灵电机制造有限公司空电厂区储能电站	广东威灵电机制造有限公司	5月5日	0.5	0.852	完成项目备案	用户侧	广东	

续表

序号	项目名称	招标人	备案日期	装机功率/MW	储能容量/MWh	项目进展	应用场景	项目地	备注
123	广东顺控绿色科技有限公司440千瓦时分布式储能项目	广东顺控绿色科技有限公司	5月5日	0.24	0.44	完成项目备案	用户侧	广东	
124	神池县共享储能电站项目	北京夏矶科技	5月6日	300	600	完成项目备案		山西	
125	水发立达100MW/200MWh集中式（共享）储能电站项目	山东水发立达清洁能源有限公司	5月6日	100	200	完成项目备案	电网侧	山东	
126	莱州蓝色海洋一期100MW/200MWh储能项目	莱州蓝色海洋新能源有限公司	5月7日	100	200	完成项目备案	电网侧	山东	
127	山西原平市共享储能电站项目	樊氏科技发展	5月9日	500	1000	完成项目备案		山西	
128	云冈合邦储能电站项目	山西合邦电力科技	5月10日	200	400	完成项目备案		山西	
129	储能调峰调频电站项目	山东九冰能源科技	5月11日	100	200	完成项目备案		山西	
130	繁峙共享储能电站项目	北京道威储能	5月13日	200	400	完成项目备案		山西	
131	广东金明精机500kW/1MWh储能项目	广东金明精机股份有限公司	5月17日	0.5	1	完成项目备案	用户侧	广东	
132	工业园区共享储能电站项目	建安储能科技	5月17日	200	400	完成项目备案		山西	
133	新荣经开区独立共享储能项目	协合风电	5月17日	200	400	完成项目备案		山西	
134	泰山新能源300MW/600MWh调峰储能电站项目	泰安市泰山新能源发展有限公司	5月17日	300	600	完成项目备案	电源侧	山东	
135	无限极（中国）有限公司3MW/6MWh储能电站项目	广东电网能源投资有限公司	5月19日	3	6	完成项目备案	用户侧	广东	
136	联新（开平）高性能纤维第二公司3MW/6MWh储能电站项目	广东电网能源投资有限公司	5月19日	3	6	完成项目备案	用户侧	广东	
137	森源蒙玛储能项目		5月19日	1	2	完成项目备案	用户侧	广东	
138	联新（开平）高性能纤维第三有限公司1MW/2MWh储能电站项目	广东电网能源投资有限公司	5月19日	1	2	完成项目备案	用户侧	广东	
139	中鑫电联山西大同新荣区新型储能电站	中鑫电联能源科技	5月23日	500	1000	完成项目备案		山西	含重卡充换电站，1000台重卡电池

续表

序号	项目名称	招标人	备案日期	装机功率/MW	储能容量/MWh	项目进展	应用场景	项目地	备注
140	广东伊莱特电器有限公司4MWh分布式储能运营项目	武汉亿纬储能有限公司	5月24日	1	4	完成项目备案	用户侧	广东	
141	台达电子（东莞）有限公司#7厂区#1300kW/2304kWh、#2300kW/2304kWh储能工程	台达电子（东莞）有限公司	5月24日	0.6	4.608	完成项目备案	用户侧	广东	
142	达创科技（东莞）有限公司#5厂区300kW/1728kWh储能工程	达创科技（东莞）有限公司	5月24日	0.3	1.728	完成项目备案	用户侧	广东	
143	台达电子（东莞）有限公司#2厂区300kW/1728kWh储能工程	台达电子（东莞）有限公司西南分公司	5月24日	0.3	1.728	完成项目备案	用户侧	广东	
144	龙源广东湛江奋勇高新区独立储能项目	广东国龙源新能源有限公司	5月26日	100	200	完成项目备案	电网侧	广东	
145	蒙山厨房器具（中国）有限公司储能系统项目	江门市朗晖能源技术有限公司	5月27日	0.23	1.6	完成项目备案	用户侧	广东	
146	鹤山市永铤实业有限公司储能系统项目	江门市朗晖能源技术有限公司	5月27日	0.23	1.6	完成项目备案	用户侧	广东	
147	中广核佛山40MW/80MWh共享储能项目	中广核新能源综合能源服务（深圳）有限公司	5月27日	40	80	完成项目备案	电网侧	广东	
148	枣庄欣鼎400MW/800MWh共享储能项目	枣庄欣鼎新能源有限公司	5月27日	400	800	完成项目备案	电网侧	山东	
149	长治市远景大型共享储能电站项目	远景能源	5月30日	750	1500	完成项目备案		山西	
150	广东绿色储能电站项目	广州汇宁时代新能源发展有限公司（宁德时代控股子公司）、中广核电力销售有限公司	6月1日	2000	5000	完成项目备案	用户侧	广东	
151	栖霞港华150MW/300MWh储能电站项目	栖霞市重点项目服务中心	6月1日	150	300	完成项目备案		山东	
152	潞城仁和独立储能项目	北京弘盛通	6月2日	300	600	完成项目备案		山西	
153	华电滕州金坡化学储能电站项目	华电国际电力股份有限公司十里泉发电厂	6月6日	—	—	完成项目备案	电网侧	山东	
154	鱼台县240MW/480MWh储能调峰电站示范项目	鱼台智联商业运营有限公司	6月7日	240	480	完成项目备案	电网侧	山东	

续表

序号	项目名称	招标人	备案日期	装机功率/MW	储能容量/MWh	项目进展	应用场景	项目地	备注
155	清远联奕新能源6MW/12MWh用户侧储能电站项目	清远联奕新能源有限公司	6月9日	6	12	完成项目备案	用户侧	广东	
156	原平市新型储能项目	中国航空工业	6月9日	400	800	完成项目备案		山西	
157	龙源广东湛江廉江独立储能项目	广东国能龙源新能源有限公司	6月9日	100	200	完成项目备案	电网侧	广东	
158	饶平县电化学储能项目	饶平县新时代产业园区投资开发有限公司	6月9日	100	200	完成项目备案		广东	
159	中山市翠亨新区独立储能电站（一期项目）	深南电（中山）电力有限公司	6月10日	100	200	完成项目备案	电网侧	广东	
160	广州广合用户侧储能项目	富能合顺（深圳）科技有限公司	6月14日	8	16	完成项目备案	用户侧	广东	
161	三峡新能源阳西沙扒300MW海上风电场（一期）储能电站项目	三峡新能源阳江发电有限公司	6月14日	30	30	完成项目备案	电源侧	广东	
162	曲沃县恒源新储能电站建设项目	山西恒源新能源	6月14日	200	400	完成项目备案		山西	
163	兴宁市集中式共享储能电站	中电建（兴宁）储能科技有限公司	6月15日	200	400	完成项目备案	电网侧	广东	
164	储能建设项目	深圳市中金岭南有色金属股份有限公司凡口铅锌矿	6月16日	3	6	完成项目备案	用户侧	广东	
165	郊区独立储能项目	北京弘盛通	6月16日	500	1000	完成项目备案		山西	
166	山东威海荣成200MW/400MWh共享储能项目	京能（荣成）综合能源服务有限公司	6月16日	200	400	完成项目备案	电网侧	山东	
167	威海盛世新能源发展有限公司贝青100MW飞轮储能独立调频电站	威海盛世新能源发展有限公司	6月17日	—	—	完成项目备案	电网侧	山东	飞轮储能
168	东营津辉800MW/1600MWh集中式储能项目	利津县津辉清洁能源有限公司	6月20日	800	1600	完成项目备案	电网侧	山东	7月6日招标
169	广州美喑能源服务有限公司华凌冰箱1MW/2.304MWh用户侧储能项目	广州美喑能源服务有限公司	6月21日	1	2.304	完成项目备案	用户侧	广东	
170	中广核陆丰电化学储能电站	中广核新能源（陆丰）有限公司	6月21日	1000	2000	完成项目备案		广东	

续表

序号	项目名称	招标人	备案日期	装机功率/MW	储能容量/MWh	项目进展	应用场景	项目地	备注
171	中山市坦洲镇宝山220kV变电站电网侧储能电站项目	浚能（中山）新能源科技有限公司	6月23日	—	200	完成项目备案	电网侧	广东	
172	中山市坦洲镇申堂110kV变电站电网侧储能电站项目	浚能（中山）新能源科技有限公司	6月23日	—	100	完成项目备案	电网侧	广东	
173	中山市坦洲镇坦洲110kV变电站电网侧储能电站项目	浚能（中山）新能源科技有限公司	6月23日	—	100	完成项目备案	电网侧	广东	
174	金湾发电公司3、4号机组AGC混合储能辅助调频研究及应用项目	广东珠海金湾发电有限公司	6月23日	20	8.67	完成项目备案	电源侧	广东	
175	国家电投寿光羊口202MW/402.5MWh储能电站项目	国家电投集团寿光新能源发电有限公司	6月23日	202	402.5	完成项目备案	电网侧	山东	
176	中山市坦洲镇金斗110kV变电站电网侧储能电站项目	浚能（中山）新能源科技有限公司	6月23日	—	100	完成项目备案	电网侧	广东	
177	怡富电业（惠州）有限公司2MW/4.3MWh分布式储能项目	广东惠电投综合能源服务有限公司	6月24日	2	4.3	完成项目备案	用户侧	广东	
178	江门市长优实业有限公司储能系统项目	江门市长优实业有限公司	6月24日	0.6	0.2	完成项目备案	用户侧	广东	
179	雷州英利独立储能项目	国电投集团广东电力有限公司	6月24日	600	1200	完成项目备案	电网侧	广东	
180	广东能源茂名金塘独立储能项目（一期）	广东粤电茂南新能源有限公司	6月24日	100	200	完成项目备案	电网侧	广东	
181	宁武县共享储能电站项目	山西华夏储能科技	6月27日	300	600	完成项目备案		山西	
182	中核怀仁市共享储能项目	中核集团	6月28日	400	800	完成项目备案		山西	
183	朔州经济开发区共享储能项目	联盛新能源	6月28日	200	400	完成项目备案		山西	
184	辽宁5个风电储能项目，合计1GW风电+72MW/82MWh储能（通榆鲁能风电储能项目、吉能通榆长龙山风电储能项目、华能通榆向荣风电储能项目、吉能通榆人面风电储能项目、乾安县国综风电储能项目）	华能吉林发电有限公司、吉林通榆能新能源有限公司、吉林省可再生能源投资开发有限公司、吉林省新能源开发有限公司	6月28日	72	82	完成项目备案		辽宁	

续表

序号	项目名称	招标人	备案日期	装机功率/MW	储能容量/MWh	项目进展	应用场景	项目地	备注
185	盛路通信750kW/2MWh储能电站项目	广东广储新能源有限公司	6月29日	0.75	2	完成项目备案	用户侧	广东	
186	北京夏钶科技集团苟岚县共享储能电站项目	山西夏复储能科技	7月4日	300	600	完成项目备案		山西	
187	山西精能独立储能项目二期项目	山西精能新能源	7月5日	200	400	完成项目备案		山西	7月5日通过备案
188	呼和浩特市托克托独立共享储能电站项目	内蒙古中电储能技术有限公司	7月5日	—	1200	完成项目备案	电网侧	内蒙古	
189	阜康鲁能100万千瓦绿色能源大基地项目	中国绿发	7月6日	100	—	完成项目备案	电源侧	新疆	
190	阿瓦提县粤水电40万千瓦光伏+储能市场化并网项目	粤水电	7月7日	100	—	完成项目备案	电源侧	新疆	
191	巴楚县200MW/800MWh配套储能和80万千瓦市场化并网光伏发电项目	粤水电	7月7日	200	800	完成项目备案		新疆	
192	中核垣曲县现代自动化独立储能项目	中核集团	7月8日	200	400	完成项目备案		山西	
193	乌兰察布风电基地一期600万千瓦示范项目首批120万千瓦就地消纳工程配套18万千瓦（2h）储能项目	国电投	7月21日	180	360	完成项目备案		内蒙古	
194	江西海能新能源技术有限公司4GWh储能电池项目	海实业	8月15日	—	—	完成项目备案		江西	
195	基于光储直柔的电力生产运营用房零碳建筑	国网江苏省电力有限公司	8月15日	—	—	立项		江苏	
	合计			27073.65	57984.734				

附录5 2022年以来国内部分储能在建、拟建项目（除抽蓄）

序号	项目名称	项目主体	在建、拟建日期	装机功率/MW	储能容量/MWh	项目进展	应用场景	项目地	备注
1	杭锅集团崇贤厂区智慧储能电站项目	杭锅集团	1月1日	1	4	在建	用户侧	浙江	
2	浙能临海风光储一体化项目	—	1月5日	200	—	在建	电源侧	浙江	同步20万千瓦光伏储能电站
3	中节能玉门50兆瓦风光互补发电项目配储	中节能太阳能（酒泉）发电有限公司	1月6日	10	—	在建	电源侧	甘肃	
4	扬江山清漾变300MW/600MWh独立储能电站项目	万里扬新能源公司	1月7日	300	20	拟建	电源侧	浙江	
5	萧山发电厂电化学储能电站第一阶段	萧山发电厂	1月10日	50	600	在建	电网侧	浙江	2021.11.10开工；2022.8.15首次并网
6	永臻科技用户侧储能项目	永臻科技	1月11日	5	100	在建	用户侧	江苏	
7	杭州萧山100MW/200MWh储能电站项目	中国能建浙江火电	1月11日	100	18	在建	电源侧	浙江	
8	山西怀仁100MW光储一体化项目	国家电投山西清洁能源有限公司、中宁建设集团	1月15日	15	200	在建	电源侧	山西	
9	平高集团200MWh电源侧储能项目	平高集团	1月15日	—	—	在建	电源侧	上海	
10	福耀集团上海汽车玻璃工厂储能项目	福耀集团	1月16日	7.5	200	在建	用户侧	山西	
11	怀仁枫润50MW光储一体化示范项目	枫润新能源科技朔州有限公司	1月18日	5	22.5	在建	电源侧	湖北	
12	华润孝昌500MW风储一体化一期200MW光伏项目	华润风电（广水）有限公司	1月25日	200	—	在建	电源侧	江苏	
13	江苏阜宁县350MW风光储一体化光伏项目	协鑫集成、湖南新华水利	1月29日	25	50	拟建	电源侧	湖北	
14	华能星泽咸宁黄荆50MW/100MWh集中式（共享式）储能项目	华能星泽	1月30日	50	100	在建	电网侧	广东	
15	广东粤电大浦电厂储能调频项目二期	上海电气	2月1日	21000	—	在建	电网侧		

续表

序号	项目名称	项目主体	在建、拟建日期	装机功率/MW	储能容量/MWh	项目进展	应用场景	项目地	备注
16	国网时代福建吉瓦级宁德霞浦储能工程一期	国网综能、宁德时代	2月4日	100	200	在建	电网侧	福建	
17	龙源电力新疆龙源风力发电有限公司达坂城四场储能项目	新疆龙源风力发电有限公司	2月15日	8	16	在建	电源侧	新疆	
18	郴州资兴电化学储能电站	国家电网	2月15日	100	200	拟建	电网侧	湖南	
19	华能内蒙古东部能源有限公司巴林右旗20万千瓦高比例储能+生态修复风电项目	华能内蒙古东部能源	2月24日	60	120	在建	电源侧	内蒙古	
20	临泽天海200MW/400MWh共享储能电站项目	天合光能	3月9日	200	400	拟建	电源侧	甘肃	
21	广东梅州五华河东电网侧独立电池储能项目	南方电网调峰调频（广东）储能科技有限公司	3月10日	70	140	在建	电网侧	广东	备案表中电有
22	永昌河清滩300兆瓦光储项目	中国能建安徽电建一公司、甘肃电投	3月10日	60	120	在建	电源侧	甘肃	
23	安徽铜陵市251MW/251MWh储能项目	安徽综合能源服务有限公司	3月14日	251	251	在建	电源侧	安徽	
24	敦煌市沙州能源光伏发电有限公司110兆瓦光伏发电项目配储	沙州能源光伏发电有限责任公司	3月15日	22	44	在建	电源侧	甘肃	
25	500MW/1000MWh莫高储能电站项目	瓜州睿能新能源有限公司	3月16日	500	1000	在建	电网侧	甘肃	
26	华电北疆乌鲁木齐100万千瓦风光电基地项目配储	新疆华电苇湖梁新能源有限公司	3月17日	—	—	在建	电源侧	新疆	
27	山西大同天镇县100兆瓦光伏发电+10%储能项目	晋能控股电力集团光伏发电有限责任公司	3月17日	10	10	在建	电源侧	山西	
28	天镇县100兆瓦光伏发电+10%储能项目	晋能控股电力集团	3月17日	10	10	在建	电源侧	山西	
29	如东100MWh重力储能项目	中国天盈重力储能	3月20日	25	100	在建	电网侧	江苏	
30	朔州热电大功率磁悬浮飞轮储能电池AGC辅助调频重大科技创新示范项目	华电山西	3月22日	7	5.4	在建	电网侧	山西	5MW/5MWh锂电池储能，2MW/0.4MWh能量型飞轮储能

续表

序号	项目名称	项目主体	在建、拟建日期	装机功率/MW	储能容量/MWh	项目进展	应用场景	项目地	备注
31	中广核德令哈200千瓦光热储一体化项目	中国广核集团	3月23日	400	2400	在建	电源侧	青海	光热熔盐储能
32	150MW分布式光伏及1GWh储能数字能慧综合能源项目一期项目	三峡电能数字能源科技（湖北）有限公司	3月24日	—	50	在建	电源侧	湖北	磷酸铁锂+飞轮储能，备案表中也有
33	玖方古交共享储能示范站（一期）项目	山西盛弘玖方新能源有限公司	3月28日	105	201.25	在建	电源侧	山西	
34	高倍率熔盐储能供热和发电示范项目	龙源电力	3月28日	50	400	拟建	电源侧	青海	熔盐储能
35	曲沃县300MW光伏"新能源+储"项目	山西晋南瑞能新能源科技有限公司	3月28日	300	—	在建	电源侧	山西	
36	新疆90MW/180MWh储能调峰调频电站	新疆沃能新能源有限公司	3月28日	90	180	在建	电网侧	新疆	
37	浙江上虞35千伏直挂式储能电站	区供电公司，新风光	3月29日	6	12	在建	电网侧	浙江	
38	全国首个零碳水生态治理县城示范项目配储	中电建新能源集团有限公司、中国水利水电第十二工程局有限公司、中电建基础局有限公司、中华复科技集团有限公司	3月31日	—	—	在建	电源侧	江西	
39	广东台山电厂1-2号及6-7号机组灵活性（辅助调频）技术改造配置储能	国能粤电台山发电有限公司	4月1日	60	60	在建	电源侧	广东	
40	固阳金山工业园区增量配电业务改革试点项目、固用30万千瓦光储一体化项目	三峡电能	4月8日	—	—	在建	电源侧	内蒙古	
41	乌兰察布源网荷储技术研发试验基地一期项目	三峡集团	4月9日	19.5	51.7	在建	电源侧	内蒙古	
42	中节能尉氏县40MW风力发电项目配储	中节能风力发电（河南）有限公司	4月15日	4	8	在建	电源侧	河南	
43	中节能永兴50MW风力发电场项目配储	中节能风力发电（河南）有限公司	4月15日	5	10	在建	电源侧	河南	
44	北疆地区首个百万级清能源大基地项目	新华（布尔津）抽水蓄能发电有限公司	4月19日	—	—	在建	电源侧	新疆	装机规模140万千瓦
45	淮北皖能储能电站一期工程	淮北皖能储能科技有限公司	4月20日	103	206	在建	电网侧	安徽	

续表

序号	项目名称	项目主体	在建、拟建日期	装机功率/MW	储能容量/MWh	项目进展	应用场景	项目地	备注
46	广东省汕头市健信制药储能项目	广东健信制药	4月24日	0.5	1	在建	用户侧	广东	
47	厦门时代新能源电池产业基地项目	厦门时代新能源科技有限公司（宁德时代全资子公司）	4月28日	—	—	拟建		福建	拟投资不超过130亿元
48	甘肃公司民勤红沙岗国能新能源有限公司红沙岗20万千瓦光伏发电项目配储	国家能源集团甘肃电力有限公司	5月1日	42	84	在建	电源侧	甘肃	
49	晋中市昔阳县300兆瓦光伏+储能发电项目	中国能建中电工程华北院	5月5日	30	30	在建	电源侧	山西	
50	偏关县晋林100MW光伏储能发电项目EPC总承包	中国能建山西电建	5月12日	—	—	在建	电源侧	山西	
51	临高县粤水电波连镇60MW农（菜篮子工程）光复合项目配套锂离子电池储能	东南粤水电投资有限公司	5月16日	15	30	在建	电源侧	广东	
52	中节能凉州区五期100兆瓦并网光伏发电项目配储	中节能甘肃武威太阳能发电有限公司	5月17日	20	40	在建	电源侧	甘肃	
53	中节能民勤红沙岗二期70兆瓦并网光伏发电项目配储	特变电工新疆新能源股份有限公司	5月17日	14	28	在建	电源侧	甘肃	
54	阳曲县凌井店乡100MW风力发电+10%储能项目	阳曲县阳锐新能源有限公司	5月20日	10	—	在建	电源侧	山西	
55	中国天楹、苏中集团100MWh重力储能及设备制造项目	中国天楹、苏中集团	5月20日	—	100	在建	电网侧	江苏	重力储能
56	新型二氧化碳储能商业化示范项目	安徽海螺新能源科技（深圳）有限公司、百棵新能源研究院有限公司、三碳（安徽）科技研究院有限公司、芜湖海螺水泥有限公司	5月31日	10	80	拟建	用户侧	安徽	二氧化碳储能
57	同心县泉眼100MW/200MWh储能电站项目	中核（宁夏）同心新能源有限公司	6月1日	100	200	在建	电网侧	宁夏	
58	资源县枫树湾风电场项目配储	资源县泽华能源发展有限公司	6月7日	20	40	拟建	电源侧	广西	
59	国能浙江宁海发电有限公司百万机组电化学储能辅助AGC调频工程	国能浙江宁海发电有限公司	6月8日	32	32	在建	电源侧	浙江	
60	广东海丰1000兆瓦/2000兆瓦时储能项目和新能源汇集站项目	广州汇江宁时代新能源发展有限公司（宁德时代控股子公司）	6月10日	1000	2000	拟建		广东	签约

续表

序号	项目名称	项目主体	在建、拟建日期	装机功率/MW	储能容量/MWh	项目进展	应用场景	项目地	备注
61	长乐纤维 5MW/14.336MWh 储能项目	海辰新能源科技有限公司	6月14日	5	14.336	在建	用户侧	江苏	
62	平顶山市叶县 200 兆瓦先进压缩空气储能电站项目	—	6月14日	200	—	在建	电网侧	河南	压缩空气储能
63	广东粤电电力销售有限公司 2022 年用户侧储能（第一批）工厂	广东粤电电力销售有限公司	6月20日	20	40	在建	用户侧	广东	
64	云南省红河"风光储"一体化基地	贵州工程公司	6月22日	—	—	在建	电源侧	云南	签约
65	林洋能源安徽无为共享储能电站	林洋能源	6月26日	100	200	拟建	电网侧	安徽	签约
66	中核汇能卧龙区 200MW/400MWh 电化学共享储能电站	中核汇能	6月28日	200	400	拟建	电网侧	河南	签约
67	晶科电力 200MW/400MWh 集中共享式储能电站	晶科电力	6月28日	200	400	拟建	电网侧	河南	签约
68	随县百万千瓦新能源多能互补基地	华润电力	6月28日	17.5	35	在建	电源侧	湖北	
69	山东电工电气临邑储能示范项目	山东电工电气集团有限公司	6月28日	100	200	在建	电网侧	山东	3月备案，备案表中也有
70	朗辰新能源 50MW/100MWh 独立储能电站项目	朗辰新能源	6月29日	50	100	拟建	电网侧	山东	
71	祁县 80MW 光储一体化+乡村振兴示范项目	大唐佳冠	6月29日	—	—	在建	电源侧	山西	
72	广东能源集团海南琼海洋浦塔洋渔光互补项目	中国能建	6月30日	25	50.18	在建	电源侧	海南	
73	华电莱城电厂 101 兆瓦/206 兆时储能电站（100MW/200MWh 磷酸铁锂电池+1MW/6MWh 铁铬液流电池）	华电莱城电厂	7月1日	100	200	在建	电网侧	山东	
74	青海尖扎 40 万千瓦"牧光储"一体化建设项目	电建新能源集团	7月1日	—	240	在建	电源侧	青海	
75	乌兰察布源网荷储一体化示范子项目 4—关键节点全网独立储能电站	三峡集团	7月1日	30	60	在建	电源侧	内蒙古	
76	山东省枣庄市滕州滨湖 300MW/600MWh 独立储能电站项目	源储（枣庄）新能源科技有限公司	7月1日	300	600	在建	电网侧	山东	2月备案，备案表中也有

续表

序号	项目名称	项目主体	在建、拟建日期	装机功率/MW	储能容量/MWh	项目进展	应用场景	项目地	备注
77	襄泰储能全钒液流全产业链项目（新建10万千瓦风电和10MW/50MWh，100MW/500MWh全钒液流储能电站项目）	襄泰储能	7月3日	110	550	在建	电源侧	甘肃	
78	白银中核时代新能源有限公司2GW"源网荷储一体化"新能源发电项目	中核时代	7月3日	1000～1500	—	在建	电网侧	甘肃	2年内建成
79	金昌市600MW/3600MWh高温熔盐储能绿色调峰电站项目一期	天津滨海光热技术研究院有限公司	7月3日	100	600	在建	电网侧	甘肃	
80	中国电建集团水电一局新疆光伏示范项目（巴州若羌县1GW光热储能+光伏一体化示范项目，吐鲁番市托克逊县10万千瓦光伏（储能）+90万千瓦光伏示范项目）	中电建	7月5日	200	—	在建	电源侧	新疆	
81	易事特数西算装备制造及源网荷储一体化基地项目	易事特	7月6日	—	—	拟建	电源侧	甘肃	签约
82	大唐龙感湖100MW/200MWh集中（共享）式储能电站示范项目	大唐公司	7月6日	100	200	在建	电网侧	湖北	
83	阜康鲁能100万千瓦绿色能源大基地项目	中国绿发	7月8日	100	—	在建	电源侧	新疆	7月备案、备案中也有
84	广东佛山南海电网侧独立电池储能项目	南网调峰调频（广东）储能科技有限公司	7月8日	300	600	拟建	电网侧	广东	3月备案、备案中也有
85	张家港沙洲电力有限公司630MW机组储能辅助调频项目	上海电气电站集团	7月8日	17.5	17.5	在建	电网侧	江苏	
86	民乐县500MW/1000MWh共享储能电站	民乐县丝路网储能绿色能源科技有限公司	7月9日	500	1000	在建	电网侧	甘肃	
87	华润电力随县文昌化学储能电站工程一期项目	华润新能源（随县天河口）风能有限公司	7月10日	70.8	141.6	在建	电网侧	湖北	
88	国网时代华电大同光热电储能工程	国网时代	7月10日	150	300	在建	电源侧	山西	计划9月并网投运

续表

序号	项目名称	项目主体	在建、拟建日期	装机功率/MW	储能容量/MWh	项目进展	应用场景	项目地	备注
89	新疆叶尔羌河流域水光储一体化——莎车80万千瓦光伏配储项目	新华（莎车）电力投资有限公司	7月10日	200	800	在建	电源侧	新疆	
90	霍林河循环经济锂电池储能项目	国电投	7月10日	1	0.2	在建	电网侧	内蒙古	
91	重庆光伏能源区域耗电综合平衡一体化示范项目	中国能建葛洲坝集团	7月13日	400	—	拟建		重庆	签约
92	内蒙古鄂尔多斯大规模物理储能基地项目	恒基伟业投资发展集团	7月13日	—	—	拟建		内蒙古	签约
93	江苏淮安465MW/2600MWh盐穴压缩空气储能项目一期	中国华能、中盐集团、清华大学	7月14日	115	350	拟建	电网侧	江苏	7月14日通过评审
94	海南省海口药谷电网侧独立储能项目	南方电网调峰调频发电有限公司	7月15日	—	—	拟建	电网侧	海南	
95	湖北南漳"源网荷储一体化"低碳示范园区项目	北京新奥新能源投资有限公司	7月18日	—	—	拟建		湖北	
96	博州200MW光热+1800MW新能源项目（包含博州100MW储热型光热+900MW新能源项目和精河新华新能源有限公司"光热储能新能源一体化"基地项目）	—	7月18日	200	—	在建	电源侧	新疆	
97	张掖250MW/1000MWh集中式共享储能电站	中核铁台	7月19日	250	1000	拟建		甘肃	
98	济宁新能源电池产业基地项目	宁德时代	7月21日	—	—	拟建		山东	拟投资不超过140亿元
99	哈密60万千瓦风电暨15.6万千瓦/60万千瓦时储能配套项目	中电建	7月26日	156	600	在建		新疆	
100	世界首台（套）300兆瓦级非补燃压缩空气储能示范工程	中国能建	7月26日	300	—	在建		湖北	
101	洛浦100MW/400MWh储能项目配套400MW光伏发电项目	国电投	7月28日	100	400	在建		新疆	
102	新疆能源集团塔城重点开发开放试验区"源网荷储一体化"项目	新疆能源集团	7月28日	—	—	在建		新疆	

续表

序号	项目名称	项目主体	在建、拟建日期	装机功率/MW	储能容量/MWh	项目进展	应用场景	项目地	备注
103	新疆阜康60万千瓦光伏储能配套项目	中电建	7月28日	150	600	在建		新疆	
104	国家电投齐齐哈尔克东金城100MW风电储能项目	国电投	8月3日	—	—	拟建		黑龙江	项目获核准
105	甘肃金车储能电池技术有限公司二期18吉瓦时磷酸铁锂电池项目	甘肃金车储能电池技术有限公司	8月3日	—	—	在建		甘肃	18GWh磷酸铁锂电池项目
106	风-光-储综合能源系统高效耦合关键技术及示范项目（计划在江苏省南通市三联镇进行风-光-储综合能源系统示范，项目为期三年）	深能南京能源控股股份有限公司	8月6日	—	—	在建		江苏	
107	百兆瓦级先进压缩空气储能二级示范电站产业化项目	中储国能	8月7日	—	—	拟建		山东	签约
108	内蒙古公司锦州港口太阳能发电综合储能综合智慧能源示范项目	国电投	8月7日	—	—	拟建	电源侧	内蒙古	可研通过评审
109	华能偏关源网荷储一体化项目	华能	8月10日	30	—	拟建	电网侧	山西	
110	华润仙桃集中式共享储能电站项目	华润电力	8月10日	66	132	在建	电网侧	湖北	
111	国华(仙桃)郭河镇50MW/100MWh集中式(共享式)储能电站项目	国华(仙桃)新能源有限公司	8月10日	50	100	在建	电网侧	湖北	
112	宁夏盐池120兆瓦光伏发电工程配套储能电站项目	中国能建西北电建	8月11日	—	—	在建	电源侧	宁夏	
113	新能源产业链项目合作框架协议	华能甘肃公司	8月12日	—	—	拟建	—	甘肃	签约
114	开封时代全钒液流电池储能示范电站项目	开封时代	8月12日	6	24	在建	电网侧	河南	液流电池
115	骄阳新能源潘集古沟乡200兆瓦时电网侧储能项目	骄阳新能源	8月13日	—	200	拟建	电网侧	安徽	签约
116	茶陵百亿绿色储能项目共享储能基地	中能建投、中车株洲所	8月15日	100	200	在建	电网侧	湖南	
117	宁夏宁储利通区同利100兆瓦/200兆瓦时共享储能电站工程	中国能建	8月16日	100	200	在建	电网侧	宁夏	首台储能设备顺利吊装完成

续表

序号	项目名称	项目主体	在建、拟建日期	装机功率/MW	储能容量/MWh	项目进展	应用场景	项目地	备注
118	安阳示范区新能源储能项目	华润电力	8月17日	—	—	拟建		河南	签约
119	古浪150万千瓦"源网荷储一体化"项目	中国电建	8月17日	—	—	拟建		甘肃	签约
120	随县文昌储能电站一期项目	华润电力	8月18日	316	632	在建		湖北	
121	山西昔阳400MW/800MWh储能电站	—	8月18日	400	800	拟建		山西	签约
122	蒙西570万千瓦风光基地项目（杭锦旗风光火储热生态治理项目＋化德县100万风光储项目＋巴彦淖尔100万千瓦光储＋生态治理项目＋四子王旗100万千瓦风储项目＋苏尼特左旗100万千瓦风储项目）	内蒙古能源集团	8月22日	—	—	拟建		内蒙古	
123	吉电股份超郎山10MW/97.312MWh储能项目	吉电股份、超威集团	8月27日	10	97.312	在建	用户侧	浙江	
124	安徽枞阳260MWh电网侧储能项目	阳光电源	8月27日	—	260	在建	电网侧	安徽	
125	广西钦州共享储能电站	天宏晟源	8月27日	200	400	拟建	电网侧	广西	
126	豫能控股光储一体化项目	豫能控股	8月29日	2.5	7.5	拟建		河南	签约
127	永泰能源全钒液流电池储能辅助调频项目（2×1000MW机组储能辅助调频项目；二期储能项目将采用全钒液流电池储能系统）	永泰能源、海德股份	8月30日	—	—	拟建		江苏	
128	灵石经济技术开发区独立共享储能项目	中核汇能	8月30日	400	800	拟建	电网侧	山西	签约
129	大航内蒙古锡林郭勒盟阿巴嘎旗储能电站项目	内蒙古大航新能源有限公司	8月30日	50	200	拟建		内蒙古	签约
130	呼和浩特托清经济开发区新型储能电站项目	玖和能源（内蒙古）有限公司	8月31日	—	—	拟建		内蒙古	签约
131	常德临澧100MW/200MWh储能电站项目	—	8月31日	100	200	在建		湖南	
132	托清经济开发区绿色供电项目	内蒙古中电储能技术有限公司	9月5日	90	360	拟建	电源侧	内蒙古	签约
133	巴楚县20万千瓦80万千瓦时配套储能和80万千瓦市场化井网光伏发电项目	粤水电	9月6日	200	800	拟建		新疆	签约

续表

序号	项目名称	项目主体	在建、拟建日期	装机功率/MW	储能容量/MWh	项目进展	应用场景	项目地	备注
134	阿瓦提县粤水电40万千瓦光伏+储能市场化并网项目	粤水电	9月6日	100	400	拟建		新疆	
135	辽宁朝阳能建300兆瓦压缩空气储能电站工程	中国能建	9月6日	300	—	拟建		辽宁	压缩空气储能，可行性研究报告评审
136	"十四五"首批千万千瓦新能源建设劳动竞赛启动会暨重点项目（开工76个项目，合计装机容量达1210万千瓦，包括33个集中式风电项目459万千瓦、43个集中式光伏项目751万千瓦）	国家能源集团龙源电力	9月7日	—	—	在建		—	
137	通辽千万千瓦级风光储氢一体化零碳产业园（风力发电6GW，光伏发电4GW，重力储能2GWh，绿氢5万吨/年，绿氨30万吨/年，总投资600亿元人民币）	中国天楹股份有限公司	9月8日	—	—	拟建		内蒙古	
138	蔚县大型集中式新型储能技术示范应用基地项目	河北建投国馨能源服务有限公司	9月9日	—	—	拟建		河北	签约
139	平江县储能电站项目	湖南湘安新能源科技有限公司	9月9日	100	200	拟建		湖南	签约
140	和达能源0.5MW/2MWh全钒液流电池储能系统	国网（杭州）综合能源服务有限公司	9月14日	0.5	2	在建		浙江	全钒液流电池
141	海化集团山东光伏发电+全钒液流电池储能项目	海华集团	9月14日	30	60	在建		山东	全钒液流电池
	合计（注：功率总计超过容量是因为部分项目容量缺失）			33346.3	25948.478				

附录6 2022年以来国内部分储能投运项目（除抽蓄）

序号	项目名称	项目主体	日期	装机功率/MW	储能容量/MWh	项目进展	应用场景	项目地	备注
1	宜宾三江"光储充检"一体化智能充电站	—	1月5日	—	—	运行中	用户侧	江西	
2	浙江桐乡市首个用户侧"光储充"一体化项目	—	1月5日	—	8	运行中	用户侧	浙江	
3	张北百兆瓦先进压缩空气储能示范项目	—	1月6日	100	400	运行中	电源侧	河北	压缩空气储能
4	济南华山风景区光储充电站项目	济南特来电新能源有限公司	1月8日	—	—	运行中	用户侧	山东	33个直流充电终端和30个交流充电终端
5	衡阳市首个OPzV固态铅电池储能电站	瑞达集团	1月9日	0.5	2.16	运行中	用户侧	湖南	固态铅电池
6	浙江嘉兴首个客户侧三方合作储能项目	国网浙江嘉善县供电有限公司	1月10日	500	1000	运行中	用户侧	浙江	
7	浙江绍兴首个智能电平台	国网绍兴供电公司滨海分公司、绍兴综合能源公司	1月13日	—	—	运行中	电源侧	浙江	
8	诸城维奥新能源50MW农光项目	诸城维奥新能源	1月15日	5	10	运行中	电源侧	山东	
9	山东潍坊市诸城维奥5MW/10MWh高压级联型储能电站	智光储能	1月15日	5	10	运行中	电源侧	山东	高压级联技术
10	全钒液流电池低碳校园光储充一体化示范工程	山西国润储能科技有限公司、华电山西能源有限公司	1月18日	0.025	0.1	运行中	用户侧	山西	液流电池
11	莱芜孟家100MW/200MWh储能电站项目	济南诺能新能源有限公司	1月20日	100	200	运行中	电源侧	山东	
12	梅州蕉岭区域220兆瓦光伏发电储能一体化项目	广东塔牌集团股份有限公司	1月25日	220	—	运行中	电源侧	广东	光伏发电储能
13	广东电网东莞220kV黎贝变电站储能项目	广州调峰调频科技	2月9日	5	10	运行中	电网侧	广东	
14	广东东莞220千伏黎贝站电池储能项目	广东电力设计研究院有限公司	2月10日	5	10	运行中	电网侧	广东	

续表

序号	项目名称	项目主体	日期	装机功率/MW	储能容量/MWh	项目进展	应用场景	项目地	备注
15	10MW 锂电子电池梯次储能电站	江苏常能新能源科技有限公司	2月11日	10	—	运行中	用户侧	江苏	使用电动汽车更新下来的旧锂电池储能
16	广东电网东莞 220kV 南社站储能项目	广东电网	2月22日	10	30	运行中	电网侧	广东	
17	蜂巢能源常州园区二期项目	金陵电厂	2月22日	2.5	11.3	运行中	用户侧	江苏	
18	国家电投海阳 101MW/202MWh 储能电站	国家电投	2月27日	101	202	进入电力现货市场	电网侧	山东	
19	东莞南社站电网侧电化学储能工程（一期）	广东电网	3月1日	10	30	运行中	电网侧	广东	
20	新大顺电器有限公司用户侧储能	新大顺电器有限公司	3月4日	0.1	0.2	运行中	用户侧	重庆	
21	国家电投泗洪光伏分散式储能示范项目	国家电投江苏公司	3月14日	5.5	11	运行中	电源侧	江苏	
22	佛山群志光电用户侧储能项目	广东电网能源投资有限公司	3月14日	9.5	19.14	运行中	用户侧	广东	
23	山东省首批调峰类储能电站示范项目	华电滕州新源热电有限公司	3月18日	100	200	运行中	电网侧	山东	
24	华能山东公司黄台储能电站	华能	3月20日	120	212	具备自主参与电力现货交易资格	电网侧	山东	35kV/8MVA 移动式储能并网试验装置
25	山东百兆瓦级新能源储能示范项目	智光储能	3月24日	—	—	运行中	电源侧	山东	
26	重庆长寿恩力吉储能站	国网重庆电力	3月28日	5	10	运行中	用户侧	重庆	
27	全国首个"近零碳"高速服务区在白米服务区项目	国网泰州供电公司	3月31日	—	0.06	运行中	用户侧	江苏	客户侧储能电站

续表

序号	项目名称	项目主体	日期	装机功率/MW	储能容量/MWh	项目进展	应用场景	项目地	备注
28	日铠光储（一期）项目	上海电气储能科技有限公司	4月2日	—	—	并网运行，二期建设中	电源侧	江苏	
29	兆瓦级飞轮储能装置在青岛地铁3号线万年泉路站完成安装调试	湘电动力有限公司等单位联合研制	4月11日	—	24	运行中	用户侧	山东	2台兆瓦级飞轮储能装置
30	国家光伏、储能实验验证平台（大庆基地）项目	普能	4月14日	0.125	0.5	运行中	电源侧	黑龙江	全钒液流电池储能系统
31	山东临清调频储能项目	中国能建广东院	4月15日	9	—	运行中	电网侧	山东	
32	大唐文昌翁田集中式光伏基地100MW农光互补+储能示范项目	大唐海南能源开发有限公司	4月17日	25	50	运行中	发电侧	海南	
33	海南临高64MW农光互补光伏储能项目	中国电建江西院	4月30日	—	—	运行中	电源侧	海南	
34	江北储能电站	国网南京供电公司、平高集团	5月1日	110.88	193.6	运行中	电网侧	江苏	
35	江苏金坛盐穴压缩空气储能国家试验示范项目一期	中国华能、中盐集团、清华大学	5月15日	60	300	运行中	电网侧	江苏	压缩空气储能
36	龙源电力江苏公司盱眙10兆瓦/20兆瓦时磷酸铁锂储能电站	龙源电力江苏公司	5月18日	10	20	运行中	电源侧	江苏	
37	湘潭经开区红东储能电站	威胜电气	5月21日	2.5	5	运行中	用户侧	湖南	
38	大连液流电池储能调峰电站一期	大连恒流储能电站有限公司、大连融科储能技术发展有限公司	5月24日	100	400	运行中	电网侧	辽宁	液流电池，黑启动
39	苏溪镇浙江英特来光电科技有限公司储能电站项目	浙江英特来光电科技有限公司	6月1日	0.45	1.5	运行中	用户侧	浙江	

续表

序号	项目名称	项目主体	日期	装机功率/MW	储能容量/MWh	项目进展	应用场景	项目地	备注
40	华能河北新河县 120MW 农光互补光伏发电项目	欣旺达综合能源服务有限公司	6月3日	12	24	运行中	电源侧	河北	
41	国内首个高海拔水光储智能微电网	南方电网云南省电科院、云南迪庆供电局	6月12日	—	—	运行中	电网侧	云南	10千伏三坝乡微电网示范工程
42	金湖县银涂镇红湖储能电站	国家电网	6月13日	40	70	运行中	电网侧	江苏	
43	上饶余干 48 兆瓦/48 兆瓦时磷酸铁锂储能电站	国家能源集团江西公司	6月14日	48	48	运行中	电网侧	江西	
44	2-20kW/5-75kWh 分布式智能化风光储电站	北方奥钛纳米技术有限公司	6月15日	0.002	0.075	运行中	电源侧	湖北	
45	浙江上虞 35 千伏首套挂式储能电站	区供电公司、新风光	6月17日	6	12	运行中	电网侧	浙江	
46	华能甘肃能源开发有限公司首个风光储一体化项目	华能甘肃能源开发有限公司	6月21日	10	20	运行中	电源侧	甘肃	
47	乌兰察布源网荷储技术研发实验基地一期项目	三峡集团	6月22日	19.5	51.7	运行中	电源侧	内蒙古	
48	西北首座IGBT超级充电站	陕西电动汽车公司	6月22日	0.96	—	运行中	用户侧	陕西	
49	河北沽源 400 兆瓦"光伏+储能"示范项目二期	国电投	6月29日	7.5	7.5	运行中	电源侧	河北	
50	甘肃瓜州北大桥 50MW 风光储一体化项目	中电建	6月29日	10	20	运行中	电源侧	甘肃	
51	遂溪县官田水库光伏发电项目二期 50 兆瓦配套锂离子电池储能	东南粤水电投资有限公司	6月30日	5	5	运行中	电源侧	广东	
52	安徽华铂再生资源科技削峰填谷储能项目一期	南都电源	6月30日	18	144	运行中	用户侧	安徽	

续表

序号	项目名称	项目主体	日期	装机功率/MW	储能容量/MWh	项目进展	应用场景	项目地	备注
53	昔阳100MW光伏+储能项目	中国能建	6月30日	—	—	运行中	电源侧	山西	
54	国内首座兆瓦级氢能综合利用示范站	中国能建	7月6日	—	—	运行中	电源侧	安徽	
55	新疆巴楚县光伏储能项目	粤水电	7月9日	37.5	—	运行中	电源侧	新疆	
56	上海宝莱特光储充检一体化充电站	时代星云	7月13日	1.89	2.484	运行中	用户侧	上海	
57	江苏公司滨海发电公司储能辅助调频项目	国电投	7月23日	18	9	运行中	—	江苏	
58	晟源洮南向阳150MW风光互补"光伏+"项目	大唐吉林公司	7月24日	7.5	7.5	运行中	—	吉林	
59	浙江温州泛乐清分布式储能项目	浙江省乐清市合隆防爆有限公司	7月28日	9.9	19.8	运行中	用户侧	浙江	
60	浙江宁波极氪氢工厂光储项目	浙江宁波极氪工厂	7月28日	6	12	运行中	用户侧	浙江	
61	海南交控莺歌海100兆瓦光伏发电EPC项目	华中院海南公司	8月5日	25	50	运行中	电源侧	海南	
62	浙能乐电1、2号机组电化学储能调频项目	浙江浙能源服务有限公司	8月15日	20	20	运行中	电源侧	浙江	
63	萧山发电厂电化学储能电站项目（第一阶段50兆瓦/100兆瓦时）	中国能建	8月15日	50	100	运行中	电源侧	浙江	
64	广州南沙"多位一体"微能源网示范项目	广东电网, 芬兰企业Convion, Savosolar, Heliostorage	8月17日	—	—	运行中	电源侧	广东	"风、光、岩、气、储、荷"多位一体微能源网
65	二氧化碳+飞轮储能示范项目	东方电气集团东方汽轮机有限公司, 北京泓慧国际能源技术发展有限公司等	8月25日	—	—	运行中	电源侧	四川	
66	湘乡市涟津渡电化有限公司储电站	威胜电气	8月27日	1	1.6	运行中	用户侧	湖南	

续表

序号	项目名称	项目主体	日期	装机功率/MW	储能容量/MWh	项目进展	应用场景	项目地	备注
67	新疆"屋面光伏+停车场充电+储能"示范项目	中国华电	8月29日	—	—	运行中	电源侧	新疆	216kWp光伏，配套30%储能
68	国内首个"新型二氧化碳储能验证项目"	中集安瑞科	8月30日	—	—	运行中	—	四川	二氧化碳储能
69	乐清电厂1、2号机组电化学储能调频项目	中国能建浙江火电	9月2日	20	—	运行中	电源侧	浙江	火储联合调频
70	海宁10MW/20MWh用户侧储能项目	晶科科技	9月5日	10	20	运行中	用户侧	浙江	
71	江苏公司"分散式储能在新能源场站应用创新示范项目"	国电投	9月7日	15.5	31	运行中	—	江苏	
72	福建"闽投1号"（搭载100千瓦波浪能发电系统，240千瓦光伏发电系统和总容量1204千瓦时船用高安全等级电池组）	马尾造船	9月7日	—	—	运行中	—	福建	
73	原平市中信博100MW农光储结合生态修复治理融合发展工程升压站受电及光伏区首批发电单元	中国能建山西院	9月9日	15	15	并网	—	山西	
74	金寨储能项目	上海电气	预计8月	100	200	运行中	电网侧	安徽	
	合计			2146.332	4261.219				